顾 问

吴良镛（建筑学家、中国科学院院士、中国工程院院士）
邹德慈（城市规划专家、中国工程院院士）

主 编

宋俊岭（上海师范大学）
陈　恒（上海师范大学）

编 委

陈启甸（上海三联书店）
成一农（中国社会科学院）
韩　宇（厦门大学）
洪庆明（上海师范大学）
侯　深（中国人民大学）
黄　韬（上海三联书店）
李　月（上海师范大学）
李　忠（华高莱斯智库）
李兵弟（住房和城乡建设部）
李津逵（中国综合开发研究院）
李文硕（上海师范大学）
林　广（华东师范大学）
陆伟芳（上海师范大学）
孙群郎（浙江师范大学）
王　旭（厦门大学）
吴国盛（北京大学）
于　海（复旦大学）
张卫良（杭州师范大学）
朱　明（华东师范大学）
唐纳德·米勒（Donald Miller，美国作家，芒福德传记作者）
吉娜·麦考比（Gina Maccoby，芒福德著作版权代表）
马克·特普尔（Mark Turpel，俄勒冈波特兰市总规划师）
罗伯特·沃特维兹（Robert Wojtowicz，欧道明大学教授）

光启编译馆　出品

刘易斯·芒福德文集 ｜ 宋俊岭　陈恒　主编

The Conduct of Life

生活的准则

[美] **刘易斯·芒福德**（*Lewis Mumford*）　著

朱　明　译

上海三联书店

总　序

时代主题与巨匠作品

20世纪美国文化孕育出一位世界级文化名人,堪与列夫·托尔斯泰、莱昂纳多·达·芬奇等巨匠并列,被同时代名家评论为最后一位伟大人文主义思想家,也被理解和热爱他的读者尊奉为"世界良心"——他就是刘易斯·芒福德(Lewis Mumford, 1895-1990)。

刘易斯·芒福德1895年10月19日诞生于纽约城长岛,1990年元月26日在家中逝世,享年95岁。他的一生跨越了人类从告别传统到走进现代,用近百年的生命长度亲历并见证了文明史上这一承前启后的历史转折,以饱含人文主义的生命厚度思考并诠释了传统与现代间的传承与断裂,写下48本专著,并发表了九百余篇文章,这些作品大部分都与城市相关,蕴含了他对城市的理解、对城市建设的建议,以及对未来生态城市的愿景,内容广涉文明史、哲学、人类学、城市学、建筑学、美国文学等诸多领域,许多已跻身世界文化经典之列。

在整个人类历史上,19世纪都要算最重要的拐点或者断裂点。文明史中物质与精神曾经的各有其序、各守其位在此前几个世纪的剧烈变动下荡然无存。这些剧变包括许多重要思想理论和代表人物,包括进化论、物种起源论和人类起源论,以及紧随太阳中心说确立的微观世界结构理论,也包括元素周期表为典型的微观世界,以及以物质第一性为特征的唯物辩证法,等等。这些科学合力的冲击,最终颠覆了将近三千年乃至更长久的宗教文明赖以存在的宇宙观和人类观。不仅终结了神创论,也开启了科学技术当家作主创造世界也创造新人类的现代文明。在这扇大变革的门槛内外,刘易斯·芒福德正徘徊观望、踟蹰不前。回望过去,他目睹了完整的世界概念和人类观念的裂解,艺术与技术的裂解;前瞻未来,他见证了权力扩张、社会重组、科技发展、为利润和权威背弃传统价值、道德沦丧、环境破坏、人性抽空、残酷战争等等恶果。在文明史突然撕开的这道浩大裂罅前,他震惊、惶惑、痛惜、思索……一方面,19世纪以前各种世界大发现令人类无论面对宏观世界或微观世界时候突然眼界大开,知识和精神都攀上高原地带,视野辽阔,胸襟舒展,地球的全貌尽在眼中,没有文字记录的史前时代也似乎触手可及。宇宙、自然和人类都突破宗教观念的藩篱,在更广阔的范围内寻找新的宏观框架和结构秩序。人类自身则面临重新确认自己,定位自己的迫切任务。芒福德就曾属于积极乐观的时代,深信未来必胜于过去。同样,另一方面,现代文明带来的特殊景象和灾难,也令他瞠目结舌。他的全部怀疑、批判和探索,便是在这个基础上逐步展开的。为看清未来,他认为必须洞察已往。随即,他用一系列作品逐一回溯这浩大变迁的由来,预展可能出现的更邪恶后果,再一次发出了"纵欲者没有心肝"的呐喊,努力探索新途径,试图桥接、整合破碎的宇宙概念、文明概念和人类概念。他是从根本结构和方向上质疑当今人类现代文明,因而能高瞻远瞩地提出,真正的改革是价值观的改革与创新,是全社会首选伦理的改变。他主张通过对全社会的教育来维护传统价值理念:人权、自由、平等、仁爱、真善美,知道羞耻、堕落与罪恶……因而他特别注重新意识形态的营造,注重文学艺术和大众传媒的群体启蒙教育功能。

特别值得指出,芒福德对城市学基础理论的开掘有卓越贡献。他的代表作之一《城市发展史:起源、演变与前景》受到世界性重视,原因之一是它首次把人类进化与城市状况密切系统地联系起来,据此提出并解答了有关城市和城市学的一系列根本理论问题,包括城镇起源、功能、结构、属性、机理、目的、方向、本质,城市与人类的关系,城镇与文明的关系等等。此书中的节节精彩讲述引领读者走上一个又一个历史性高原,得以开阔心胸和弘远眼界。这些学术贡献和价值历久弥新,引领越来越多的人创建人类理想的生活方式和环境。

总括历史来观察评价,刘易斯·芒福德之所以被公认为伟大的思想家、文化名人,是因为他在机器当家的现代重申生命世界的伟大奇迹。他被誉为"最后一位伟大人文主义者",因为他再度点亮了蒙尘于信仰迷失、方向混乱的文化之灯,让众人看到高居宇宙价值中心的正是人类自己。在其有生之年他甘于寂寞,以圣经的视野,佛典的心怀,现代科学技术研究的材料和方法,重新回溯文明史特别是近现代文明五百年的发育进程,重新评价人类文明的是非曲直和功过得失。芒福德影响如此深远,西方评论家说,"正如卡尔·马克思对于劳工运动做出的贡献一样,芒福德作品对生态文明也有同样深远的指导意义"。芒福德是工业文明当中非理性的尖锐批判者,他的大量论述把混沌不清的两种文化从思想理论到学术队伍都一劈为二,并在工业文明的拥护者和生态文明的倡导者之间掀起一场旷日持久的论战。这场论战明确了未来一个世纪的特殊主题,即工业文明的衰落和生态文明的萌起。这个主题至今支配着全人类的文化过渡。

科学活动,学术研究,是为给人类照亮前进道路,而非为科学和学术本身,更不能违背这一宗旨去反人类。芒福德不在传统权威面前止步,为我们营造了一个真正无禁区的研究范例。为探索真理与文明的正确方向,他质疑过许多权威,包括反对爱因斯坦不该在投放原子弹决议上签字,也包括谴责许多集权体制社会的各种极端主义残忍做法。

芒福德是最早关注工业化对生态环境破坏的学者之一,也是最早提出建立生态城市的学者,不过他的生态城市思想最初在西方备受冷遇,因为那是一个只追究经济发展、城市盲目扩张的时代备受冷遇,但是,当20世纪70年代西方城市问题日益突出,城市发展面临困境时,芒福德的生态城市思想无疑给西方城市未来的发展提供了一剂良方。波兰诗人辛波斯卡(Wislawa Szymborska, 1923 - 2012)写道,“我们通晓地球到星辰的广袤空间,却在地面到头骨之间迷失了方向”。也许将芒福德视作重新为人类指引方向的灯塔不免有夸大之嫌,但他在现代社会狂飙突进年代里的冷静反思,无疑为后人留下了再度出发的空谷足音和吉光片羽。因此,芒福德无愧于那些为他颁发的殊荣,包括两位美国总统(林登·约翰逊和罗纳德·里根)为他颁发的奖章、史密森学会授予他的大奖、美国国家人文科学基金的特别奖状,以及美国文理科学院的院士称号;更无愧于后代学人对他的不懈研究和深深敬意。

虽然国内外学者重视和研究芒福德都是近几十年的事,但限于学术氛围、资料等各种原因,国内对芒福德学术思想的认识和研究与国外已存在明显差距。国外学者在整理芒福德论著方面已有不少成果,而国内还处于翻译、引介芒福德重要论著的初始阶段,这是我们出版文集的目的所在,为未来深入研究奠定基础。文集正是基于这样的初衷提出,怀抱一个宏远目标,从全面译介和整理芒福德论著入手,努力填补一些国内芒福德学术思想研究中可能存在的空白,促进跨文化交流,为民族文化的改造和健康发展奠定坚实基础。为此,意欲从以下几个方面加以探讨、谋求发展、寻找突破:

出版芒福德文集。对芒福德影响较大的著作优先翻译出版;将已出版的四本芒福德译作纳入芒福德文集体系下修订再版,增加其受众群体和影响力。

在条件成熟的情况下精选、翻译芒福德的一些重要文章、演讲、通信、书评,结集出版。主要侧重于城市理论和技术哲学方面具有学术思想价值的一些重要文章,作为对芒福德文集翻译的补充,填补芒福德资料整理方面的空白。

文集是针对芒福德论著的基础性学术建设,通过系统地组织芒福德著作的译介,理清芒福德以城市为核心——亦即文明人类和人类文明发育的主观与客观、精神与物质进程——的学术思想脉络,继而传播芒福德独树一帜、涵虚务实的学术思想(尤其是生态城市思想);通过整理芒福德论著类目和重要文章的结集,出版填补国内芒福德研究资料整理上的空白;通过新视角的城市理论和文化人类学研究对当前芒福德学术思想初步研究进行有力补充,最终通过文集进一步奠定国内芒福德学术思想的研究基础。

　　研究、翻译、出版芒福德文集对于文化断裂和社会转型的中国和世界现实具有重要借鉴意义,他提问的角度和回答的方式不乏学理价值,他对人与城市的思考更有不容忽视的实际意义。期望该文集的出版,能够促进切合实际实现"他山之石,可以攻玉"之名训。

《刘易斯·芒福德文集》编委会

于光启编译馆

2016 年 3 月 16 日

目录 Contents

前言（1970 年）preface

  我从 1930 年开始写一系列的书，这本书是最后一本。在这本书中，我想要用一种统一的方式论述人类的本性、工作、生命中的戏剧效果，这些都在当前的西方文明的发展中表现出来。尽管我准备在《生活的准则》(The Conduct of Life)中随着我的思考的进一步成熟探讨有关人类本性、命运、目的这些终极问题，但这本书绝不是一个后记，事实上却起到作为之前那些书的前言的作用。当每一本书都被单独来看的话，它们相互改变；要想读懂其中任何一本，就必须理解其他三本。

  然而《人类的状况》(The Condition of Man)和《生活的准则》两本书的出版之间间隔了七年，最后一本书就出现了一些我觉得难以克服的困难；因为在之前的几本书中指出的几个问题是在 1930 年设想的，已经不再有效了；在之前几本书中，有从现实生活中提取的丰富的想象，却很快消失了。但是如果最初进行设想的动力都没有了，也不再能通过个人意愿的任何行动恢复，那么也得到了一些东西。正如《生活的准则》所表现出的，它对之后要写的几本书勾勒了主题：《艺术与技术》(Art and Technics)、《人类的转型》(The Transformation of Man)、《历史中的城市》(The City in History)、《机器的神话》(The Myth of the Machine)。如果没有对人类本性的初步考察，强调梦的社会重要性，以及语言和宗教的动力机制在塑造人格和文化中所起的促进作用，那么这些书就根本不会开辟出新的领域来。

  对于充满存在主义的恶心感的一代人而言，他们想要颠覆所有的传统价值观，毫无疑问也会拒斥《生活的准则》。然而尽管如此，这本书还是出版了。最晚在 1960 年，在出版几乎十年之后，这本书成为《生活的更新》(The Renewal of Life)系列中的第一本平装书；新版本现在需要显示这本书并没有被忽视和淘汰，然而这本并不流行的书被戏谑为"满足于时代的腐败"，被认为可能会被淘汰。只要《生活的准则》为我之后写的书做好准备，它就既属于未来也属于过去。因此我敢不做任何修改和修订而保留它的原样；

因为它们实际上已经被修改过了，就在最新出版的《权力的五角形》(Pentagon of Power)
(1970 年)。

刘易斯·芒福德

第一章　对新生的挑战

1. 我们时代的承诺

我们所处的这个时代有着世界范围灾难的危险,但是它也提供了意想不到的希望和前所未有的承诺。这个时代不适合意志薄弱的人。不管我们面临的阻挠有多顽固,我们一定要继续前行,就像班扬笔下的朝圣者(Bunyan's Pilgrim),不留意那些懒于冒险和畏惧展望的世俗的聪明人。如果我们不陷入绝望的泥潭,我们可能还会找到一条道路,通往宜人的高山和阳光日夜照耀的美丽世界。映射在我们道路上的阴影,等同于我们将要攀登的高度。

世界上的人们或许从未如此接近于失去他们人性中的最关键的部分,宇宙中的能量如果被没有判断力的人或没有道德的人掌握的话,将会被用于何处? 但是普遍衰退带来的危险也为人类状态的迅速和剧烈改善增加了可能性。关于过去最为大胆的梦想现在已然成为迫切的现实需要:人们在世界范围内进行合作,对生活必需品更为公平的分配,将知识和能源用于为生命服务,生命本身被用于将人类的精神拓展到人类的价值和目标迄今还未能渗透的领域。如果我们及时地醒悟,遏制住不由自主的和非理性的冲动,正是这些如今在将各个国家推向毁灭,我们将建立起一个大同世界。即使我们稍晚醒悟,最初可能曾经帮助过我们的洞察力和新的人生观将还会被需要用来带领我们穿越前面的黑暗。

生命的更新是我们这个时代的负担和挑战:它的紧迫性减轻了它的风险和困难。各个部落和国家在历史上第一次拥有积极合作的途径,合作的范围就像它们所在的星球本身那样宽阔和自由。以往的宗教数千年来一直将世界性的合作关系视作人类的命运,现在已经变得在技术上有可行性,在构思上也一样可想象得出:用世界范围内的政治和经济合作去实现承诺,同样也成为一种现实的必要。

缺少了这种转型,就没有任何一样东西能够阻止人类群体进一步堕入野蛮:这种野蛮的毁灭性力量已经由于科学知识而加倍,而大多数思想家直到现在都还相信只有这些科学知识才能使文明继续发展。理性的生活极度需要一些非常不同于对科学和创造自主拓展的东西。

机器的时代已经过去。如果我们不能拯救人,就不能摆脱奸诈狡猾的发明和科学研究的复杂装备,当我们能够拯救时,那么就是人类而非机器统治着一切。关于探索和征服的新世界交响曲(New World Symphony),关于现代工业的机械芭蕾舞(Ballet Mécanique),都被演绎到筋疲力尽的程度。曲目中的下一个将会被作为完整的管弦乐队和人声的合唱而记载,就像贝多芬的第九交响曲:是对死者的安魂曲,对活者的赞美诗,是对未出生的婴儿的颂歌,这些是一个世界的圣乐,也属于一种能够在这个世界上安之若素的新人类。

对于我们每个人来说,重新定位和重生的时刻已经降临。没有机械的工具能够在社会上实现这种转型:它首先要在每个人的思想和头脑中发生,这些人有勇气对自己进行再教育,以适应当前人类境地的现实,并且一步一步地掌控局面。在他的能力和洞察的极限处,我们每个人都一定要进行自我检查,重新评估他的标准和价值,改变他的态度和期望,并且重新调整他的兴趣。那一刻将会需要一种谦虚的能力,在任何一种情况下艰难地牺牲自己,但是对这些话只会藐视或自以为是地抗拒的一代人而言,更加艰难。因此这本书的主要目的是帮助进行必要的自我评价,作为首要的方式为在新的生命舞台上扮演角色而做好准备。

如果人类"正是一头野兽",那么他绝不会发现这个事实。如果他"正如一个机器",他也绝不会创造一个机器。如果他的存在实际上没有目标,他可能会没有明确自我目标地存活着;但是他绝不会意识到他自己的进一步发展;他也不会发现如果不为自己在更宽广的生命计划中找到一席之地,就不可能实现动物的需要,而这个生命计划将生物的需要转换成社会的仪式,也将社会的仪式转换成共同的和个人的戏剧的重要形式。对于人类而言,生存是一个自我形成和自我超越的永不停歇的过程。今天,这种自我理解的方式是迈向重生的第一步:因为我们每个人需要掌握一个新领域,需要扮演一个新角色,需要形成一个新人格,需要完成一个新的生命可能性。

过去的戏剧中的主角是骄傲的、自我的、伟大的人类,在行动上冒险,在思想上孤独,在新的戏剧中会变成小丑和恶棍;那些曾经临时扮演过角色的人将会发现他们自己,因为他们在同样的舞台中间有能力互相协助。生命的重生就是人生的新戏剧。我们这个时代的主要任务就是改变人本身,将现在这个毫无希望的机械木偶变成一个觉醒了的和主动积极的创造者。

2. 检查可能性

当前时代的潜力经常被幼稚地错误看待。我们太轻而易举地颂扬我们的失败和舛误,并且极易忽视我们的潜在的长处。这就是为什么一开始对我们面临的新情况和前方的发展新道路作一番测量是重要的。

首先,我们必须抵制流行的培根式(Baconian)观念,即"知识的进步"和更多的机器发明将会自动地改进人类的状况,特别是人类自己的福利和自我实现如果也被包含在这个希望中的话。韦尔斯(H. G. Well)先生的高度准确的"预期"是 20 世纪的幼稚的吹嘘,事实上,这种情况正如神话中的神奇许诺一样,被证明是只有一个不可预料的错误危险的结果。我们的力量越像上帝一样,这种力量的运用就往往越表现出恶魔的一面。本世纪(20 世纪——译者注)初,理查德·布克(Richard Bucke)博士将对空气的逐渐征服视作将改变人类的三大变化之一:他一点都没预感到这也有可能将大城市变成坟场。

于是,我们不能再幼稚地相信人类对自然的征服将会直接带来人类的进步:实际上,当那种胜利太彻底时,当我们将森林连根拔起时,或者将土壤中的要素提取殆尽时,或者将太多的物质进行核分裂时,很可能就会带来相反的结果。

"知识来了,但是智慧消失了。"物理学家渗入到原子的内部,并且开始探索宇宙空间的外部边缘,这本身并不会保证改善人类的总体状况,尽管它使生命对于天文学家和物理学家而言更有意义。没有希望使人类获得救赎,哪怕仅仅将我们从当前的焦虑和痴迷中拯救出来也不可能,是因为我们能够将火箭发射进平流层,并已经开始梦想着像麦哲伦那样环游太阳系。我们的一些机器发明是好的,但许多都是无用的或者是危害生命的;但是唯一的问题,就是他们想要生产出怎样的文化和什么样的人类? 即使经济繁荣也不会有助于我们,如果不是朝向生命的完善:繁荣至极也许只会使我们窒息或者玷污我们,就像历史上相似的财富导致太多的伟大君主和皇帝走向灭亡。

与机器进步时代老的先知宣称的相比,我们的祝福和承诺实际上非常不同。可以将其大部分压缩成为一个简单的提议,即人类在最后的世纪中已经将人类充分发展的可能性扩展到了他的所有同胞。直到当前这个时代,由文明社会带来的所有进步都主要依靠的是奴隶制和强制性劳动,以及人类过于投入每天的工作,而非从他们自己的努力中萃取精神好处,为了实现可能存在的选择而被过度压榨。只有人类中的很小一部分,即少数贵族才令人羡慕地坚守着他们的特权,享受文明本身带来的好处,但是他们很少充分利用这种优势。

但是时至今日,人类整体上首次掌握了迄今都被滥用或限制的资源,部分是由于它们的稀缺性,只被少数的幸运者所使用,我们以前所未有的方式通过相互帮助而生存,我们还将通过最大限度地相互帮助而过得更好。现在,至少是潜在地,每个人都想过上质量最高的生活:感受、智力、感觉、洞察力,所有都朝向人类发展的这些因素不再仅仅属于单个统治群体或被选定的民族所有。这种使生活和发展平等化的可能性是民主的真实许诺,这个许诺如此生动和如此有力,以至于那些现在以最模糊的方式行使暴行和强迫的人也要在建立"人民民主"的口号下如此。

经过五个世纪的探索和创造,西方人已经打通了整个世界,使人们能够直接相互接触。尽管19世纪的预言机器带来进步的人期望过高,而没能看到通过机器的扩散而自动实现这个希望,如果过低估计这些影响也是不对的,因为快速的飞行、即刻通讯、全球贸易至少到目前为止为世界交往和协作提供了技术上的便利。人类在历史上第一次为一个统一的世界奠定了基础,也就是以赛亚(Isaiah)预言的那种状态。这种统一一旦被用于日常生活中的话,将会使生活更加丰富,过去没有一个联邦或帝国曾经达到过这种程度,不管它有多强大。但是这种转型只有在首先满足人的需求才会完整,理想的结果不是能源,不是知识,也不是财富,而是人本身。

最初,人们认为自己生活在一个完全自给自足的世界上,这个世界是为其个人目标而存在的。在超越了对这个世界的臆想后,从哥白尼(Copernicus)开始,现代人也经常对自身失去兴趣,也对他创造和引导的目标和结果失去了兴趣,但同时他也超越了自己。尽管他越来越成功地探索了天文空间和分子空间,他却失去了其内心世界,并乐于贬低他所表现出来的特殊才能,即公正评价和理性解释的能力,也是果断预测和勇敢梦想的能力。如今,庆幸的是,现代人已经通过实证科学退回到了他以为几个世纪前就永远摒弃掉了的人格禀赋上。

人类发现他自己被牵涉进入一个过程,这个过程超越了他个体生命的发展和完善,或者说甚至超越了人类在历史上的存在,他自己的存在为这个过程也增加了一种新的意义维度。创造性的和毁灭性的力量都曾经广泛分散在自然界中,如今都聚集到了人类身上,在意义层面上,他的文化有与他解释的现象一样重要的规则。人类的责任、焦虑、潜力都或好或坏地增加了。人类曾经粗浅地将力量视作天使、君主、王者,通过人类的无拘无束的创造性,可能还将其变成现实。看着天空中翱翔的鸟,人类长久以来梦想着飞翔;凝视着从无意识升起的梦中意象,现代人将会再次形成一个新的自我和一种新的环境,这与过去的文化截然不同,就像沙特尔大教堂(Chartres Cathedral)与黑暗空洞的地窖的差别。在这个游戏中,人类仅仅站在了发展的起点上。

直到现在,人类还没有发现他们能够轻易地摆脱部族般的自我,在一种更广阔的范围内协作。也许人类永远都不能完全超越他们的自我之爱,带有一种退化的特性和偏爱,即不断表现出是来自一个封闭的社会,有限的"同类意识"(consciousness of kind),从中滋生出更广泛的联系和组织。但是自我之爱与相互帮助之间的平衡要发生变化,就在此前不久,家庭的互助还通过"联合国善后救济总署"(UNRRA)被扩展到每个大洲的饥民。如今人类有可能出现大规模的关系逆转,从本能转向理性,从部落转向普世,从习惯转向意识,从封闭转向开放的合作形式。通过技术拓展的帮助,更通过对人类发展进程的深入认识,对原始推动力的控制,对更高级别发展的态度及附属,这些都可能发生逆转。人类寻求恢复原始的和部落的方式时的那种残暴,即回到"血与土",回到隔离状态,回到政府中的恐怖主义和强制性,这些都可能意味着他们的最终瓦解迫近了。

幸运的是,过激的瓦解的时期往往有利于形成一个更广泛的整合,正是在这样的时期,希伯来思想(Hebraism)、希腊文化(Hellenism)、琐罗亚斯德教(Zoroastrianism)、密特拉教(Mithraism)以及许多其他地方性宗教与它们所产生的社会相分离,融入到基督教的神话中,使它们有了更广阔的传播范围。只要有希望和信仰,我们就可以理性地假设,这样一个转型现在在我们面前展开了。就像大多数伟大的变革一样,这次变革已经通过预先重新审视概念和思想的方式开始了,而且我们的新哲学也使其能够回到理性的话语,回到许多艺术和宗教的洞察通过有关机器的务实的思想形态能够扭转其经验的地方。在本书的论述中,我将考察其中一些概念,展示它们是如何激烈地影响到我们的计划和行动的。

从自然界转向人类文化的特定领域,人们发现这个世界被广泛密集的人口所占据,就像上帝所做的那样。的确,如果没有他的话语、象征和文化模式,外在的自然界是不可想象的,甚至也是不可见的。人类站在一个繁忙的十字路口,在那里指挥着穿梭于过去和未来的交通洪流,如果正确地看待他的现在,那就是两股力量的结合,一股是来自过去的可见的和不可见的力量,另一股是从理想的未来回到现在的可预见的或潜在的力量。正如柯日布斯基(Korzybski)曾经说的那样,这句话蕴含了整本书的内容,即人类是一种被绑定在时间上的动物:他生活在三种时间维度中,也生活在三种空间维度中。时间的深度本身就是人类文化的产物,如果没有了的话,现在就会没有意义,也就不存在了。

但是人类发现自己处在一个决定性的建设性变化的边缘,或者处在一个进一步解散的状态,并不仅仅是通过其深入的自我意识,或是通过有引导的科学思想的媒介。当其他的文明在大致相同的时刻面临生命的收缩时,我们会看到全然不同的状况和景象。没有哪位波利比乌斯(Polybius)会指出全世界范围内的出生率的下降,也没有哪位西普里安(Cyprian,公元3世纪的主教,对基督教神学以及东正教影响甚大)会说自然本身不再维持生命。仅仅一个世纪的时间,地球上的人口就增加了一倍,这也是由于食物供给增加,对年轻人给予更多的卫生方面的关心。尽管有粗心的滥用,但人类的最关键的财富从未像现在这样多,还储存有大量的活力,在一些国家中可以看到,这些国家的人口净增长率曾经降低,但是如果需要的话还随时会增加。在过去的几十年间许多西方国家的出生率的增长反映了这一点。即使依靠我们目前对于有机体处理的知识,我们能够使地球再次披上森林的外衣,并创造大量的原料,以能够培养出一种敏锐有力的种类,使地球上的每个地方都繁茂起来。用我们对于能源的掌握也可以做到这点:太阳能和电能的新时期就即将来临,它们将使用当前的收入,而非浪费我们的主要储藏如木材、煤、石油、铀。我们的机器产出将增加,机器在生活中的作用将减少,人类意识中仍然最为重要的许多仪器程序由于其缺陷现在会被改成自动操作。活力和能源是更高级的生活的自然基础,人类过去从未有过如此丰富的可供开发的资源。

10　　这些好处明显地只是处于准备阶段,它们很少也并不重要,尤其是与人类最大的发展资源的正在进行的调动相比:文化遗产本身如今被分割、分散,由于联系工具的缺乏而大量迅速处理掉。我们现在站在文化跨领域交汇的时代的开端,东西方的碰撞,南北方的交流,这是第一个真正的人类的时代。即使这种相互作用的最为初级的阶段也已经对人类生活产生了很大的影响,见证了印刷术从高丽(Korea)和中国向西方世界的最初传播。这也只是在中国经典传入西方,或者是基督教和西方科学进入东方的几百年后。梵文被首次翻译成英文仅仅是在一个半世纪以前,人类群体仍然处在一个新时代的开端,这时其所拥有的所有自然和人类资源都将被全世界共享,而过去则被视作是独立的和排外的。

展现在我们面前的承诺是很明显的:全球性的互动,不仅仅是物品还有人员,不只是知识还有思想、价值、理想、科学发现、宗教领悟、生活方式。这些可能性反映了人类发展的新目标。

弥勒菩萨(Maitreyan)的时代造就被佛陀(Buddhists)所预言,现在展现在我们面前,这是一个平衡的和对称的时代,也是与专业的、分裂的、离散的时代相对立的,我们一定要从后者摆脱出来。成熟、完整、丰富、平衡、互助,这些名词表现了我们的时代的潜力,并将其从低产出率、匮乏、贪婪、分裂、有害的专业化、文化上的倒退解放出来。每个历史文化中大多数的人都只能过着部分的、碎化的生活,被焦虑所困扰,只能有限地理解和行动,主要限于贫乏的土地和他们的肤色所决定的更为狭窄的边界,除了希望和目的之外都不能算是人的生活。

在历史中,随处都可以看到一个骤然的能量汇聚,一种更加有利的社会机会的聚合,一种几乎全世界范围的预言性前瞻的突现,为人类提供新的可能性,就像公元前 6 世纪发生的全世界范围的变化,以佛陀、梭伦(Solon)、琐罗亚斯德(Zoroaster)、孔子和他们的继承者为代表,这个变化为人类提供了共同的价值和目标,彼时人类相互之间分散已久,只有亚历山大大帝才能够统一他们。由于更大的压力、焦虑、不确定性,这时一个相应的更新似乎在一个更加广阔的程度上向人类开放。

11

如今人类就像一个登山者,为了继续向上爬而不顾危险地跃过一个巨大的裂缝,也为了用力一跃而不得不动用他的所有个人能量。如果他过于虚弱或怯懦而无法努力一搏,他将停留在原地,既不能上也不能下,直到寒冷、恐惧、劳累,或所有这些加在一起,迫使他堕入深渊。如果不全力以赴,就无法越过困境,这种困境不只是阻碍了前进,甚至还将威胁人类整体的存亡。事实上,人类从未如此一跃,也没有什么能够保证他就一定能够跳到对面,但是向上的趋势从未像现在这样强烈,在云端上面我们已经能够窥见光线迫近。如果我们有信念,我们将达到对面。但是首先我们必须冒一次险,因为如果只跳跃了一半的话将导致死亡,那将跟没有跳跃一样。

3. 对我们时代的诊断

对于现代人的转变有一个负面的压力,或许这是幸运的,如果没有这个的话,有利的好处和机会可能不会驱使他行动。我们在历史上曾经实现过使人类成为他自己的最危险的敌人。那时他吹嘘征服了自然,在相互协作的思想和训练有素的行动的科学的有限框架内,他放弃了自己更强的能力,也削弱了自己的才能。如今人类的能力上限是变得自动化和收缩,下限是变得自发和旺盛。我们用外在的强迫和不相干的焦虑来抑制住自己的内在的创造力,被电话、收音机和不断的印刷屡屡打断而毫无办法,这些将我们的生活置入一个不停歇的生产线中,而我们却没法去控制。同时,我们过多地考虑饮食、保健和性,这些都是动物的本能反应,由此而产生温顺的消费者、挥舞着鞭子驯化人的人、有奴性的选民、用按钮操作的机器人。

对这种状况无法应对,正是产生这一状况的疾病的症状。现代人创造出来的文明不像用电子设备思考的机器,并不是那么人为的,当其整体出问题时,就会发出警告信

12 号,并且停止运转。的确,我们的情感和感受一般都会发出这些信号,但他们实际上都被有意地根除了,是为了使机器更好地运转。比这更糟糕的是,我们已经习惯于思考专门的、琐碎的、特别的、不寻常的东西,习惯于将生活视作有内在联系的动态的系统,以至于我们不能够假设承认文明整体都处在危险当中,我们也不能够简单地接受一种观点,即如果文明整体不被重新组织的话,它就没有一个部分是安全的或者是健全的。因此,人类继续表现出其乐观中的愚蠢的一面,尽管我们文明中有价值的地方已经被毁掉了,甚至更多的地方或许已经没有意义了。

我们当前的状态可见的症状有很多,如果它们很显而易见,则不需重复,它们也通常被理所当然地忽视掉。这些症状包括的事件有:纳粹通过大屠杀杀死了约 1800 万人,其中约 600 万是犹太人,与大屠杀一道进行的还有任何可以想象得到的净化,即残忍的虐待和折磨;还有残酷的种族灭绝,由我的同胞所为,在东京,一夜之间就有 18 万日本平民死于燃烧弹,在广岛(Hiroshima),仅仅几分钟,就有 20 万(最终统计数字)人立即化为灰烬,还有的受到毁伤最终还是死去。

在过去的 30 年里,仅仅由于战争和种族灭绝,粗略估计就有 4000 万到 5000 万人提前死亡。在这项统计中,可能大致看到一个标示,即我们的所有的高尚目的都导致了广泛的失败,被苦苦地施加于其他方面。对于每个生命,我们学会了在早期就通过卫生、饮食、医疗方面的进步而保存"文明的"政府,这将威胁到彼此的生存,现在则即将通过有计划的种族灭绝而任意地夺去十几条生命。这些行为从本质上说是不理性的,因而也不能推动友谊和互助。在这种情况下,解决整体不安全的办法就是进行整体性的灭绝。

毫无疑问,现在我们屡屡发生的世界战争更快地将许多罪恶带出来,这些罪恶本来可以隐藏更久的。但是我相信,仅仅用一种情况或单独几个事件来解释我们现在的整*13* 体状况,这样会显得愚蠢。所有的社会现象,毫无例外地是众多事件汇集和互动的结果,因此,将其中任何一个拿出来,就会对人类社会本身的特点误读,就像基督教神学家对历史进行神意的解释,或者是马克思主义者现在对历史进行的经济学的解释。战争确实使我们当今的困难进一步加重了,但是我们也不能将崩溃仅仅归因于战争,这种崩溃在一两代以前就被有洞察力的人看到了,那时候在今天看来似乎是难以置信的和平。战争既是过去腐化的结果,也进一步造成新的腐化。我们时代的战争只是带来了一种破坏性,以及隐藏在社会当中的对于生活的否定态度,某种意义上说,它们是整体更新的否定性替代,即没有统治阶级会进行足够的自我否定以达到实施的程度。

无论如何,我们现在的道德崩溃早就已经开始了。我们全神贯注于生产机器和开拓自然,而忽视了对人的适当教育。通过我们的发明技能,我们已经创造了高度复杂的和内在关联的世界共同体,它的存在依靠宗教和道德价值观,但我们却允许他们消失了。西方文明在力量的标志下已经存在了一个多世纪,我们骄傲地忘却那种不受控制的力量是对生活不利的,这种力量有各种表现形式,如热、光、物理力量、政治强制,因为生活所能蓬勃的程度只能是控制力量、削弱其直接影响并将其减少到对关键进程有利的大小。通过比仅仅一篇演讲更贴近的方式,对于单个组织有用的同样对于整个文明也有用。我们想要生存的渴望受制于对本身的毁灭性和非理性转向,因为人们失去了目标感,仅仅满足于动物般的生存。生活须用估测和平衡来进行,不受制约和没有导向的力量与自杀无异。

这种陷入虚无主义的情况有着更深的原因,还需要充分进行探索。英国诗人霍思曼(A. E. Housman)将其自己描绘成"在一个我不知道的世界里的恐惧的陌生人"。但是事实却是,在由科学构想和构造的机械世界中,人类已经变得更是一个陌生人,有更多的原因导致他恐惧。

西方文化不再表现人,这主要是外在于他,并且很大程度地同其本身相敌对,他无法将其内化。他就像一个病人,通过 X 光片照射而被宣布需要依赖饮食硫酸钡。事实上,现代人越是努力吸取这种文化,他的实际状况就越可悲。人的器官和个人需求与他为表现力量而创造的特殊体制之间是没有内在关联的。大城市里不停歇地响着机器的嗡嗡声,已经不再适合人类居住,最好的情况就是让人适应他周围的环境,人已经将其自身退化成一架小机器了,成为机器的世界了。个人的自主行为、选择、抉择、自我规范、自我引导、目标性,所有这些自由和创造性的特征都变得越来越受约束,正如外在的压力变得越来越无处不在和难以忍受。最后,正如塞缪尔·巴特勒(Samuel Butler)讽刺性预言的那样,人类会成为仅仅为了生产其他机器的机器。

但是在这样的机器时代里,还会发生更加可怕的事情,对于普通人而言,生命本身即使受到保护,并被延长生命的百余样措施所改善,也变得更没趣也更没意义,顶多是一种温和的奴隶状态,最差也就是一种不温和的奴隶状态。为什么每个人都应当遵照要求全身心地投入到每天的工作中去呢? 现代人非常成功地发明了节省劳动力的装备,靠这个产生了大量令人厌倦的事情,只有更早的文明中的特权阶级才能理解,譬如小的变化,少量的动机和选择,使用某人智慧的机会,对幻想的最细微的表达,都越来越从普通人的日常生活中消失了,却被放入更大的组织中为其进行思考。一个人对现代文明所作的最致命的批评就是,除了它人为地制造出危机和灾难,还在人性上并不有趣。

为了减轻压力,现代人发明了异常复杂的外在生活,用各种游戏充斥其业余时间,而这些游戏与工作并不能截然分开。当人的内在生活萎缩后,他就通过在其无意识中释放最基本的要素来恢复活力和目标,如厄勒克特拉(Electra,阿伽门农之女,为父报仇而弑母)、俄瑞斯忒斯(Orestes,阿伽门农之子,为父报仇而弑母)、哈姆雷特(Hamlet)、麦克白(Macbeth)都相对于那些被所谓文明国家所引进的带有算计的残忍和恶性,在想象和实际行动中都表达了人性。

除了这些病理学上的结果外,我们的机器文化也产生出一种普遍的挫败感。没人有可能了解那些可能被了解的很少的片段,看到那些可能被看到的匆匆一瞥,做那些通过我们控制的能源所能做到的极少一些任意的、断续的行为,在我们的力量和我们的满意度之间始终是不相称的。如今个性的典型角色是无足轻重的,是没有威严的,也没有目标的。用来保护我们生活的外墙被巩固了,里面的生命体在体量上减小了,是为了使其自己适应这种有害的过度增长。

现代人的白日梦的内容紧密地模仿《尤利西斯》(Ulysses)中布鲁姆(Bloom)一家,充满了报纸社论过时的标题,广告标语未能消化的呕吐物,不相干信息油腻的碎屑,以及没有目标的行为的令人窒息的灰尘。成为这种混乱的一部分,跟上它的节奏,将其化为内在,这种责任也是现代人的痛苦的责任,沃尔都·弗兰克(Waldo Frank)在其小说《再次发现美国》(The Rediscovery of America)中对美国的尔虞我诈的环境的描述中充分地描述和分析了这一点。不幸的是,思想交际越繁忙,导致的生活就越空虚,因而社会中单个原子对促进因素就有越悲惨的依赖,这种促进因素实际上导致了他的空虚,也使其注意力转离困境。

这样的机械性的程序导致了自信和自尊的丢失,以至于很少有原始的共同体表示赞同,确实,我们应当将这种被动的动物称作"机器放牧人"(machine-herd),是比最迟钝的放牛人更可怜的动物,主要是由于他"知道太多不该如此的事情"。因此,当前庸医、迷信、狂热的流行,可以比得上希腊和罗马的秩序衰落的那些标志,即越来越倾向于赌博,将机运视作人类命运的最高女神去信奉,机运女神的不规则的车轮是对命运女神的不离正道的铁轨的唯一可能幸运的替代物,在命运女神的铁轨上衰落的文明毫无希望地滚动着。

个人无法为其自己创造一个富有意义的生活,就采取报复,自发行为的退化形式来自不深处,兽性对无意义的促进因素和被替代的生活构成了一种平衡,而普通人已经习惯了后一种情况。从这些混乱的事件、感觉、曲折解释中获得精神营养,就相当于试图从垃圾堆中获取食物。即使那些直接到厨房去的人也不能获得合适的食物。我们的领导者们本身就是他们帮助创造的体系的牺牲品。谢尔顿(Sheldon)博士所谓的"精神上的过度拥挤"(psychological overcrowding)就是西方文明当前状态的主要祸根。我们创造可复制的和多种用途的工具,甚至创造出稳定的经济,这种创造性的后果就是如印刷那样的抽象媒介被减少了。复杂的具体性推迟了思想的整体进程,数据不管是过多还是过少也都对我们构成了阻碍。因此,不再是为生活的圆满而生产更多的时间和能源,而是有必要让我们的不受控制的机械化花费每天更多的时间在准备性方法上。最终的结果就是,任务、兴趣、刺激、反应过多,而有价值的秩序和目标却匮乏。

　　最后,这样一种文明仅仅能够产生大众的人,他们不能选择,没有自发性,也不能独立行动,从最好的方面说也就是病人,温顺,被规训去做简单重复的劳动,简直令人同情,但是当选择越来越少时,他们也越来越不负责任。最终,形成了被设定的反射所主导的人,这是理想的形态,但从未被实现过,而是被现代商业的广告公司和销售机构所期望,同时也为极权和半极权的政府的宣传办公室和规划署所期望。对于这种人最好的颂词就是:"他们不制造麻烦。"他们的最好美德是:"他们不会刻意去冒险。"最终,这个社会只产生两类人:设定者和被设定者,积极的野蛮人和被动的野蛮人。由谎言、自欺、无能所编织成的网络展现出来,很可能正是使"推销员之死"(Death of a Salesman)变得如此尖锐深刻的原因,尤其是对于见证了这点的美国大都会的读者而言。

　　现在这种机械的混乱并不会一直存在,因为它侮辱了人类的精神,它作为机器体系变得越牢固越有效,人类对它的反应就越顽固。它最终会导致现代人盲目地反抗、自杀,或者更新,到目前为止只是出现了前两种情况。根据这种分析,我们现在面临的危机源于我们的文化,即使它没有像某些奇迹反映的那样,将近代历史上发生过的解体释放得更加严重。

　　在最后时刻,现代人在我们的社会的最高层成为 19 世纪两位先知英雄的混合体,即霍桑(Hawthorne)的伊桑·布兰德(Ethan Brand)和梅尔维尔(Melville)的亚哈船长(Captain Ahab),都很狂热地导致同一个结局。伊桑·布兰德追寻真理,变得对其工作的人性的结果完全无动于衷,他强烈地压抑他的情感,将其自己从"人类的神奇枷锁"中挣脱出来。这种感情和情感的匮乏,仁爱的缺少,正是我们传统的科学概念的典型副作用。在同样的退却的方式,现代物理学家集中发展原子理论,完善放射原子能的工具,却丝毫没有关注他们的科学实验所导致的社会命运,直到他们最终面临他们的"无趣的"行为的后果,即最后一刻令人悔恨的恐慌,尽管早在 1914 年威尔斯(H. G. Wells)就预言式地用生动的细节勾勒了我们现在面对的结果。正如霍桑所看到的那样,偏执地集中于对真理的有限追求,被人类感情的退却所增强,就是现代人的不可饶恕的罪。

但是现代的个人还有另一面,即亚哈船长的一面:充满骄傲、愤怒、自以为是的进攻、通过小皮普(little Pip)对爱的要求所意识到的,但是又将它们推到一边,为了实现他对大白鲸的恶魔式的追捕,在他追逐这个庞然大物时也养成了无理地攻击的性格,他自己早先也是这种性格的牺牲品。布兰德将自己扔进了炭炉中,就像物理学家将自己置入原子反应堆中。亚哈将能够指引他回家的所有科学仪器都扔掉了,是为了在更加狭小的海峡中满足他的不合规格的攻击。一个是通过消极的撤退和耗尽情感,另一个是通过积极地表达人性中更有侵略性和主宰性的一面,两种情况都导致了人类的致命性的灭绝,也最终终止了进一步的发展。这是现代人的真实神话,远远超过浮士德(Faust)的传说。

结论应当是平实的。我们的社会现在拥有的所有资源,它现在所有的能源和活力,所有他提供的价值观和理念,都一定集中在个人和共同体的建立和再生功能上。这些力量存在于何处?我们能用什么样的方法对它们进行开发和运用?我们将用它们来实现什么目标?我们要为日常生活确立什么样的准则?一定要用什么样的思想体系、什么样的理念形式来引领个人和共同体?这些问题如今在觉醒了人们头脑中都是至关重要的。

18　　　但是我们将不会仅仅通过整体地放弃我们现在的生活方式,或转向某种更简单的古老的生活和思想体系,来获得一种更加适合的哲学。如果像卢梭(Rousseau)曾经说的那样,一个人必须要将当前所有的行动都转向正确的,这样是不够的。治疗我们过于集中在外部世界,并不是退到一个同样贫瘠和封闭的内部世界,对于盲目征服自然可替代的方案并非完全忽视自然和全部集中于人身上。如果我们的新哲学有很好的基础,我们将不只是反抗我们当前文化中的"带空调的噩梦",我们还将把这种文化实际拥有的许多正面的优秀的因素带到未来去,这些因素包括对期待的思考之外的客观事实的感受,用于集体证实的技术,被引导的思考的能力,的确,我们将把其对秩序的感受从过于受限制的科学领域转移到广阔的生活中去。

4. 大灾难的替代物

按照逻辑来说,三个过程现在展现在现代人的面前。

首先,所有现存的机构可能会继续推动过去的方法和形式,无论是复原整体模式还是重新调整任何单个的机构,都不做出任何努力。因为这些力量和机构被我们现在的目标所控制,已经展现了它们空前的破坏能力,没有丝毫的证据表明仍在工作的关键的堆积的因素不需要任何努力就会再次获得优势。相反,当前的信号在今天非常清晰,就像在公元 4 世纪奥古斯丁(Augustine)对于罗马所表达的信号一样。如果我们继续现在这样的下坡路,并且以过去半个世纪以来的那种加速的速度,西方文明的末日指日可待,很可能对于另一个千年而言是所有文明的末日,甚至可能是地球上任何形式的生命的终结之日。在历史上人类首次在其拥有物中有办法进行集体的种族屠杀或自杀,其规模足够囊括整个族类。"世界末日"不再是启示录式的危言耸听,如今一个原子链的反应就可能使其实现。

第二个选择是,西方人可能强制性地进行稳定和固定的尝试,却没有带来任何剧烈的更新或重新定向。这过去是极权主义的法西斯在纳粹德国实施的方法,是故意退回到部落式的理想和婴儿时的行为,也是一种扫除复杂的内在关联性的尝试,是对一个发达的社会进行的潜在的合作和融合,是退回到固定的习惯、服务性的回复条件、统治阶级的自由自在的攻击。尽管苏维埃共产主义开始其革命时代有一种对自由和兄弟情谊的乌托邦式展望,在仅仅一代人之后,就堕落到了几乎达到野蛮人的水平,如果当前苏维埃俄国的"共产主义"(实际上是法西斯)同非共产主义国家之间的紧张关系持续不管多长时间,就会有充分的证据出现,尤其是在美国,显示退回到野蛮状态的类似行为会以相同的情况出现,以此避免俄国的统治。在美国,反应的力量已经使用不负责任的诽谤和合法的强制使理性的反对者沉默,通过对有特权的煽动民心的参议员的狂热领导,可能很轻易地达到积极暴力的阶段,除非那些相信自由和民主的人们很快重新掌握主动权。对于这种通过退却获得的稳定,不需要新的哲学,不需要个人的转型,不需要未曾尝试的行动模式,所需要的就只是从文明的抑制中解放出来,还要从对在这种情况中上升到顶峰的罪人和精神病患者畏畏缩缩的卑躬屈膝中解放出来。

幸运的是,第二个选择会弄巧成拙。这种体制的领导者害怕有危险的思想,因而会将所有的思想都认定是有危险的,因此,如果有足够的时间,他们一定会像纳粹那样对科学和常识进行总分层,这正是由于为了获得保护而努力所致。但不幸的是,暴力、欺骗和恐惧导致极权主义的领导者进行连续的劫掠,就像斯大林同希特勒的合作协议中所做的那样,会用导致野蛮行为失败的那种行为彻底摧毁社会。更糟糕的是,尽管最终的命运已经被决定了,一个极权主义的政权可能还会至少维持一两个世纪,就像俄国专制那样,直到其腐败得无可救药。

如今历史显示,用固定和强迫实现稳定的努力,最成功的有东罗马帝国君士坦丁大帝或西方教皇开启的统治,但即使那样也没能提供比一次冬眠更长时间的希望。如果保持住人类的秉性,或许最令人高兴的努力就像帝国统治下从奥古斯都(Augustus)到图拉真(Trajan)时期的罗马那样。更成功的努力是发生在罗马天主教教会,从 13 世纪起努力保护和维系中世纪文明,即托马斯·阿奎那(Thomas Aquinas)的《神学大全》(Summa Theologia)中所提出的理想境界。之所以依赖强迫,是因为它现在还缺乏鼓起信仰的力量,或者用更耐心的理性方法推动认同,宗教裁判所(Inquisition)成为这种努力的典型工具。最终教会拯救了自己,但却是以失去对西方社会的其余部分的控制作为代价的。

第三个选择是,如今另一个进程启动了,这可以与公元 5 世纪的罗马所开启的相比照,那时基督教教会为一个新的社会信仰、思考和行为奠定了基础。在我们当今文明的巨大活力的基础之上,一种动态的整合和更新可能仍在进行。它将不会遇到任何的抵制,也不会影响到一系列小型的、不协调的、每日发生的修正和改革,它只是涉及到生活总体模式的变化,在每个机构、群体、社会中的个人身上同时进行,并不是一开始就要求绝大多数,而是至少保证"节省下来的剩余部分",其新的想象和行动会及时被注入到共同体的每个部分。这样一种变化并不是纯粹出自理性决定,它很可能只是作为一个危机的结果,这个危机非常险恶,有着非常悲惨的可能性,也没有更容易的选择,有可能的是类似一种自发的集体决定,就像敦刻尔克(Dunkirk)大撤退之后振兴起来的不列颠人民。那时候,可能性将会增加,往常不能够做的事情将会被完成。

甚至到现在,我所描述的有决定性的力量群很可能出现了,如果我们不对灾难卑躬屈膝,或不在将灾难与我们社会的稳定形式连成一起的极权主义的强迫面前瑟瑟发抖,我们就必须做出个人的决定,采取英雄般的责任和努力,共同进行更新换代。本书的主要目标其实就是了解这种情况的本质,为了我们的生存和救赎而扩散知识和重建必要的价值观。

那么这些就是我们今日面对的选择。我们可能要么走下坡路,不断地破坏、贬值、解体,直到生命不再有魅力也不再有持久性,要么我们达到一个短暂的、虚幻的缓解,这要通过将生命的潜在力量用于固定和稳定的进程,这也是负面的更新换代,较低形式的生命将取代较高形式的生命,思想和精神将变成力量,有组织的犯罪将建立政府。

通过第二个过程,我们可能在表面上抑制住我们文明当前的病症,并防止它们扩散,但是只有让每个人都活受罪才行。当病人的四肢被打上石膏,在有坏疽以前,只有对改善的期待才能止住痛苦,因此一个民族通过在较低的层次上静止来止住腐败,可能就像纳粹德国或当今其他极权国家一样,有一种健康的新生命的感觉。这只是一种虚幻的片刻。极权主义的毒药就像它所止住的感染一样,都是致命的。

因此当今"进步"的惰性逐渐导致每况愈下,但是通过集体的强制和社会的制止达到稳定的努力同样带来死亡的宿命。只有一条道路对那些仍然有人性的人保持开放,这就是更新之路。我们每个人都必须致力于这样改造自己,以及他所参加的所有群体和组织,不管用多大的努力,也不管用多大的牺牲,由此在全世界达到法律和秩序,达到和平和协作,达到爱与兄弟之情。由于这个改造的条件大家都很熟悉,因此造成不同的将是这种情况本身和我们解决它所用的方法,以及改变长期被忽视的空洞的职业并使之成为可操作的主旨和可触及的目标。

第二章 为生活重新定位

1. 综合推理的先决条件

如果人的发展还必须继续的话,在目标方面的深刻变化明显地成为必须发展的新生活的关键基础。但是仅仅这样还不够。19 世纪的社会主义在社会上计划了长远的变化,它引入了正义和人的协作,以此取代私有产权和特权,甚至在被称作资本主义的体制中,许多这些变化都已经实现了。社会主义试图产生这些变化,但是并没有改造其拥护者的精神上的潜力。它相信人本性善良,认为政治体制的邪恶是与其成员毫无关联的,认为无需创造一种新的宗旨去改造欲望、贪婪、奢侈、骄傲、侵略性、管制,就能够取代资本主义和尚武精神。因此,实际上社会主义往往显示出不太令人舒服的特征,就像它已经部分地取代了的制度一样。

但在我们当今的知识看来,只追寻内在的变化也是有问题的,这就是柏拉图之后的希腊哲学家所犯的错误,他们只追求被启蒙了的人的救赎,只通过他们自己高度抽象的能力进行论述,他们丝毫不会救助普罗大众,也没有对社会进行整体更新的视野。

我们需要一个宗旨,由于目的是要对人进行改造和发展,因此将要能够对群体和组织中的人的能量进行引导和重新定向,这是一种伦理学意义上的宗旨,也是一种教育,能够给予人类的体制和组织走向自由的可能性,这种自由我们目前只是在个人身上找到了,但也只是个别的情况。为了这个目标,我们必须创造一种框架,有更加充分的概念和思想,能够囊括生活的各种维度。这个框架至今还没有被任何单个的哲学或宗教
体系所提供。总之,我们需要一种意识形态,要有深入的组织性,这样就可以将现代人的被撕裂的两部分缝合起来,即私人的和公共的,内在的和外在的,自由的、暂时的、创造性的领域和必需的领域。简言之,现代人在过一种健康的生活之前,一定要逃离他当前意识形态中的紧箍咒。

我们每个人都是通过一个屏幕来看这个世界,这个屏幕是由其体质构成和性情构

成,反映其使命和多样的社会角色,其家庭关系和其他群体归属,其个人哲学和其文化总体情况。所有这些方面都是典型的,每种现实的经验也都是独特的,因此能够简单地假设他们的集体表达会导向幻觉、目标不一致、自欺欺人的计划、舛误。但是所有这些屏幕看起来都是如此不同和多样,它们本身也是由生活的持续转型,以及个体与环境之间的不停互动所带来的。它们的不一致是共同媒介、共同进程、共同任务和共同目标的结果,因此这个世界实际上并不是一片破碎的混乱而是一个宇宙,其中错误和幻象能够被检查出来,因为它们在一种秩序模式上表现出错误的因素。这种潜在的统一性可能导致出现重大的差别。

从一个又一个个体的结局,我们必须不能仅仅假定一种统一的进程,由此带来所有的多样性和多元性,我们必须也要假定一个变化的方向,朝向生活、思想和觉悟。生命的确出现在宇宙进化的非常靠后的阶段,有组织的思想更要靠后,而有觉悟、有理性目标和自由选择的人类则在最后出现。从数量上说,生命似乎极度匮乏和珍贵,即使是最低劣、最没有感觉的生命形式,天文学家告诉我们,被假定可能有利于生命的最近的太阳系也在约 4.5 光年以外。但是生命和思想的出现为每个准备阶段的行动提供了新鲜的意义。价值和目标很少能受到人类对宇宙事件的琐碎干涉的影响,这些干涉会将它们否定,但它们仍然作为潜力而存在于最低水平,变得越来越明显,也确实在向上发展的过程中变得越来越占主导地位。

在自然界,可以越来越清晰地看到,物理事件不能够被完全理解,除非在时间和空间中与整体的模式进行比照。没有哪个局部的分析,也没有哪个额外增加的分析和抽象将会让我们看透这种模式或有目的的组合,这些为自己赋予了特殊的意义:当只使用抽象和隔离的方法时,这种组织关系实际上甚至都不会被怀疑。

适用于"物理世界"的也会更适用于人。甚至最初的物理现象也会被解释得不足,对自然中热的或电的解释就是一例,如果这种演变过程的最终趋势不被看到的话更是如此。对物体的定义永远都达不到完全的程度,除非补充道,某种因素有能力将产生生命现象的复杂的有机体单位结合起来。更甚于此的是,老子(Lao-tse)的哲学、莫里哀(Molière)的戏剧、高斯(Gauss)的方程式也许在宇宙的历史上都是独特的事件,但是它们仍然是事件,它们的独特性和被重复了无数次的普遍现象一样,都是真实的。将这些事件作为不真实的或不重要的东西而忽视、为了将物体"仅仅"转变成电子或中子的哲学,就违背了最简单的真理准则。被作为不真实而忽视的东西,恰恰揭示了解释体系的限度。

那么是否没有遵循这样一种情况,天文物理学家当前对宇宙中最早的大爆炸的估测,或者原子核物理学家同样神奇地渗入到原子的构成中去,如果他们缺少独特的和不可预测的却开始越来越多地出现的事件,甚至还有人本身的发展时,是不是足够的? 对物理科学的最新的看法指出这样一个事实。当生命形式不被考虑时,不管物理过程曾经表现得有多盲目和重复,一些趋势、目标、创造性的最初迹象似乎从一开始就出现了,反过来,结果则将一种回溯的意义投射到一个进程的早期阶段上。

许多人类近代的发明、其本身演化的需要的结果,都被预料成更早阶段的根本形式,他从马蜂窝中获得造纸术,模仿飞翔的鸟发明了飞机,基于劳动分工重新对社会进行组织,这也是在蚂蚁如此做的 6000 万年以后。人类部分的自我发展源于有意识的重建和对自然过程的重新评估,因此他会使它们为了实现目标而服务,这只是人类自身而非自然产生的作用。但是如果一种综合的哲学必须强调这一漫长过程的最后阶段,即自由、独特、自我引导的特性,那么它就无法对人类对自身出现以前所需的所有能量和活力保持漠然,就像主观的理想主义的过去形式。持续、诞生、创造,这些是新的综合的基本先决条件。

2. 人的本质

一种观点可以一直上溯到德谟克里特(Democritus),即世界是原子任意混合产生的,原子在无穷无尽的碰撞中碰巧形成了坚实的聚集体,人的本质主要由外部力量形成,同样也受必然的或偶然的因素控制。这种观点与宗教直觉截然不同,后者认为人是神创造的目标,有一个永恒的理性的灵魂,在其中实现和完善其自己的发展,不管是像佛教(Buddhism)那样结束于虚无,还是像基督教的宗旨那样存在于永恒的美好中。这些后来的信仰也许过高夸大了人的自我满足,并使其成为一个过于有限的过程的终点,但是第一个看法不只是损害了人类历史的重要性,也对秩序和目标的事实视而不见,甚至物理自然都显示了这些。让我们来进行更加完整和公正的陈述吧。

在每次试图描述世界、人生和时间时,都有一段无声的前言,即人类的历史本身。如果没有这段前言,戏剧的其余部分就会是不明智的嘈杂污秽。如果不是人们经年累月地进行解释,历史和自然都不会直接在当代的经验中展现,除非是有可能毫无意义地乍现一下。每一代人、每个个人在试图将集体经验缩小成知识的秩序时都只能选择整体中的很少一部分,那种集体经验是所有的知识和实践都依靠的。我们对这个世界的了解主要通过解释,而非通过直接的经验,而解释的工具本身也是要必须被解释的产物,包括人的构造和生理上的能力,人的感情、好奇心和社会性,人的社会组织关系,以及他的传达方式和需要完善的独特的解释媒介——语言。如果没有历史孕育出来的意义和价值,那么历史本身也还是停留在无法被表达的阶段。

人类的基本资料绝不是简单的或基础的,基本的就是历史中产生和传达的高度复杂的意义和价值结构。人类对于物理世界的本质所知的就仅仅是其自我发现和自我表露过程的一部分。近年来,受其自己内在状态的困惑,西方人被解决不了的问题所折磨,实际上也被推动着假定一个高度简化的秩序,他自己的大部分本质特征都被从中排除,这种情况对于其内心的平静就像对于任何其他的实际目标一样。这是一个没有了欲望、情感和梦想的世界,也是一个抽去了人类的目标和希望的世界,在这个世界中,人类的思想陷入沉睡,是为了更好地作用于其身体。但是事实却是,复杂性、对立性、吊诡和神秘都是人类经验的最根本特征,而简单、清晰和秩序则是极端复杂的最终产物。从泰勒斯(Thales)开始,描绘这个世界的最经典的科学探索就将概念的简单性混同于初级性和基础性。

当我们考虑人类历史的无声的前言时,我们一定要摧毁这种误导性的自然力崇拜(elementalism)。构成人类经验的根本性事实的是目标、利益和意义,而不是对资料、原子、电子、一点能源的解读。这些价值来自于难以理解的历史深度,就像珊瑚礁一样,通过对生活一层又一层的叠加,从百万个留下了历史性痕迹的事件中、从无数的从未完全消逝的生命中,都出现了每个可见的事件。正如历史所表现的那样,人们对于外部自然不管了解到什么,都是人类文化的衍生品。自然的维度也随着人类自身发展的每个变化而变化,我们当前对于宇宙的视角不比洞穴人时期的更重要。在自然翻开的大书中的每一页,人类都在其自传的边缘乱涂乱画。

为了理解人类的本质,我们相应地必须首先要理解这篇前言,就是说,我们对人类必须像我们发现他那样,将其置入其所有的历史复杂性中:没有哪个赤裸的动物在其皮肤内瑟瑟发抖,在黑暗中摸索,挖掘着食物,来到一片陌生的充满敌意的土地上,被敌人所包围。相反的是,我们发现人类是一种生下来就进入发展中的社会的生物,这个社会提供给他衣服,保护着他不受风雨侵袭,给他食物,用话语哄着他,给予他某种程度的爱,在他离开摇篮之前还赠送给他不少礼物。从这样一个世界开始,我们发现友情与敌意、善与恶,对于人类的经验而言都是比事件和行动更关键的因素。在学会保存火种或打造出石器以前,在人类祖先的哺乳时代出现的是温情。

人类的生命从历史性的多样性和目的性来看就是我们的起点。没有哪个单独的个体能够拥抱这个生命,没有哪个单独的一生能够包含它,没有哪个单独的文化能够包括

26

27

它所有的潜力。我们甚至不能够部分地理解人类的本性,除非认识到其根源被埋葬在无数看不到的生命的残骸中,其最高的部分尽管脆弱也一定会蔑视大胆的攀登者。人类生活在历史当中,他的生命随着历史的进展而发展,从某种意义上来说,他是为了历史而存在的,因为他的活动没有一部分是为晦暗不明的未来准备的。人类帮助创造了过去,并还在创造着未来,如果没有对这种状况的动物般的信仰,人类的生命将会从各个维度全面收缩。

3. 生命的背景

人类本身代表了宇宙的各个方面。如果回到最初的状态,他就是一团碳和一汪水,被同样多的金属、矿物和气体掺和在一起。但是人同样也是一个单位的有组织的生命,他是动物世界的成员,也是动物世界的特殊秩序的一部分,作为脊椎动物,他能够自由行动,有选择性地与环境接触,以通达的方式回应高度发展的紧张的体系。进一步而言,人类还属于热血动物和哺乳动物,雌性喂奶给年幼的,因此而形成一种紧密而温柔的关系,为了其后代的养育经常采取残酷的保护方式,尽管其本身的内在发展、其整个生命充满了情感和性本能的反应,就像被驯化了的动物的许多其他特征一样,如奶牛的奶或母鸡的蛋,也以被抬高了的方式而继续存在下来。作为众多动物中的一种,人类拓展和强化了某些特定的组织能力,为了更完整地发展为特殊的人类。以其他物种所没法有的方式,他进行着思考、游戏、爱着、梦着。

人类遗产的这一部分使其成为特殊的生命体,在最终处理这个之前,让我们暂时检查一下他与整个生命世界所共同拥有的特征和习性。考虑到生命最初来源于水、岩石、土壤、太阳能,可以立即被所有生命体的无尽的繁殖力所震惊,还有那对自然本身用之不竭的创造力。

在思想占据主导地位很久以前,生命就有着不断的变化形式,这是它进行的自我演化。为了长出鳞片、羽毛、皮肤或毛皮,将鳍转变成为武器或翅膀,热血动物演化出呼吸器官,进行极端的试验以完全脱离水而生存,将生长过程与繁衍过程分开,就像蕨类植物一样,模仿叶子、嫩枝或毒性更大的植物,这些努力进行了无数个世纪,才足以从各种物种吸取关键的能量。

与最谨慎的适应一道的,还有许多其他因素,在我们占主导地位的实用主义的思想中是不被承认的,如纯粹的放荡,有时近似于滑稽,无论在自然界还是在人类的文化中似乎都很普遍。通过形式的多样性,生命保证了其在地球上各个地方的延续和扩展,因此生命总会以一种形式潜入到大海底部、攀登到高山之巅。

生命的繁盛是大胆的创造,不能归结为无穷无尽的偶然。在阅读自然的故事时,我们能够看到按照人类的术语被称作计划的系统对等物。当"偶然性"超过可能性的界限时,我们必须将其结果称作"目标",并且推测它显示了一种可能性,即人类在其生活中发现类似的过程和模式。

每种生物在开端时都会很快学会有机体的最根本的特性,即营养、成长、繁衍、修复等等,但生命还有某种其他特征,不能被视作理所当然的。首先,所有的有机体都遵循其物种特有的生命计划。在死亡以前,一个有机体内部所发生的最为激烈的变化都是以被引导的有序的方式进行的,这部分是由其本质所决定的,生命过程是不可逆的,生命本身也不是为应对日益令人压抑的环境而作的一系列任意反应。在这个过程中可能会发现一种无机体因素,所以必须要确定一个级别更高的有机体,不仅仅是根据其物种和性别,还要根据其年龄、成熟阶段、生命的计划、合作关系和生态联系。

有机体的一种持久性努力是对其外部的过程进行调控,因而它们能够进入正常的接替,也会有合适的数量。正如牧师(The Preacher)所言:"对于一切而言,石阶上每个目标都有一个原因,也有一个时机,根据这个时机出生和死亡,根据这个时机耕种和收割,根据这个时机杀戮和修复,根据这个时机毁坏和建立。"

每个物种都有一种成长标准,生命的各个阶段都伴随着相关器官的成熟和完善,通常在繁衍时达到巅峰,这些事实都是生命的特殊品质。生命在时间和空间上都是自我限制的,每个物种都有其特定的成长标准,都很少有可能任意而为。物理世界被认为与人类从中创造的不同,没有对其质量的规范,也没有确定的生命计划,尽管根据天文物理学家的看法,在宇宙演化当中建造某些要素可能会有一些常规的接替。 *29*

更高级别的生命体有一些本质的特征,如在所有的变化过程中坚持一种基本的身份,在从胚胎到死亡的过程中形式和功能都不断发生变化。延续和突发在各处都出现。任何生命的形成不仅依赖外部的压力,还有赖于内部的压力,以及自我坚持、自我维护、自我实现的过程。锤头捶下去,会在一片铅上留下凹痕,如果将其结实地熔炼在一起,液体冷却后是不会留下最初的痕迹。但是对一个有生命的有机体的打击却不是如此被动的,它也不会全部消失,除了从意识中消失,身体会立即进行移动以避免伤害,坚定地努力维持最初的状态。即使当锤痕被修复、有机体恢复其平衡以后,锤痕还是会留下印记,有时是双重的,一种是伤痕的形式,是可见的,还有一种是记忆的形式,是不可见的。

保存身份和保持印记的这种能力开始于有机体的层次,在人身上则发展成一种文化的超感觉的器官。有机体的经历是累积的,也是预期的。有机体会记录和记忆,它会记忆和重演,会重演和预期,它也会计划和打算。所有活着的行为即使看上去是盲目的,也都是具有前瞻性的,如果没有教诲或过去的观察,那么一只即将分娩的猫会寻找一处合适的巢穴来产下后代,一个放丝织内衣的抽屉就足够了。这将代表着一千种其他的类似的焦虑模式,以及对即将来临的事件的幸运的预感。没有哪个有机体能够被充分地用其目前的功能或暂时可见的结构来进行描述,毕竟,这不是人。

30 　　有机体的生命有两种其他的特征需要被考虑,对于充分理解一个人的创造性组成而言是非常关键的。其中之一在某种程度上对所有原生质都是很普通的,通常被称作过激反应,但从更广阔的意思上来说,也可以被称作可回应性,这是一种应对内部或外部刺激的趋势,通过收缩、扩张、后退、进攻,通过顺从或保护,通过隐匿或上战场。生命特有的另一个特征是一些尝试:维持动态的平衡、使每日的收支达到平衡、使盈余暂时亏损、有所积攒以应对不时之需。从最低的水平来说,就是在血液中为了达到酸碱平衡而进行的改动,从而既达到内在的变化也实现外在的修正。很久以前克劳德·伯尔纳(Claude Bernard)指出,微妙地维系同等的内在条件,对于一个人更好的发展是极其重要的,因为内在的各种变量首先损害的不是心脏或肌肉,而是"集中精力进行逻辑思考和专心致志"的能力。

　　到目前为止,人类是一个动物,那么他有着与有机体世界一样的特征。但是活的生命体从没有生命和没有有机体的状态诞生,仍然保持一些重要的惰性,能量水平的暂时提高就需要不断的努力。所有的生命都的确有一种辩证的对立性,一种趋势是达到稳定和静止状态,另一种趋势是向上攀爬、获得比生存所需更多的能量、冒险、向前跨跃、将生命的旗帜插在山之巅峰之后才在谷底寻找安全之处,最终死亡。人类自己引以为豪的智力和体质不管让他看似有多独立,他依然每时每刻都需要自然和历史中所有力量的不断协作,从而控制住其自身的力量。没有食物的话人类只能活三十天,没有水的话则只能活三天,没有空气的话只能活三分钟,但是没有希望的话,他可能会在更短的时间内毁灭自己。

　　在自然界中流通的关键推力也会在人体内流通,推动着他向前,生命向前行进,它的痛苦和期待都不能不顾人类最深层的自然而考虑。当他失去信心,被一些挫折打乱自己的生命计划时,一个内部的声音仍在低声说道:"坚持住! 生命就在你身边,你或你的情况终究还会推动着你发展,将现在拖住你的困难解决。"理智往往告诉人他已经失败了,但为什么囚犯、奴隶、堕落者、残疾人、病痛者尽管面临着惨淡的结局,还会努力抓

31 住一线希望呢? 甚至对于健康的人和幸运的人,终究还不是一死,将其所有带走吗? 幸

运的是,生命在过去的所有努力仍然推动着每一个生命体,认为人生终究会有一切的想法在宗教的旧形式中就是天堂和永恒,仍在召唤着人类行动。对此,最庸俗的格言道出了真深刻的真理:有生命就有希望,还可以再加上一句,有希望就有生命。

即使当人类超越了其动物的本能,他的起点是动物停下来的或还不足以到达的地方,如果有一天他变得浑浑噩噩,那么他最初朝向思想和爱的推动力也来源于此。在他的血液中,诞生生命的最初的海洋的盐分依然流动着,在产卵期太阴月依然运行在轨道上,在自我牺牲和爱的崇高行为中,他为了他的族类而将其原始祖先所达到的动力进一步拓展,这种对年幼成员的关心可以追溯到人类的鱼类祖先时。我亲眼看到巴斯湖(lake bass)中的胆小的鱼对误入其守护的巢穴的人用牙齿进行攻击,作为一个父亲我理解这种感情,于是退走。父母的责任感并不是新近才有的。

总结一下,生命即使在最低潮时也是一个选择的过程,这是一个选择、保持、推进的过程,从环境中获取这些对生命体发展有帮助的养料,而剔除那些不相关的。但是生命并不是漂浮在一片没有时间的海洋上,它会向前发展,被一种天生的目标推动着,这种目标在人身上变成了一种有意识的东西。生长的每一阶段都带来有机体平衡的暂时混乱,一个有机体存在的最后阶段是死亡,标志着一种极端的不平衡出现。生命在发展趋势、目标追逐、结果实现方面是有引导性的,简言之,是有目标的。但是不像没有活力的事情,它将对过去的记忆和对未来的期待带入了其当前的努力中,通过将其活动领域扩大而增加了自由的范围。

维持生命的功能倾向于自由或自我引导。自然对每一个有机体都有强制,神秘地说,就是"做你自己!实现你自己!追随你的命运!"在有限的时间和机会以及贫困的境遇中,每个有机体都想要成为自己命运的主宰。帕特里克·盖迪斯(Patrick Geddes)称之为生命的反叛的质量,能够开启新的活动,朝意想不到的方向前进,为的是克服其内在的局限和外部的障碍,这些与能动性的更容易触及的属性几乎一样独特。

有机体有一个最终的特征进入到每个更高级的形式,生命体的发展程度越高,它就看似越独立,它对许多其他物种的陪伴和支持的依赖就越强。生命若要繁盛,就只能在互助、互惠性互动或共生等领域进行扩展,每个生命体不管是自愿的还是盲目的,都处于一个积极的给予和接受的关系,不仅是与物理环境之间,还是与众多其他有机体之间。活着的有机体通过最复杂和影响最大的活动,构成了食物链和工作链,从土壤和空气中的细菌一直扩展到家养牲畜,它们确实不断协作为了生命而重塑整体环境。即使最独居和最嗜肉的鹰也构成了生命链条中的一个环节,它自己的生命也依赖有可能成为其爪下牺牲品的动物肥美与否。

正因为人类意识中的目标感在更低的无意识阶段还存在着"功能"和"机制",人类意识中的爱也在更低的阶段存在着互助和生态合作。因此生命坚持的不仅是一种内在的动态均衡,对此沃尔特·坎农博士(Dr Walter Cannon)在其《身体的智慧》(The Wisdom of the Body)中很好地进行了描述,但它还在所有构成它的物种之间坚持着一种平等的、动态的外部均衡,这些物种通过相互协作而存活,在级别更高的有机体中这被称作自我抑制和自我牺牲。这就是自然的最根本的道德。不管这种道德在哪里出现了崩溃,并在相互需要的物种或人类之间创造出一种不均衡,就会有解体和混乱。即使在内在关系的有组织的结构中缺失了一些无活力的要素,就像缺乏铁元素的饮食一样,都足以置生命于危险的境地。

平衡、自由、共生、有引导的发展,这些最根本的概念源于我们对人类以前的有生命的有机体的研究,我们进一步用其去理解人类生命的发展及其在社会中的命运。这些特征缺失的地方,以及生命变得没有目标和失去平衡的地方,我们就有理由怀疑出现了严重的失败。

人类的外部环境的相对复杂性是与人类的内心环境相匹配的,在这里,如果一个人可以基于其公开的行动和构造进行判断,那么他就会很明显地偏离其他生物同伴的标准,因为虽然它们在更高级别的神经系统的开发方面是一致的,归结到一点上,它们仍然被生存的需求所困,将其困住的是比人类所无法设计出的更短的绳索。一般而言,人类身上充满了自己产生的冲动、欲望、兴趣、梦想,与其生物学意义上的成功并无可见的和直接的关系。不像动物那样对反应进行合适的调整,人类倾向于拖延其回应,并用可替代的行动方式进行活动,这些有时导致没有结果的能量支出,其努力带来的只是失败。但是幸运的是,在这种对其动物性局限的超越中,人类蔑视常识和保险,发现了新的创造性的来源。人类能够通过其适应性在一片拥挤的贫民区或肮脏的壕沟中生存下来,这样的条件一般都会拖垮许多其他生物,但是他也能够构想和建造寺庙、宫殿、花园、房屋、城市,这些给他的兴奋是来自有秩序的形式和被实现了的规划。经过一个简单的过程,人类为社会生活创造了各种各样的形态和模式。

在这种有机体生命的基础之上,人类的个性从公共的复杂的功能和行动中形成,有这种个性,一些对所有生命都很重要的情况被强化和拔高,因为在人类身上传递感觉的器官变得更强,情感的反应和感情变得敏感,理解和回想事件的能力变得更好,哪怕是对某一次经验而言,他形成了一种将有机体的功能变成超有机体的能力,也形成了将经验转变成符号、将符号转变成经验的能力。

现在这个世界只有一部分在生命的控制之下,生命总是存在于不稳定的基础之上,只是时不时地存在,还永远失眠和焦虑,因为安定和安全的出现可能会让站岗的哨兵窒息,并导致解体或死亡。对于某个物种的某个成员而言,生命是有限的、偶然的、危险的,也是短暂的。在更高级别的领域,如个性,生命更是被巧妙地置于不存在的悬崖边上,而不是处在有机体的水平上,因为很难维持这种平衡,而且在人类的社群中帮助维持生命的那些习惯和规矩可能由于存在时间过长也会产生危害。一个曾经被重复的祝福也往往会变成一个诅咒。有机体的生长和修复在更新的过程中与人性类似,在思想和态度、情感和计划方面不断地进行改造,从而人们会超越动物对重复、固定、自动的倾向。

4. 对多余的节约

从一开始似乎就可以看出来人类在为生存而进行斗争时并没有将所有的能量都用上。多余的那部分在最初的文化中可以看到,在人类的生理组织上也是可以看到的,它的存在对于人类最终的创造性都是不可估量的。进化本身的确假设生命本身及其最初的表现都有潜在的能力,这推动着有机体对其本身的发挥远远超过维持自身或其族类的程度,否则有目的的、被引导的变化有着未被证实的经验的缺陷和致命性,实际上又如何能够描述有生命的有机体的复杂世界?

由于上个世纪经济生活对人们的思想产生了影响,多余的那部分能量往往被忽视或错误理解,只要人类被视作一批有适应性的机器,只要像一架机械织布机或一辆机车那样专门为了工作,那么他的真正品质就会被忽视。然而,自然比人类更适应工作,并没有过分关注经济和效率的单个目标。那种节约通常并不存在于自然的计划中,例如,由于明显的节约杂草和谷物构成了种子,但是是艺术家,而不是机械师设计了兰花或盛开的木兰,即使猪笼草都能够诱惑被它吸引来的昆虫,而不需摆出诱人的橱窗。生命是丰富的,也是宽绰的,这使我们关于节约的所有理性标准都看似吝啬和有约束的。

通常而言,我们可以说增长和发展本身代表着所有生命都拥有的多余部分,在其生命中都有向上的曲线,超过仅仅为生存所需的能量,在人类的器官中,过剩品的作用是极其明显的,瓦尔特·坎农博士指出,只要身体被看作一个整体,那么身体的许多器官就会有一个"安全工厂",远在一般的要求之上。因此成对的器官如肺和肾的大多数功能都能由其中一个有效地给予,甚至肾上腺或胰腺的一小部分都可以维持生命,但是如果将它们完全摘除就会导致死亡。然而,也许最大的赠礼、最繁盛的生长却发生在脑

35   部,摩利·罗伯特(Morley Roberts)竟然称之为肿瘤。正如考格希尔(Coghill)指出的那样,比较胚胎学的研究表明动物在智力次序上越靠前,其生长就越快,就像行为的直接可能性包括有条件的机制……"这意味着人类在发展阶段中,当身体行为有最简单的秩序时,那一部分直接处理最高思维和道德过程的联系机制就不仅是相对很多,还必然开始将其自身编入一种机制模式,作为其成熟时的标志。"

　　这种组织的全盛期对人类有着至关重要的意义,很可能就是所有那些有效的推动力、那些自动开始的行为、那些迂回的探索和持续很久的精心计划的基础,将人类的行为与其他动物的野蛮的径直区分开来,尽管这是在较低的层次上,就像园丁鸟(bower bird,澳洲产的一种鸟)恋家的习性一样,关于这种行为的新秩序,可能还存在一些轻微的早期的特殊预感。我们所称之为活泼的素质是建立在能量过剩的基础之上的,譬如拥有这种素质的年轻人,在一种生理学的层次上任意喊叫,咯咯声、咿呀声、冒泡声、手脚的运动、手掌的张合,这与饥饿、不适、友好的风度所推动的完全不同。这些能量一旦迅速消耗,儿童的身体顿时变得无精打采、迟钝,像死了一样。在生长的后期阶段,虚无的联系、多余的形象、涉及到的梦想、随意的探索,都对发展产生了影响,这种发展从未被证实过,不管是从根源上,还是在任何经济标准上,或对有用性的任何直接归测方面。在与我们相似的机械文化中,这些重要的活动要么是被低估,要么是被忽视。

　　一旦我们摆脱了机械主义的无意识的偏好,就必须承认"多余的"只是对人类发展的经济学方面是关键的,譬如,美丽在演进和使用方面都起到重要作用,但不能够像达尔文试图做的那样,仅仅被解释为求偶或受精的实用性工具。简言之,从神话上可以将自然视作一个诗人,致力于隐喻和韵律,也可以将自然看成一个狡诈的技工,试图节省材料、量入为出、将工作做得既有效率又低成本。这种机器主义的解释就像将其比作诗人一样,都是非常主观性的,而且认为所有都是有用的。

36   　　继续向上攀爬的物种,尤其人类,都是相对不完美的、不专业的、不用心的、刚愎自用的,甚至是不适应环境的。这些物种与斯宾塞(Spencer)的对于生命的片面消极的定义不相符,即"内在的和外在的关系的不断调整",他们固执地试图扭转这个过程,是为了使外部关系与其自己的生活计划相一致。人类主宰着有头脑的动物,大脑本身的过度发展同数以千计的未被使用的脑细胞,在与人类相似的种族出现的过程中,很可能是最关键的一步。对人类而言,这个变化很可能伴随着哺乳动物已经发展起来的情感的作用的增加。对情感的这些进一步强化,同智商的增加一道并对其进行了改造,很可能是由于一种直接的和谐,出现于女性每个月的排卵行为和乳腺活动的延长以及男性性活动的增加之间。

发育不良、没法充分适应、寄生状态、漠不关心,所有这些不利因素都被减少了,或者由于器官的发展而被克服,由此使人类的反映范围更广、更灵敏也更自由。通过大脑的过度发展,人类产生一种媒介,能够将创造性从器官部分带到超器官的部分,在前一个部分创造性只能被缓慢地并入相对稳定的动物结构,而在后一个部分,则是被并入人类文化的特定领域。可以将答案写在沙子上,次日再抹去,或者将其永恒地镌刻在木头和石头上、写在纸草或纸卷上,而不是将其刻在血肉上。人类是尚未成形的动物。不像其他有机体,他的成长的最终阶段不是由其过去的生物性所决定的,而是依靠其自身,部分也依靠其本身对于未来的计划。

随着朝超有机体方向的变化,人类的第一个时代顺利开始了。在此后冰河时期的艰难生活中,这种变化很可能也有存在下去的价值,但是必须被看作一次偶然的小费。最终,人类为了其创造性的丰富,利用越来越有意识的死亡,然而在面对死亡时,他为其生命增加了一个新的维度,这是其他动物一般都不能意识到的。

5. 社会发现和编造

正如亚里士多德(Aristotle)所观察到的那样,人类社群是彼此需要的人们聚集起来而形成的。他们相互需要出于两个原因,精神上的,是为了发现他们自己处在群体当中,尤其是利用他们的差异性。不幸的是,在使其特殊才能被完善时,他们变得更加无助,因为他们变得更加有效率,除非他们不断地相互交换商品、劳动,尤其是他们的理解。如果人类相互之间就像牛与牛之间,就只能发现人类潜力的很小一部分。向内探索不能够使人对人性有深刻认识,为了发现自己,人类要将自己分成一千缕,每一部分都要隔离一些特别的能力和兴趣,将其向前进一步推进,通过给其加入相似的能力或兴趣来加强品质。劳动的社会分工是对最初的劳动的两性分工在文化上的进一步转化,正是通过社会分工,人类发现了许多模糊的初级的能力,并将其臻于至善。

有句谚语说九个裁缝才能塑造出一个人来,再恰当不过了。但不仅仅是需要裁缝,还需要所有的职业,所有的工作,所有的种姓、阶层、家庭,所有的基础社区和有目标的社团都参与进来塑造人。所有的人在某种程度上而言都是琐碎不完整的,一个完整的人必须要成为整个社会的典型。这种意义上的"人"纯粹是一种臆想,因为他必须包括未来达到的目标,还要包括过去达到过的目标。因此人类社会跟动物社会不同,它是自我意识、自我探索和自我实现的媒介。人不仅仅是作为一个有机的产物而存在,他还进行自我实现,并且从中创造历史的意义。

如果这种自我转型的过程仍然是一种纯粹的生物过程的话,那么毫无疑问它是异常缓慢的,而且各种可能性都很有限。例如假设人类集中增强其个人工作能力仅仅两个马力,如果他通过选择性生育或别的方式使其肌肉能力达到这种巨大的变化,将需要50万年的时间。当他达到这种水平后,很可能更像一只光彩夺人的大猩猩,而不是他现在的自己,顺便提一下,他还将因此而失去各种其他价值更高的能力,例如敏感性、灵活性、机动性和高智商。

人类通过创造一种遗传的超声物体模式、其"文化"或社会遗产,能够首先通过驯服马来产生额外的马力,然后通过创造机器来多次增强其最初的劳动能力,而不是仅仅改变其身体的某个器官。通过其传播的能力制造工具和机器,并且通过象征手段传递知识,人类创造了风车、水磨、蒸汽机、变压器、原子反应堆,这些仅仅用了两千年的时间,这些工具使人类达到了所需的最强的力量,远远超过任何可以想象的器官的更新。

一种文化从根本上说是一种改变人类本性及其环境的超有机体的方式,不需给其有机体留下不可磨灭的印记,或者削弱其基本的灵活性和适应性。为了过冬而有一个装备了暖气的房屋,相当于一匹马为了过冬而留长毛发,一个 X 光管相当于获得更强的视力穿透能力,等等。数千年以来,人类的非物质文化超过了他的技术文化,前者主要包括口头的、审美的、仪式的方面。人类的预测、象征、超然的习惯使其进行了很多尝试,其坏的结果如果利用有机体的形式,就会对物种造成致命的伤害。同时它还持续了一段时间的洞察和发现,否则这些能力就消失了,或许同样消失的还有产生了它们的时机或个人。

莱布尼茨(Leibnitz)对世界的本质说过这样一句话,即它提供了像秩序一样多的自由,这句话更适合用来指人类文化。人类通过其文化改造其环境,将新的价值应用到自然过程中,将其自己的目标投射到自然功能上,最终编造出全新的自己,在高度个人化的社区中进行互动,而不是无可挽回地投入任何单一的生活方式或任何单一种类的人格中。

每一个人类群体,每一个人,都生活在一种文化矩阵中,既遥远又迫近,既可见又不可见,能够对人类的当前所作的最重要的陈述之一就是它包含多少过去和未来。由于文化都是外在而不可传递的,或者至少是中立的,尽管这种中立可能采取值得记住的箴言的方式,由口头的语词或运动性反应来传播,就像由直接模仿产生的压力,即便文化的最无形的方式都有一个物理的层面,无法被全部忽视,而进入人类生活范围的每一个物理事件都有一个象征的层面,必须要被解释。

如果没有解释，就无法区分一个农民获得面包和葡萄酒是在酒店中还是在教堂的圣餐中。作为生理学上的表现，这两种行为都是相同的，从意义、价值和目标上来说却是不同的，就像素食者和饕餮者之间的区别。用有机体的视角来观察人类的发展，人类生活或其环境的任何一部分都可能成为他的文化中的积极因素，也因而会成为其本身的积极因素。以此类推，人类的每一部分都可能在外部世界中起到作用，人格或文化都没有一个单独的方面，使其存在可以被理解，除非是在共同分享的总的生活中。"精神和物质、土壤、气候、植物、动物、思想、语言、制度都是一个单独的整体、一次总体发展的各个方面。"这是查尔斯·霍顿·库利(Charles Horton Cooley)的观念，对于理解人类的本性而言是非常关键的。当对人类的文化进行展示和解释时，本性就是自然，文化不管是其转瞬即逝还是永久长留的方面，都仍然是自然的文化，人类从自己身上发现的能量和活力，这些被赋予给人类并且支撑着他。除了秩序的概念，所有都是不可想象的。

人类通过众多工具来生活和学习，但是他所有的适应性中最为重要的，却是将自身从兽性中区分出来的，这为其征服自然给予了大规模的标准，也是人类进行象征性解释的能力。这不仅仅是掌握知识和自我建构的线索，还可以用于了解人类的活动和行动。卡尔·马克思(Karl Marx)与理想主义和更老的物质主义进行论战，因为它们只满足于解释这个世界，而他理解那个思想就是生命的过程，必须也要帮助去改造世界。但是他在争论中忽视了解释本身造成改变的程度，这种改变首先是通过改造解释者的潜力而实现的。

6. 语言的奇迹

有意识的目标和自我引导，即所有蕴含在灵魂和个人的历史性概念中的东西，都在增加，由于人类的特殊能力而变得可行，这种能力对其本性进行解释、将其经验转变成一个有意义和有价值的整体，利用这种能力他能够碰巧对未来进行行动和操作。这种技能基于一种特别的能力，存在于人类的生理功能中，即能够形成和传递象征。人类最典型的社会特征是基于其早期对语言的征服的，它拥有一种有机体以外的环境和超有机体的自我，而且不需要生物性的遗传工具就可以一代一代地传递。

在上个世纪，人类本性的这种核心情况被错误的假设弄模糊了，这种假设认为人类首先是一个"使用工具的动物"。卡莱尔(Carlyle)称，远在伯格森(Bergson)提出技术人(Homo Faber)的概念以前，自我创造者(Man the Maker)就应当取代智人(Homo

Sapiens)的概念。但是人类并不能从根本上与其动物族类脱离关系,要么是因为他生活在群体当中,要么是因为他也使用工具进行劳动。人类是第一个自我制造的动物,也是最重要的,他是唯一不满足于其生物构造的生命,也不满足于一再沉默地重复着动物的角色。生命的这种特别形式的主要来源不是火、工具、武器、机器,而是比这些更古老的两种主观性的工具,即梦想和语词。

如果不对象征的功能进行详细描述的话,就没法对人类的本性进行描述,也不能对其最根本的创造性进行探索。这就是我为何忽视许多其他特征,只描述人类作为解释者的角色,这是充分参考了当今的人类学和心理学。语言是人类所有的创造中最伟大的,也是对于真正的人类而言最关键的。当不能用语言进行表达时,就像我们在极少数被证明是真实的案例中看到的那样,野孩子被抚养长大而没有经过社会生活,这样的人类没有特定的生活计划,被迫去模仿狼的习性,因为这是这种动物的巢穴中他被喂养长大。

当然,我们只能推测一种方式,人类通过这种方式创造和完善了用符号表现的各种工具。但是在演讲这个主要例子中,正是身体器官的变化使语言成为可能,包括咽喉、舌头、牙齿的变化,灵活的嘴唇的出现也是很重要的。在被识别为人类的最早的头骨中,解剖学家发现语言中枢已经相对地发展起来。人类权力的增大是通过他通过试错法快速学习的能力,需要一种特殊的方式去解决大量的感觉和意义、建议和需要,这些对他产生了很大的影响。阿戴尔伯特·亚美斯(Adelbert Ames)用试验方法证明的那样,每一种感觉都是对行动的有预兆的指令,因此即便是最简单的刺激因素也要被解释,因为我们对它的接受与排斥,不仅是取决于它的本质,还取决于我们的目标、倾向和计划。即使是最纯粹的感觉也一定要被解释和重新排序,之后有机体才会真正看到它、听到它或者对它进行回应。在这种反应中,整个有机体会进行协作,真正被看到、听到或感觉到的只是对有机体的当前目标或其发展的历史性计划当中能够被理解的部分。

人类在清醒着的每个时刻,都进行感受、解释、计划、以单个的一致的方式进行回应,但是在起点和终点之间,最重要的是解释的中间环节和有计划的重组,因为正是在这时可能会出现舛误、错误计算、混乱。随着语言的发展,人类创造了一种解释工具,能够给予他一种方式,用于越过生命中可能出现的最宽广的部分。他从这个世界所获得的部分表现了他自己的本质,他通过自身所表达的部分与这个世界的本质也一致,因为只有通过思想才能将有机体和环境分开。

现在除了人类以外,其他的生命也对当前的信号进行回应,就像犬吠声对于其他狗是有意义的,雌鹿扬起白色的尾巴就是在对小鹿说"跟着我!",这些都是很简单的语词。

但是人类在其发展的关键阶段,开始创造符号,以听得到的语词的形式,这样当他不在场时也能够代表一个事件或一种情况。通过这种区分和抽象,人类获得了处理一些问题的能力,包括不在场的、看不到的、遥远的或内部的问题,不仅有他的可见的住处和日常同伴,还有他的祖先后代、日月星辰,此外关于永恒和无尽、电子和宇宙的概念也包括在内,他将一千个可能出现的情况按照其多样性进行了归纳,将其化为某种符号,用以指代对于他们而言最为普遍的东西。

同样,用类似的方法,人类使用语词、形象、相关的声音,能够使其内在世界、被隐藏的和私人的世界可见并给予投射,使其成为公开的部分,并进而成为"目标"。这种节省劳动的特殊工具被用于对最复杂种类的事件进行提取、压缩和保存,也许表明了是对其繁盛关键的扩散的创造性使用。人类拥有一种"无用的工具",其特殊的产生声音的器官,连同其宽广的音程,加上儿童所充分表达出来的对重复的喜爱,开启了一种十分有趣的可能性。如果人类是一个发明家或艺术家,他的首要兴趣点就是自己的身体,在他尝试着控制外部世界之前很久,就爱上了自己的器官。

著名的语言学家雅斯贝尔斯(Jespersen)曾经说道:"我们一定不能忘记,语言的器官……是人类最宝贵的玩具,不仅是儿童,还包括成年人,不管是处于文明的还是野蛮的社会,都发现一种有趣的行为,那就是用他们的声带、舌头、嘴唇玩各种游戏。"从这种对于有机体的过度使用中,人类发现了一种建设有意义的、有组织的世界的方式,这个世界可以通过语言、音乐、诗歌和可控的思想来实现。舌头是所有礼物中最重要的,最早出现的就是语词。

语言,尤其是人类的语言,在人类社会中造成了一个奇迹般的转型,正是通过这个魔法,普罗斯佩罗(Prospero,莎士比亚戏剧《暴风雨》中的男主角,本为米兰公爵,被其兄陷害流落到海岛上,他学会魔法,解救了精灵阿瑞艾尔,驯服了卡利班)。语言最初与手势可能并不分离,它是叫喊的、支离破碎的、不成形的、纯粹情感的,但为一种更复杂的抽象机制奠定了基础,这就是语言本身的独立结构。由于有了语言,人类的文化不再完全依赖物质形体及其日常环境的稳定和延续,能够成为一种有机体以外的活动。这样它便突破了时间和地点对于动物组织的限制。

人类的幼年是一种永久的初级形态,根据那时的行为,我们能够发现一种初级的转变,从牙牙学语到对面部表情的无意识的模仿,从自我欣悦的咯咯发笑到在公共场合用一种特殊的声调吸引母亲的特别回应,或者是喂奶,或者是换尿布,或者是拿走缝衣针,或者是给予母性的关怀。母亲与孩子之间的这种互动,在双方都是情感的表达:温柔、高兴、发怒、焦虑。毫无疑问,对这种情感的投射和融入是达到完整的语言的基础,但通常都被实用的或理性的解释所忽略。

在被野兽喂养的野孩子的事例中,我们能够证实一种解释,即当婴儿早期的发声没有被看护他的人以相似的发声进行鼓励时,他形成语词的能力似乎就彻底消失了。失去了语言的能力,人类也就失去了进行更复杂形式的人类活动的能力,尽管他的一些器官能力得到强化,像动物那样敏锐,如超常敏锐的嗅觉或持久的肌肉力量,但是仍然不是真正的人类,首先,野孩子失去了理解或交流人类感情的能力,因而变得不仅次于其他人类,甚至还次于猫狗,因为猫狗也从人类组织中获益,也学会了人类用于表达感情而使用的手势和声调。从消极方面而言,仍然有一种理解人类语言的特殊作用的方式,因为心理学家发现聋哑人在努力达到灵活的状态时,虽然不至于失明,但仍然没法达到聪慧的程度。即使失明,只要有语言,仍然能够进行社会协作。

亨利·伯格森(Henri Bergson)试图将智慧与特殊的能力结合起来,以解决几何的、机械的、非生命的问题,他令人费解地低估了语言的合成性影响,过分夸大了物理工具和机器能力的作用,因为他固执地解释,语言由于人类对固定目标的理性关注而变得有缺陷。恰恰相反,语言比机器工具发展得远远更加迅速和有效,表达不稳定的情感和态度的方式是人类经验中最不规则的部分,很可能还处在初始阶段。人类从孩童时期就知道的最重要的事情,是他是否受到欢迎,是否被宠爱、珍惜,是被保护、被憎恨还是被畏惧,语言中的妥协带有色彩和声调的调节,可以提供最根本的线索。语言并不是由哲学家发明出来用于寻求真理的工具,也不是由科学家发明出来用于理解自然过程的工具,不是被机械师创造出来用于打造更加有用的机器,也不是被熟练的簿记员创造出来用于记载世界的内容。语言的形成是因为人类与其同类需要确立团结的关系。由于它不仅是社会协作的基本器官,也是一种敏感的和激动人心的洞察力,它帮助人控制和引导所有的人类行为。

毫无疑问,语言及时地应用于除交流和友情以外的其他用途,它产生了一种"就是这样"(thatness)和"我们这样"(weness)的感觉,并进一步用随意的直觉感受过程和关系。语言尤其是一种途径,主观的反应据此而成为外在的,客观的事实则成为内在的,因此它有利于公众领域和私人领域之间的不断互动和往来。于是,在各种意义上,语言都是人类最基本的工具,被用来与其同伴分享私人领域,将公众领域变成其自己的,尽管其他方式的象征和标志迟早都会对其进行补充。能够用语言进行表达的人也能够被信任,每个词语都是一个密码,表现出友情或敌意,在小集团之内或之外,而且这些行为还会一直持续,直到我们今天还在建构身份。语言的实际的、理性的作用现在对于我们来说是非常重要的,长久以来一定是被认为是纯粹偶然的。

即使最初级的语言也显示出复杂的结构、语法和逻辑上的巧妙、极大的多样性,这使人相信,很可能千百年来,人类创造性活动的很大一部分都一定是完全关注有智慧的语言的发展,通过视觉艺术进行符号表现的次等途径,因为在奥瑞纳(Aurignacian,奥瑞纳文化距今3万年左右的旧石器时代,法国西南部的奥瑞纳是典型的遗存发现地)的洞穴中,绘画也显示了一种臻于完美的方式,用来论证它进行了长期的不懈的努力。在20世纪以前,人类所发明的机器没有一样能在复杂和精细程度上比得过最简单的人类语言。这种超有机体的结构无疑改造了人类自我发展的标准。

河狸能够构筑大坝,蜜蜂能够建造有效的巢穴,最平庸的鸟也有很好的飞翔和着陆的机制,而人类则达不到这样。但是在用符号交流方面却没有哪个生命能够与人类媲美。人类主要通过语言创造了第二个世界,比最有直觉的经验都更持久和切实可行,比任何其他生物的最纯粹的身体习性都更有可能性。他通过相同的媒介将其环境的广阔性和多样性减少到人类可及的程度,将其总体性抽象到他能够掌控的程度。大量的词语被当作工具用于理解和引导川流不息的事件,正是由于语言和逻辑的结构相对比较稳定(巴门尼德和柏拉图,Parmenides and Plato),才能够对自然界不停的变化和过程(赫拉克利特,Heraclitus)进行解释。如果意义像事件变化得一样快,那么就没有任何事件会有意义。

我们不要犯这样一种错误,即认为语言比任何其他种类的工具或机器更基本。通过人类过度开发的前脑以及在感觉和情感上的过分反应,与行动方面日益扩大的领域产生了联系,他通过语言发现了一种便捷方式,用于处理复杂问题,将各种状态和行动用于产生意义。语言对于人性而言非常关键,它有着非常强的创新性,在我们的时代,那些想要贬低人和奴役人的人首先贬低和滥用语言,任意地使用意义,这种情况并非偶然。文明从最初的阶段起,就不断地创造共同的社会遗产,在种族和环境以及历史事件方面超越所有的特殊性,分享空间和时间的越来越宽广的跨度。这份遗产,除了对环境如道路、运河、城市的改变以外,主要以象征的方式进行传递,到目前为止,更大部分的象征是口头和书面语言。与格言不同的是,语词比棍棒和石头产生了更大的不同,它们也更有持久性。

7. 对梦的解释

在语言的创造这个问题上,正如最普遍的象征形式和最重要的交流沟通工具,我为了清晰地表达,看似单独地处理了象征形式的问题。但是事实上,象征在人类的生活中起到非常重要的作用。就我们对当前人性的了解,我们必须推断,语言从自发的牙牙学语中形成,但还伴随着其他初级的和尚未被认知的特征,同样还通过一种能力而锻炼大脑这种器官,即做梦的习惯。牙牙学语和梦的意象可能是原料,人类从中形成所有的象征,接着是其大多数的有意义的生活,包括音乐、数学、机器、行为的社会性模式和城市的文化。

有文化的人通常一定将做梦与睡眠联系在一起,这是一种内心的戏剧,在意识的幽暗剧场中上演。当醒来后回想起梦境,他往往会很窘迫,因为这些梦有时候改变了他对外部世界的感觉,但是他会从半睡半醒的状态轻易地逃脱,进入梦境当中,在那里他经历的事件似乎比任何现实生活给予的更现实、更吸引人、更强烈。在某些情况下,他做的梦的确会更激进,有的夜晚会变得混淆,不知道哪个角色主导他的生活,就像庄周(Chuang-Chou)的那个著名例子,他梦见自己变成了蝴蝶,于是问自己在醒的时候是否可能是一个梦见自己成为人的蝴蝶。

即使在组织程度最高和控制程度最高的人格中,也不会花费工作日的哪怕一小部分用于做个梦,以与日常现实生活不同的方式说话和做事,这些任意联系都有梦的许多特征,只是做了一点点的夸张,正如詹姆斯·瑟伯(James Thurber)在《白日梦想家》(The Secret Life of Walter Mitty)中所显示的。在白日梦中,温柔的人往往会成为谋杀犯,忠实的丈夫会变得放荡不羁,人类所犯的罪恶中或许有一半是由于来得太突然,没有经过深思熟虑,就从其内心世界转变为他们幻想中的公共行为。

在一个人的童年,或许尤其是在青少年时,就花费了大量的醒着的时间做白日梦,也比睡着时做的梦更专注、更封闭,原始人类在醒着时的意识和睡着时的意识之间的差距,远比今天要小。现在人们对客观性的事件和目标过于推崇,针对这种趋势,约翰·巴特勒·叶芝(John Butler Yeats)的话对此进行了改正:"……我的理论就是我们总是在做梦,梦到桌子椅子,梦到女人孩子,梦到我们的妻子和心爱的人,梦到大街上的行人,所有那些表现不同的和带有各种力量的东西都会带来梦。当我们睡着时,我们便脱离了控制,也不用矫正各种事实,一路驶向记忆和希望的世界……睡眠时通过梦境与现实脱离开来,而醒着时则通过梦境与现实更密切地接触,由于现实激发我们做梦并给其提供资料,如果我们足够聪明,并且有着强烈的感情,就会尽可能地贴近现实。"

对一般人而言,我们认为醒着时的意识更加理性、更有方向、更加严格,也更加传统,远远超过睡着时所想象的行为,这是非常正确的。但是早期的人类在生活中并不是很严格地将理性和非理性区隔开来,尽管有一定的清醒和警觉对于生存来说是必须的,而且还会对其行为施加许多实际的制约,做梦很可能会占用他相当大部分的精力,在其生命的大部分时间里,幻想会比常识更占优势。原始人很可能会将我们称作精神失常的情况视作神圣的,充满敬畏和尊重,这也说明了这种情况的延续。

不管怎样,认为人类的生活一直是在艰难地"为生存而战"很可能只是很多种主观性解释的一种,其根源在于19世纪工业主义发展导致的惨淡生活境地。我们很难将这些兴趣转移到原始人类的生活中去。在机器发明方面,人类在相当长的时间里都一无所知,就像一个婴儿那样无助,他饥肠辘辘,却无法去改变现状,譬如发明实用的工具、用技术推动适应性、改进环境,这些都是很罕见的,从证据可以看出,他的确无法长时间进行劳动,而且如果饥寒交迫的话,就很容易从对实用性的可怜追求中退出。原始人会很快退回到昏昏沉沉的梦境中,他的主观世界一定经常比所能看到的环境更宽阔。

一般而言,我们对梦的起源所知甚少,就像我们对语言的起源不了解一样。但是我们能够推测梦的特殊作用,从而或许可以找到其此后发展的一些线索。我们已经知道人类的有机构成及其现在的特征和能力,这样就可以认为梦有两个主要来源。一个来源是人类对内部和外部出现的刺激有着极强的敏感性,因此身体发生的一些变化如恐惧、气愤、性冲动等都将荷尔蒙注入到血管中,在即时的情况过去很久以后可能还会在皮层留下印记。另一个来源也来自同样的敏感性,尤其对于原始人而言,会造成其持续不断的焦虑。这种焦虑不仅仅来自神经。我们有充分的理由认为恐惧会给人类这个物种留下深刻的印记,因为当人类走出茹毛饮血的时代后,就会对很多种情况感到害怕,尤其是夜晚。在原始人发明了武器和找到组织社会协作的方式以前,他是一个相对得不到保护的动物,只是靠其出众的聪明才智才得以生存,野生动物拥有自然的武器,如獠牙、触角、牙齿、盘卷、毒液,而人类也努力地保持了自己的远比原始武器更强的能力,有些能够像狼、野牛、大象的能力那样起到作用。

人类发展起高度灵敏的感觉器官,因此当夜幕降临时,不仅不会让他们平静下来,还会比白天给他带来的所有恐惧更强烈。这时梦就起到了一个特殊的作用,它使人类保持一种焦虑的警戒,同时还缓和甚至抵消。在梦中,他能得到在现实中得不到的力量,而且会更变得更加强大,现实捕猎中失败,但会在梦境中成功,尽管他可能再次经历自己所努力抑制的恐惧,但可能也会从梦中惊醒,却想到了新的行动计划,就像很多发明家醒来后就有了发明。做梦不受实际需要的制约,将人类从日常的烦扰和按部就班中解放出来,但也正是这些使人类才有安全感,也是自发的和无拘无束进行尝试的领域。一切在现实生活的壁垒中无法突破的事情,在梦中都可以实现。因此做梦既起到一种减震器的作用,减轻人的焦虑,又可以让他对内心自我进行彻底地释放,将自己从令人郁闷的强制强迫中解救出来。

如果我们将人类看作主要依赖神经功能的动物,认为他在早期时不断地进行幻想,就像通灵集会时的神秘黑暗中迅速成长起来的有高度理性的人,这样合理吗? 当一个人完全陷入其思想世界时,我们称其为"心不在焉",然而这种过分重视内心生活的情况可能最终会推动人类掌控外部世界。根据这种假说,人类的非理性很可能有助于他脱离动物的习性,也有助于他形成智慧,正是人类的焦躁不安使其大脑变得非常特别,会很容易地重组其感觉经验,所依据的基础是更完美的梦境,既服从内心深处的渴望也顺应外部的需要。在梦中,他的困惑和恐惧、希望和欲望可能会以新的形式出现,几乎完全独立于其个人意愿,同样的还有他在粗野的日常生活方式以外进行的探索和追求。

做梦作为一种创造性分离的方式,逃离了实践的制约,也避开了其严谨的社会准则的限制。这种特殊的方式很可能促使着人类不仅超越更加懒散的动物竞争,也超越了他的真实的自我,这种自我一定程度上是被有机体生命和物质生存的条件所形成的。人类是唯一过着双重生活的动物,一部分是在外部世界,另一部分是他在内心建成的符号世界,梦通过将其从受限的地方解救出来而与词语进行竞争。通过做梦人类学会了思考和行动,与其他更加稳重的动物相比更加大胆,也更意识到自己的局限,从而更好地对其自然状态进行调节。

梦很可能比语言更原始,梦境成为许多其他符号活动的来源和基础,对于每个人而言,当他睡着时就是一个艺术家,创造着自己都不知道该从哪下手的形象,梦中进行工作可能是最早的工作方式,可能也是对环境进行再造和对有目的的行动进行重组的最简单的方式。人类在梦中所表现出来的创造性,先是出于焦虑的压力,后来则更加自由,是对需要的回应,可能成为一种主要力量,推动着人类在其教化中更加持久地用符号进行表现。

简言之,这就像普通物质大量自动出现,仿佛一条河流每日的宽度和深度都会有变化,仿佛一股沸腾的、扩散的洪流在夜晚出现,给予人类一种重建生活方式的额外途径。因为如果睡眠本身使人类与醒着时的身体状态不同的话,梦就会将其与所有其他的情况脱离,梦将人类从其现实世界中带出来,使其面对不断的困难、挫折、焦虑,并用更加温和的方式向其展示,悲惨的生活如何才能被克服和抵消。为了这个目标,心灵在无意识的黑暗洞穴中堆积了物质,并以新的组合方式将其移交,用于创造性地重塑未来。由于在梦中没有什么不能成为可能,由于没有什么是不可信的,梦就扩大了人类潜力的范围,可以改造的部分假以时日,也能够在现实生活中得到实现。梦境中通常不会放松注意力,还会将一切都安排得极富戏剧性以及往往有明确的程序,内容上虽然不够理性但是却又创造性,这些事实可能提供了一种主要的线索,可以用于开发人类的文化。即使是最训练有素、最有引导的思想,如果没有梦一般的自由的联想,也不会成功,数学家亨利·普恩加来(Henri Poincaré)就提醒我们注意这样一个事实。因此,缺乏自信和没有想象力,从而导致文明的衰亡,其原因可能就是不能够发展内在生活,不能够尊重梦的功能,或者允许通过梦进行无拘无束的尝试。那种状态中的人不能够想出解决人为的灾难的方案。他们不会认识到,相处解决方案的力量可能就会避免灾难的降临。

梦、幻想、假象都是人类能够克服自己的恐惧和弥补自己不足的一些方式,这时他放弃了作为一般动物的安全,失去与自然的有机联系,梦使其形象被增强,帮助其恢复了自信。可以说,这些自己获得形象和符号也许使人类白天时少数清醒的时候变得模糊,更糟糕的是,正是因为梦使人类如此迅速地达到目标,而他专注于梦可能阻碍他对自然的洞察,这恰是科学首先在古代天文学中予以揭示的。认为人类对其主观媒介的探索和控制可能阻碍了他对外部环境的实际控制,这样说是有一定道理的,在幻想中能够实现的愿望似乎不值得花费更多的功夫用更加难处理的物质如木材、石头、纤维来解决。这就预示着,人类后来所做出的机械发明是由于他不愿压制一部分的梦想,技术人(Homo Faber)是使用工具的人,如果他不愿意低估词语和意象的话,实际上就没法出现。

尽管一开始人类使用符号的能力使其成为真正的人,到最后这却构成了一个严重的障碍,因为他要将主观性的符号应用到一些事情上,而若要真正解决这些事情就得使用客观性工具,火、地震、雨、作物生长是不能够用古代符文(runes)和言语的公式所控制,尽管据我们所知,可能某些疾病是可以被这样控制的。人类理性的发展有相当大部分是通过使其自身脱离有误导的指示,并不再对自己任意的梦有所要求。人类在梦中的意识被严重阻滞,也非常容易误入歧途,以至于克虏伯(A. L. Kroeber)博士很可能将原始人从早期的不理性发展到现代人的相对成熟理性这个过程,当作是人类进步的明确标识。

但是当我们对所有这些都认可后,我们就能发现,没有梦和词语的帮助,人类永远都不能脱离当前的动物世界。由于梦还有其他的功能需要被考虑,即其预言或预见的特性。梦是人类早期的欲望器官,这些冲动有很大一部分都一定会在未来有所影响。弗洛伊德(Freudian)的解释很可能过分强调了梦的机制的迂回特征,认为它拐弯抹角地隐藏了所表达的冲动。此外在需求和梦境满足之间还有更加密切的联系,几乎在醒着时的所有时刻都不断地起到作用,因为梦往往代表着没有被满足的冲动所施加的直接压力,朝向不适宜的目标或一系列行动,有时也朝向行动在未来的转变。一个人在醒着时甚至都不断重现某个人类形象,因此可能会对他(或她)所爱恋的事实立刻有所意识,正如一个青少年意识到身体的变化,首先是通过在梦中突然遇到不雅的形象。这样的梦中形象对其未来的行为有极大推动,也推动着主角在幻想中实现生活给予的各种可能性。心理剧就是梦的核心。在梦中人扮演相反的角色,使其自己不再受制于过去的情况和习惯的推动,而在现实生活中一个人的实际目的会推动着他在狭窄的轨道上前行,没法朝两边看,在梦中一个人的内心会给予他更为明智的建议,使其接受生活的全部,最终也在生活中实现了。

8. 人类作为解释者

那些主要通过强调人与其他动物物种的延续性来理解人的本性的做法,显然忽视了人与其他物种所不同的器官和媒介,因此也低估了人的创造性和原创性。这种态度无疑是对过去滥用符号功能的修正,后者是要使语言直接产生行动。一般而言,现代人会过高估计行动,而过低估计语言,歌德(Goethe)本人尽管崇尚语言,但也曾经说:最初只有行动。

语言作为社会团结、情感、感觉和思想的工具,经常对其他人产生潜在的影响,不只是像语言带来的那种一般性行为变化,如催眠和提示,而是在我们生活中的时时刻刻进行更多样的微小的改变。在有机体的精神经济中忽视这一事实,就像在生理功能上忽视呼吸一样。人类成功地利用符号功能改变了其他人的态度和行为,这诱使人对这种神奇的功能错误地应用,他愚蠢地认为可以运用词语公式改变身体的行为。如果莱因(Rhine)博士和他的同事在意念力领域所做的实验是正确的,甚至这种倾向可能也不会完全是幻想,但是如果将一套骰子面朝上地放置,比使用超感因素做到这一点显然容易得多,因此人类很可能对词语的魔力花费更多的努力,这在很久以前就已经创造了更合适的方法。伟大的古罗马医生盖伦(Galen)也用咒语和神秘公式来补充他对自然的知识。

52   人类有可能误用言辞,但这并不是低估这种功能的理由。当代对语言的充分使用有各种反应,从达达主义(da-daism)到逻辑实证主义(logical positivism),都不能使我们避免错误和自我欺骗,它们只是用避免人类大部分主观性的大错误取代了可以观察得到的小错误,因为它首先是以非秩序的符号形式呈现给我们的,这些符号有与其背景和内在状态一样多的意义。现代人拒绝将话语仅仅作为宣传口号而使用,也不管其说服的努力是建立在事实还是谬误上的,这种拒绝只能使其本身彻底无法发展或转型,除了通过一种纯粹的生理学上的过程。但是由于医学又告诉我们,没有纯粹的生理学上的过程,身体的每个部分都在某种程度上受精神状态的影响,即受到形象和符号的影响,这种自我强加的免疫和贫困也是一种自我欺骗。在这方面,现在的论据与所有形式的行为主义(behaviorism)都截然不同,也与已故的巴罗博士(Dr Trigant Burrow)所提出的分析完全不同,我诚挚地向读者推荐他的著作。巴罗博士在语言使用中只看到了分裂和扭曲,我主要读到了社会化和自我发展。

如果过去五千年里的所有机械发明都突然被抹掉的话,对生命而言就会是一种灾难似的损失,但是人类仍然会是人类。然而如果通过毁灭语言使用能力这种更早的人类发明而将解释的功能移走的话,整个地球就会更快地消失,比普罗斯佩罗(Prospero,莎士比亚戏剧《暴风雨》中的男主角,前文有解释)的幻觉中的还快,脆弱而虚无缥缈,没有语词能够将其捕捉,并将其置入拓宽了的意义和价值的修补中。比这更差的是,人类会比任何动物都更容易坠入无望和野兽般的状态,近似于瘫痪。由于事故受伤或年老衰弱导致的大脑受损中,可以取得最终的证据,即人类的使用符号的功能占据着关键的位置。只要大脑组织有损坏,严重到失去大部分记忆的时候,老年人有时就会说:"我的视力太差了,就要瞎了。"实际上,医学检查会证明他的视力仍然是很好的,因此这个被折磨的人的真实意思是:"我正在失去理解我所看到的东西的能力,这些东西对我而言不再有意义。"一旦一个人停止使用符号的功能,那么一个水龙头就只是一个可见的铜管,而不会被作为水的象征,而且不管物理联系有多相近,附近台子上的玻璃也不会暗示是将水送入嘴唇的工具;而象征这些物件的图像或语言文本更无法有效地将这些转换成渴的意义。库尔特·哥特斯坦博士(Dr Kurt Goldstein)通过研究对这一点确认无疑。

53

几乎所有超过动物反应水平的意义都来自抽象和符号指涉,实际上,符号的媒介如话语、音乐、图表等正是人类生活、行动、有自我意识的方式。创造出符号不仅仅是从有机体向超有机体过渡迈出的第一大步,也带动了从社会向个人的进一步发展。如果没有对本质的不停参照,就像被符号代表的那样,存在就会变得虚无、没有意义、荒谬,准确地说就是存在主义者(existentialist)所认为的那样。但是存在主义者在嫌恶和绝望中发现这个世界所缺少的,正是在他的哲学中所缺少的。一旦一个人放弃了符号和本质,就像亚哈船长在努力抓住大白鲸(Moby Dick)时放弃了罗盘和六分仪,将未集中的能量化成的虚空的恶意装入灵魂中进行偏执的毁坏,这就是剩下的所有东西。当一个人以污损语词开始时,那么他就以诋毁生命而告终。这就是现代人的困境的一部分。

人类的制造符号的活动,如发言和做梦,都表现得不只是个工具,它们直到现在都在人类生活中起到更大的作用,远远超过对自然环境的技术性控制,后者使用的是武器和机器。做梦是对记忆的动态的、向前努力的、目标追逐型的补充。当人类有机的、社会的记忆通过纪念碑、书籍、建筑为其打开了通过过去的大量资源时,梦就将其生命向前推进到一个更加多样的未来,既不是以其本性也不是以其历史的形式而出现的,下一个阶段、下一段生命时光、下一个世纪首先以预感和希望的样子出现在他面前,他看到由自己预先构成的未来,服从于人类的自然本性,能够将潜藏的灵魂变成公共的形式。通过梦,人类能够抵消罪恶感和焦虑感,这些是由于他脱离了动物的宿命而导致的,是他想要将自己与自然对立的结果,也是由于他提出独立的创造而产生的,比现实世界更能对应他的本性和渴望。因此这并不是一个偶然事件,而是人类生活的本质,其最好的和最坏的一部分都只存在于头脑中:焦虑和苦恼,喜悦和满足,当以艺术来表现时就绝不会如此单纯:"平静中回忆起来的情感。"

但是记住:通过梦的机制,不管是直接地还是通过艺术形式,人类超越其简单的生物性是通过两种方式:向上的和向下的,其自身变得更好和更坏,美化和玷污环境。很久以前他离开了祖先的巢穴,是为了花费其大部分时间在设计天堂和地狱这两样东西上。人类的邪恶性是想象的产物,同一种想象首次将其最根本的潜力表现成一种万能的和无限爱意的上帝的形象。在对这进行解释时,文学、音乐、宗教这些人类主观生活的艺术副产品既是人类存在的不可分割的一部分,也是自然世界和人类为了征服自然世界而创造的灵巧工具的一部分。

换言之,梦不只是逃避的机制,还是人类自己的特定生活方式的基础,这种生活使人脱离了低级的动物的限制,也脱离了强制的社会控制。不管我们有多欣赏动物的知足常乐和沉着自信,我们的生命都是敢于挑衅和蔑视一切的,甚至达到疯癫的程度,但其矛盾、不一致、荒谬,由于一种喜剧性而显得有活力,它牵强地故作痛苦地认识到其想作为上帝的想法能维持多久,动力是如何成为习惯,举止如何变成强制,向上攀爬最终是如何滑稽地告终的。但是人类由于全神贯注于内心世界,推动了他从不适应达到一种高度的存在自觉性,并最终达到足够的健康和平衡,超过低等动物所能达到的水平。当人类每天忙于喋喋不休和做梦时,生命就上了一条新的轨道,与有机体存在的水平星球正好垂直相交。普罗米修斯的火从未有人类首次亲自点燃的火焰一般燃烧得如此长久,如此明亮。

对梦把握的程度等同于对这个世界的把握程度。"真实"世界的每个部分都会被用于人类的象征性活动,不管是峰峦叠嶂的山川之巅还是高楼林立的繁华都市,并且通过人类在头脑中对其进行解释和重塑的能力,在可见性和可用性方面有所收获。即使对最遥远的星辰的拍摄图像也表现了人类的主观性:在黑色底板上定位白色,比起人类从迦勒底占星师时代起就建立的一套复杂的解释体系,有过之而无不及。外界环境不管是自然的还是人为的,其任何一部分一旦停止推动人类的目标,就不再有意义,甚至当其依然可见时,也不再被感知,有一个例子就是罗马浴池,强调关注肉体的仪式,而正是为基督教教父们所痛斥的。一旦一种结构不再有意义,人类就会将其变成挖石场,甚至会轻易地将其挖成一座开敞的山坡,例子就是 18 世纪法国对哥特式建筑的毁坏。因此,朝向人类兴趣的变化,即一种内在的主观性的变化,会以一颗原子弹的威力那样将纽约毁灭。另一方面,即使是一个"没有价值"的自然性目标,如殉难者的一绺头发或爪哇人颅骨的碎片,也会通过对其投射意义来获取价值,在这种情况下,它们会被细致地一代又一代地保存下来,就仿佛一件珍贵的艺术品。

由于有这些象征,我们时时刻刻可以被其他生命的兴衰历程所充实,只留下表面模糊的积淀,这就是存于纸张、石头或胶片的词语和图像,它们是被记载下来的故事,被保存下来的观察,被熟练描绘的线条,被凝聚于特殊符号的准则。人类曾经的所作所为都已经随风飘散,继续存在的是日益扩大的解释框架,它源自历史,并世世代代被保存、筛选、传递下去,这是一种资金储备,促成产生了人类的生产力和创造力,正是这些能力使人变成真正的人类。人类不仅只是过着自己的生活,还为自己描述这种生活,他不仅接受自然的秩序,还在头脑中对其重新塑造,正因为如此,那些将其动物性的和谐摧毁了的主观因素也增强了他的创造力。当人类感受到尽管伤痕累累,但自己的所有磨难和努力都终将有意义的时候,他是最幸福的,相反,当他相信即使最感到愉悦的满足可能毫无意义时,是最不开心的。不管人类的社会传统会对他施加任何其他影响,其主要功能就是在他维持生命的活动之下的价值、意义和目标奠定一个坚实的基础。

长期以来流行的观点是认为人类只是贫瘠无人的宇宙中的没有意义的微粒,与此相反,现在的哲学则认为,物质的世界原本没有意义的,直到人类在其中出现,拥有了它,并根据自己的过去和未来作为框架来对其进行解释。除了人类的目标和价值外,一粒灰尘与一个星球体系一样重要,没有人类的话一切都是虚空。

换言之,人类就是一种媒介,通过它自然事件变得可以理解,自然力量变得有价值,因为事件和力量与人类自己对生命的计划一致,可能越来越被引导朝向其人性的目标,最终则达到其神圣的终点。虽然这个事实使人类成为一个积极的中间人,但并没有让他变成上帝。除了思想和精神、词语和梦想,人类的力量实际上比作用于他身上的力量要小得多;他也是受到这些力量的支配:人类体温相差几度的变化就会导致人类的死亡。这种哲学认为人类所起到的解释者的角色,位于自然存在的顶峰,背后的是已经消逝了的精华,前面则是有待发展和实现的新生。通过对潜能和原因的洞察,人类对这个世界进行真实解释的能力使其有同样的能力去改造世界。

　　人类在充分的历史维度中展现的既有初级的也有复杂的,既有幼稚的也有成熟的,他将过去的时间和未来的时间、附近的地方和遥远的地方、看得见的和看不见的、实际上的和可能性的都加以考量。过去曾被称作客观世界的是一种罗夏墨渍(Rorschach ink blot,通过墨渍图像来进行人格测试的方法),每种文化、每个科学和宗教体系、每种人格都能从中读出一种含义,但只是通过依稀可见的墨渍形状和颜色。就像大梵天(Brahma,印度教中的三大主神之一),对于这个世界而言,人类自己既是屠杀者又是被屠杀者,既是认识者也是被认识者,既是创造者也是被创造者,这个世界将他封闭,但他仍然想要超越。尽管他没有创造这个世界,但是他却用其良知将这个世界的每个部分都涂上了色彩,并用其智慧对其进行重塑。

　　如果人类超越了其动物的命运,那是因为他使用了梦和词语开辟了一片新领地,这是他徒步无法到达的,或是用耕牛或犁也无法开辟的。他已经学会问一些问题,而这些问题在特定的某个生命阶段中或某个文化时代中是永远都找不到答案的。对于那片无边无际又几乎无法渗透的领地,每种文明都用某种重要的方式将其看成其所熟悉的家乡同样的事物,代表着所有值得为之生存和死亡的事物的总和,代表着一些价值和目标,不仅仅唤醒一种更高级的生命,还甚至对死亡本身做出解释,通过其先见之明应用到日常生活中去,由此人类进一步跨越了他作为动物的局限。当零和无限给予他一种可能性的感觉时,他无法借助十指进行计算,因此他的天堂和地狱会阐明他的世俗性存在的被隐藏了的潜力,理想也相应地是每种建筑结构的第四种维度。

　　这个领域是属于宗教的,超越了知识和确定性,最终的神话本身为其意义增添了一种新的维度。从无边无际的空间的沉默中发出了一个声音,即人类意识觉醒时的叫声。面对着笼罩一切的黑暗,人类发出了智识的探寻之光。当人类通过其解释的天赋进一步放射光线后,他也扩大了周围黑暗的范围。有意识的生命的最终回报就是对神秘的一种感觉,而这种感觉又被包含在神秘当中。

第三章　宇宙和个人

1. 对不可能回答的问题的使用

如果就人类的本性和生命的目标有大体共识的话,就没有必要尝试进行初级的定义了。但不幸的是,即使直接研究人的科学在其当前的体系内也无法提供这样一个共识,因为它们的结论假设它们的特殊提问方式有着正确性和充分性。在对确定性的追寻中,科学一直保持着宽阔可见的、干净边缘的路径,并且避免明显的主观性,这意味着它用令人察觉不到的方式或被忽略的方式拒绝了人类经验中的相当大部分。由于这种科学只能够通过对过去的认知来预测未来的行为,所以它必须排除许多不那么确定的可能性,由于它要解决的是数据秩序,所以倾向于排斥独特的和不可重复的事件,尽管这些事件可能会对人类的发展历程产生很强烈的影响。

直到现在为止,对于有限的和单独的问题科学已经尝试探索有限的答案,它们并不关注整体的模式。宗教在历史上通过尝试解释宇宙和人类在其中所起的作用来超越科学,并且致力于探索一套完全不同的假设,尽管在其发展早期,科学和宗教的发展路径在许多时候都正好契合。由于宗教依靠主观启示,因此害怕将所有逃脱了科学之网的人类经验都囊括在内,不管这张网编织得有多完善,或者投网的方式有多娴熟。"目标"、"价值"、"自由意志"、"潜能"、"理想的"和"最终目的"直到今天在科学对物理世界的描绘中都占不到一席之地,这种描绘所需的特定解释模式是在17 世纪发展起来的。但是这些概念和范畴对于整体地记载人类经验而言非常关键,如果从最初的科学世界图景中消失的话(实证主义曾经以将其取消而为荣),就足以令人怀疑其准确性或充分性了。这一疑虑如今在最先进的科学分支中已经被证实。

就像我现在要定义的那样,宗教是一种直觉和信仰,来自人类本质和经验的某一部分,这部分是被科学排斥的,科学刻意追求一种能够被立即验证本质的片段的知识。因为宗教提出的问题并不关乎特殊性,而是关乎整体性,并不是关于是什么或如何的特定问题,而是关于最宽阔的解释和最嘲弄人的飘忽不定性的问题,即为什么? 为何如此? 为了什么目标? 朝向什么结果? 换句话说,宗教所追求的并不是对生活的这个或那个方面的详细的因果解释,而是对所有事情的合理的记载。

生命、文明、人类的个性宗教的所有短暂的现象,都与对时间和空间的宇宙视角相对立。关于无限和永恒的概念并不能通过零碎的观察来验证,却是更高级别的宗教意识的核心,因此当处在科学认知还局限于物质由土壤、空气、火与水四种元素构成的文化阶段时,毕达哥拉斯(Pythagoras)或柏拉图(Plato)就已经在寻求从和谐的数的关系中推论出更深刻的秩序模式的线索了。在其最广阔的范围内,宗教关心的是不可理解的现实基础,还有从科学的角度来看不可知的东西,即伟大的奇迹(*mysterium tremendum*)。

在实证科学看来,大多数宗教问题提到的都是回答不了的问题,对于传统的科学家而言,仍然囿于片面的、机械的思想,它们代表的是虚幻的问题。宗教的术语表被许多科学家视作荒谬,因为它无法被转换成可以操作的基本英语(Basic English)。对于科学方法的局限性而言会更差,正如初级的部落和婴幼儿一样,他们不敢询问相同的无法回答的问题,实际上更加聪明,因为他们不被禁止关注整体,并敢于自由表达他们的迷惑、预感和希望。

一旦人类获得了良知,就不会抛弃这些问题或者逃避一种暂时的答案,而是会代表生命本身的关键质量。即使当人类努力逃避任何对最终问题的关注时,或者通过使自己沉湎于每日工作,或者用过度的吃喝、过量的审美感知和抽象知识充填精神上的空虚时(因为总有精神上的饕餮者和醉汉),他们仍然被自身以及与宇宙的关系问题所缠绕,关心着自己过去是什么样的,将来会是什么样。

这样的人会像陀思妥耶夫斯基(Dostoyevsky)的小说中的老卡拉马佐夫(elder Karamazov)一样,试图使自己迷失在肮脏的爱情中,也会故意看不起和嘲笑那些试图面对有关自身存在的神秘的人,正如老卡拉马佐夫在佐西玛(Father Zossima)面前的忧虑叹息,然而他们的反应的强烈或许只表明了人类的需要有多少。如果人类的生活没有目标和意义,那么宣布这一事实的哲学甚至比它所描绘的情况更虚无。另一方面,如果人类的命运和历史比亲眼看到的更多,如果作为整体的进程有意义,那么即使最低贱的生命和最不起眼的有机体功能也会参与到最终的意义中去。

我们永远都不会达到人类本性的最深处,也不会认识到他当前的困境,除非我们认识到他他已经开始坚持探寻关于其自身的和关于这个宇宙的终极问题,他对于真理的秩序如此渴求,以至于他会将其狼吞虎咽下去,不管是稀释的还是掺杂了的。到目前为止,我们要坦承,这些问题比所有答案都更明智。从一开始人类就将生命置于其自身的生命之上,将其视作一种好奇的、谦逊的、惊讶的混合体,他将未知的称作自己的天命,将不可知的称作自己的目标,因为他认识到人类的真实状态是"超越自身的",而且人类的命运并不完全掌握在自己的手中。

人类对于这些神秘事物的回答受其有限的状况的束缚,是不充分的。不管他的视野有多敏锐,对于这个遮盖一切的世界,人类所发现的一定是只有他在其本身和文化中能够包含的一样多,这是一个关于空间和时间的无限小的例子。几乎可以确定的是,他对于整体的感觉只是在其进化的较晚时候才形成,并且只是其最脆弱和不完美的成就之一。然而我们当中的每一位在某种程度上都对作为整体的世界产生共鸣,接收来自遥远的发送站传来的波并进行改造,或许早在我们学会密码和能够解密所有的信号以前,我们在自己的接收器上就能听到它们的嘈杂声。但是由于人类已经试图将自己投射到此时此地以外,由于它已经想要与不真实的、未知的、神秘的事物进行交易,比起采取一种本应赋予他的更加有限的、务实的态度,他更好地把握住了宇宙的进程。一个小问题有特定的答案,有着重要的实际功能,然而只是在更宽阔的范围内它们才有完整的意义。只有凡事都解决了,虚无的事才能解决。对人类进行再教育的第一步就是让他认识到自己的终极命运。

每种文化都发展出了自己的方式,对人类的本质和命运提出这些终极问题,并将特殊的价值归于一些经验,其表征符号就是上帝、永恒性、不灭性、存在和非存在。对于这些问题的解答有着不同的答案,并且有着无数的细节上的差异,然而它们都指向人类经验的共同基础,却并非真实的,因为语言在解决这个问题上是如此无力和无效。大多数更加幼稚的神学观点,在某种程度上都是迫不及待地想要用熟悉的术语描绘,目标是一种比事实保证的还要更明显的格式,关乎已知的和未知的、当前的和整体的、表明的和神秘的之间的连续性。然而如果没有对整体的一些认知,世俗生活所起到的作用就像被割断的手一样几乎毫无意义,正如亚里士多德(Aristotle)的著名例证,如果一个人不了解自己与人体的正常联系,那么器官本身就包含它所起到的功能。

正如解剖学家那样,给了他人类头骨的碎片,能够通过合理的确定性重建头部甚至人体其他部位的许多其他特征,因此宗教思维通过不断探索人类经验的深度,能够对宇宙本身的构成有一种模糊的觉察,尽管没有哪个有限的思维会最终全面把握或耗尽其可能性,因为时间就其有机体的和人类的内涵而言,只是必须被显示的一部分。人类最深层次的需要推动他进行这种探索,恒星宇宙(stellar universe)的概念笼罩人的一生并超越了他的生命,来自人类的刻意努力,想要理性地记载自己的外形和行动、出生、考验、胜利、挫折以及最终的死亡。

相比较没有一幅图像，人类关于宇宙关系的图像即使是错误的也能给予一个更贴近现实的形象，没有哪张图像能够避免人类的许多特定错误。假定人类过高估计了自己的力量，过高看重了自己的器官，假设他对自己的个体生命及其拓展经常给予过分绝对的价值，假设他将自己的激情和仇恨自由投射到宇宙本身，正如但丁(Dante)在其《地狱篇》(Inferno)的景象中展现的那样，在这些扭曲的图像中，还有着更多的宇宙进程，多于实证科学的整齐的数学框架，后者甚至不屑于将一幅图像置于其界限以内。在真正兴趣的领域中偏袒和永久的错误比起中立而言有更积极的通往真理的途径。

2. 关于人类的神话

人类告诉自己许多关于自己起源和宿命的故事。这些神话有两个共同点，它们用简单的、儿童般的无意识反映了自己日常生活中的细枝末节，并且还承认自己眼睛从未看见、双手从未碰触的媒介和力量的存在，尽管他必须用某种方式解释它们的行为。需要承认，人类无法丢弃对其周围环境的联想，他的日常生活的景观包含了他的幻想。如果他遭受到炎热，像沙漠上的部落一样，那么他的地狱就会是永远燃烧着火焰和硫磺的地方；如果他迷失于探索阿提卡(Attica，古代希腊中东部地区)的石灰岩洞穴时，那么他的哈迪斯(Hades，希腊神话中的冥神)就会是一个冷酷的、苍白的地下世界，其间有半活着的幽灵在灰色的灯光下游荡；如果一座火山立于平原之上，就像夏威夷或墨西哥，那么他的最凶猛的和最有力量的神就出自那些火山。

这种幼稚不容易被驱散，即使现代科学也无能为力。如果有人讲当今的唯物主义的抽象符号解释成为最适合它们的具体形象，我们就会看到一条漫长的自动流水线，没有设计者或产品在两端，只是由传输带机器随机地将它们堆积到一起，并有目的地打破(熵的重要法则！)，只为了再次进入传输带的某个位置，这种过程的得失被位于不存在的会计系的自动计算器准确地计算出来。

但是这些神话也有另一面，人类环境的质量和其日常动物性需求的压力都不需要完整地计算其广阔范围或超常的抽象和分离力量。它们提出无法解答的问题，或者提供答案，只是通过亲身体会才能够部分地被验证，然而个人的单个生命长度却不能提供任何肯定的答案，因为这些问题涉及的是宇宙。考虑这些无法回答的问题，就像它们从遥远的过去降临到现代人身上一样。

人类是不是一颗迷失于时空无限景观中的尘埃？是不是随机力量的无助的运动，没有区别的因素的产物？有害的能量的受害者？就像被遇到大白鲸(Moby Dick)的残忍者伤害的那样，所有一切都以某种宇宙的布朗运动(Brownian movement)那样移动。他是不是一根灯芯被烧焦了的冒着烟的蜡烛，在其小壁龛中不能再照亮，飘摇风中的可怜的烛光很快就要燃尽？他的虚弱和身体上的微不足道是否使其思想上的强大形成一种嘲讽，这种关乎其自身的思想是否只是对事情的偶然反思，不久就会消逝在更广阔的物理进程中？如果是这样的话，人类预设的渺小和无助的唯一出路就是使用微弱的灯光本身和有意识的理性思想，如伯特兰·罗素(Bertrand Russell)在年轻时指出的那样，用于不带希望地注视着嘲讽它的强大力量。这一神话就是唯物主义，这种决定就是斯多噶主义(stoicism)。

或者说，人类是不是所有宇宙目的的中心？他实际上是不是一个充满爱意的神的浪荡子，公然蔑视他永恒的父(Eternal Father)的旨意并误入歧途？他是不是通过自己的意愿离开了伊甸园(Garden of Eden)，在那里他曾与所有的创造物一致，只为了吃到知识树上的苹果，那个苹果使其意识到自己个体生命的短暂以及临近的死亡，他是否因此而被惩罚，在对抗死亡的战斗时，通过前额上的汗水在黑夜来临前努力劳作，而不是像田地里的百合花那样安然生长？

那么人类的本性是否分享了世俗的和神圣的，是否堕落于源自其骄傲和自我之爱的原罪中，是否因此迷失而永远被诅咒，直到被神干涉和拯救？人类是否被惩罚每日劳作以获得面包，被疾病纠缠，越来越虚弱，不断犯错和有罪，在世上没法得到真正的实现？这是否意味着，只有当他准备好进入另一个世界并将其所有希望和期待置于那里时，才能够找到他处处寻求的答案？他是否只能以死亡来开始自己的真正生活，这样一条通往永恒生命的道路，在那里他将确立一个新的角色，并不屈服于世间的负担或挑战，从而仅仅以喜悦地凝视着上帝来度过余生？

这是基督教的神话，其他所有来世宗教的神话也都大同小异，只是将重心从地球转移到天堂，从生的王国转到死的王国。对于柏拉图(Plato)而言，这个可以感知的世界只是黑暗的洞穴，人类在其中只是一个囚徒，被迫每天背对着光线，因此他所知的所有洞穴以外的真实都只是反射到墙上的影子。他的感觉的世界因此都是荒谬的，他感觉不到却可以借助逻辑和数学能够预测的世界，可以解放他并且是他生命最终的重要部分所在。

或者是否可以说人类是一种被系之于永恒的反复循环的存在，他缓慢地、不断下滑地在这个存在的阶梯上向上攀爬？他是否存在于这样一个世界，在其中通过虔诚地遵守仪式和精神上越来越分离,他可以最终摆脱动物性的需求和过度的痛苦悲伤情绪,这些都只是隐藏于他的短暂的高兴喜悦中? 他可能因此逃脱动物般生存的惨淡的周而复始,他甚至可能在地球上通过严格的努力和戒律,摆脱其动物性的一面,积聚起所有的能量和生命来源,通过精神修行上妙不可言的阐释(萨埵,有情,sattva)获得福祉,那些更小的信仰和更懒散的能量(惰性,tamas)将会陪伴他们经过漫长的一系列再生,直到他们也变成存在(Being)的一部分,同时也成为非存在(Non-Being)。这是禁欲主义和隐修主义的许多形式的规定的核心。就像印度教(Hinduism)中存在和神性的许多等级的概念,或佛教(Buddhism)中非个人化了的宇宙,与此相结合,这一关于人类的宇宙角色的概念成为其摆脱动物性局限和最终于大梵天的再次结合,考虑到惰性和阐明的每个阶段,但还是留下了表现本身的难以说明的非理性。

这些关于人类困境的经典答案本身又激起了关于人类本质的更多问题。人类是否只是一种患偏执狂的动物,被宏伟的幻象所困扰,不想接受那种使其归于比其预期的更卑微的状态的力量,或者他实际上是否是普罗米修斯(Prometheus)的后代,后者从奥林匹斯山上偷得火种,而这火种却是被宣称只属于神所有;他的受困扰的幻象是否并不全然是想象的,因为从其动物状态中脱胎,导致动物本身还没有达到的无力感,而神却早已超越?

人类是否只是虚度光阴,被他永远都不能挣脱的动物性需求所圈囿,当其幻想超越这样一个普通的角色,即通过寻求永远都不能满足他的愉悦和创造积极的幻象,从而在内心深处承认比其孩提时的玩具如他幻想中的谎言、傀儡等好不到哪去,作为一个安于较低水平状态和绵薄遗产的生物时,这更是被荒谬地加以限制。

又或者说,人类如果还是如帕斯卡尔(Pascal)所言只是一根脆弱的芦苇,一根思考着的芦苇,通过他的出现而给宇宙增加一些什么,那么是否没有他的帮助,尽管竭尽全力,就永远都不会带来什么? 他的感觉和感情一无是处吗? 他的知识和他的觉悟一无是处吗? 当人类展望整个宇宙的力量和事件时,他们自身的孤立难道会让他们更低贱或更不重要吗? 如果他的神只是他在其进化中发展起来的力量、爱、知识的范围的扩大,那么这种神性本身是否因此而名不符实?

或许,在这些神话和寓言的范围以外,与人类生命中的任何历史问题或提出的任何历史答案相比,有一些更远大的目标和一些更深刻的重要性。因为实证知识在每个领域中(从原子物理到刚起步的无意识世界)进展得越多,人们就越早开始发现一种潜在的结构,一种初兴的设计秩序,通过这种结构和秩序自由被附着于需求上,目标被附着于机会上,人类本身被附着于笼罩着他的宇宙上。不管怎样,这些问题与许多同其类似的问题都是经典宗教最初提出的问题;尽管宇宙的本质使这些问题都不能成为最终的问题,将这些凭借感觉获得的知识转换成行动和惯例、仪式和符号以及日常生活的准则,并且转换成政府系统和技术的行为本身就给予人类的存在一种新的形式和内容。如果如爱默生(Emerson)所言,每种惯例只是人类的延长的影子,那么每个人脸上都戴着面具,而且那个面具也是他的神所认可的。

对于所有更高级的宗教而言成为共识的是,相信人类的生命并不是一种不重要的地方性现象,而是宇宙进程的有意义的并且越来越明智的一部分,这些宗教是发展最完善和数量最多的人群所拥有的。由于它代表的是一种深深植根于人类历史的经验,这种直觉不能被轻易地拒绝,的确,从当前哲学的角度来看,它绝不能被拒绝,因为人类(Man)比人(men)更聪明,而且任何某一代人意识到的知识都不能与人类积淀下来的经验在可信性方面进行比较。如果生命陷入危险,那么很明显地,当人们思考、感受、行动并与一种总体的宇宙模式联系起来时,生命变得繁盛,人们也发展到更加成熟的状态,当它们不再繁盛和生长时,人们的生命也低贱如草芥,被扔进火炉中燃成灰烬。

我们现在知道,人类的生物性生存实际上被纳入到宇宙进程中,当一些有关宇宙目标的感觉伴随其日常行为时才会繁盛。人类关于这些进程和目标的实证性知识只是一部电影,支撑着他,正如一杯热牛奶上的薄膜支撑着一个苍蝇,他必须轻轻地停在表面上,否则就死掉。当他试图吸吮表层下面的液体时,毫无疑问会发现更多的营养,但是关于其本身的不可忽视的事实是,他将永远都不能喝干所有液体,同其苍蝇般的能力相比杯子实际上是深不可测的,最好的情况是他可能希望他所断断续续摄取的将会展现他的摄取能力以外的部分。神话的这种深度同时也是对人类行动的一种扰乱和强迫性刺激,他想像上帝一样,必须寻求渗透的方法,而在有限的生命中,他又必须接受失败。

关于宇宙神话的另一方面来自于人类本性自身的局限。如果他以某种方式表现宇宙的创造性力量,他也通过与物理世界本身的延续,在其自身传送所有那些抵消的趋势,这由熵法则总结出来,即生命抵制这种向下的趋势,但最终还是屈服于它。最终,人类还是要接受其动物性和有限性,每个人也都会如此。人类所做的一切都不会留下来,人类追求的价值、实现的目标、获得的知识都不是永恒的,生命本身的特征就是不确定、不安全、脆弱的、易受伤的、短暂的。当人类尝试用一些固定剂使其宝贵的照片不褪色时,他却在保存过程中弄错了颜色,因此丢失了他想要保存的,因此使生命变得永恒的所有努力,如石质纪念碑、铜牌上镌刻的法律,或者虔诚的重复,等等,其实都抑制了生命并最终摧毁了它。

生命只有通过不断的复制和更新才能维持下去,这在生物领域中如此,在精神领域

67 中也是如此。人类在美丽、真理、美德中发现了最大程度的满足,整个民族的经验可以验证这个事实,给这些品质冠以爱的名义是尽可能地接近人类经验的顶点。但是人类会实现生存的这些高度可能性吗?相反,人类行动中没有任何一部分导致美丽的消失、真理的滥用、司法的错误、美德的保持。换言之,这个潜在的神会折磨他,他自己连续不断的错乱已经证实了他对这个世界的最糟糕的怀疑。因此人类的生命不管有多高贵,都被他的理想和行为之间永远存在的矛盾所折磨着,尤其是在他对于宇宙的直觉和更加琐碎的日常生活之间的矛盾:"获得着、消费着,我们虚度了自己的力量。"人类的不断重复的活动绝不会阻碍阐释,只有通过阐释人类才发现自己得到了提升和满足。

通常而言,人类在某些幻想方面一定会妥协,然后他才能理解这个世界,或者改变他自己的本性,从而符合更高的目标范围和更高的价值标准。经典宗教一点也不会坚持挑明人类对自己的幻想,譬如打破人类对自己错误行为的理性化,揭露人类的野心和虚伪,使人类在没能实现其潜能时产生一定程度的罪恶感,帮助他克服动物性的惰性;因为人类经常会满足于退回到其物种生存所需的最初级水平,而不是向前努力进展到人的更高水平。甚至对于非常谨慎的自然主义哲学家约翰·杜威(John Dewey)而言,宗教本质上是"可能的范围"。正如人们在历史中发现的那样,经典宗教的功能是将人类和宇宙的矛盾、对立同最终的神话对立起来,是对存在于人类生命下面的最低限度的非理性进行阐释和论证,是用光明的针尖挑破周遭的黑暗,或者偶尔弄清楚宇宙中的惊异时刻。

我现在会简短地努力评价这种贡献,从而阐明某些基本要素,这些对人类生活的每个充足的哲学都会一直保持贡献。在传统宗教的范围内,会让这些要素表现出来,并形成我们对于它们的反应,我相信它们会同样有助于表达和形成新的人格和新的文化,而且一定会从我们当前信仰和意识形态的混乱中浮现出来。

3. 神性的浮现

68 由于人类生命在时间上的局限性,因此他很自然就会认为宇宙也有开始和结束。他很容易将宇宙事件想成是一种力量驱动的,而这种力量类似于干预人类生活的那种力量。正如维科(Vico)所观察到的,人类本身只有通过创造才能理解这些事物,因此在理解宇宙的这种努力中,人类将其等同于本身特性,倾向于假设一个造物主,外在于其创造物以外并对其指导命令。在努力达到智慧的过程中,人类将物理力量和道德责任感置于神之上,或者置于单个神的集中的权威之上,即一种全能而无所不知的形象,同时也反映了一种更加世俗的控制和领导,这由更早期文明中的神职人员——国王行使,那时高级宗教刚开始兴盛。这些都是幼稚的推测和无故的解释,但都是很自然的。

如此,将其想象成包括外在于他的宇宙,想行动却又行动不了,内在于其所有的创造物中,然而却又保持无法形容的距离,在他们头顶表现出令人敬畏的完美和终极形象,上帝自身已经变成一个问题,却不是其存在就能解决的问题。为了更靠近这一神话,人类于是将上帝设想成更加像人的形象,本身既矛盾又相互否定,正如阴(Yin)和阳(Yang),正如拉神(Hora)和奥西里斯(Osiris),正如永恒的男性和女性,正如无所不能的力量和囊括一切的爱,正如繁殖力的宗旨以及神圣的种子,旱季时被埋于地下,春季时由于植物的苏醒而复苏。一方面,神表现出无边无际的广阔,是无名的;另一方面,他化身变成佩带弓箭的黑天(Krishna the Archer),或者发光的佛陀(Buddha the Illumined One),或者救世主基督(Christ the Saviour)。在所有这些形象中,神既导致了其自身的存在,也使人类生命的意义变得完整。

从历史上看,对神性的感觉几乎是与人类对自己命运的感觉分不开的,因为他对于自己的生命有一种极强的陌生感和疏离感,尤其是与其在内心找到的纯粹世俗性所带来的激动相比,后者通常使他感到安心但是有时却汹涌澎湃,因为可以让他看到自己动物性存在以外的一面,并且不完全满足于其当前的状况。他缺乏其他动物所有的那种自满,他被骄傲感和负罪感所纠缠,骄傲是因为不仅仅是一个动物,负罪是因为永远都达不到自我设定的那些高级目标。在这种奇怪的不知足后面掩藏的是其不变的信仰,几乎从人被埋葬时刻起就能发现,而其生命历程却不能充分展现人的意义和命运,所有的生物都有目标和结局,几乎都仍然无法理解,会进一步将其更全面的意义进一步展现给宇宙的孤独和人类生命的短暂。即使现在这些结局仅仅通过观察就会发现很难达到,难怪,最早的单细胞有机体是否能超越最终出现的多细胞的、高度组织的、有自我意识的生物? 后者生活在一个部分通过其自己改造后的世界里,也通过殖民和合作,其复杂程度不同于开天辟地。

这种对神性的感觉是人类本性的一个历史现象,没有哪个忽视它或解释它的理论能够公正对待人类生存的所有方面。在人类方面不需要解释的是一种信仰,认为他全面理解了宇宙的目的,或者掌握了宇宙过程最终目的的具体线索。他过于自信地定义为天启的东西通常是不成熟的、自以为是的。

但是为了让人类的生命有意义和目标,就不能认为生命的任何一部分的存在都是最初就被预定的,或提前安排好的,更不能认为时间本身有开端或结束。宇宙进化过程的每一步,其关联不管看似有多真实,或者回头看时不管每一步之间关联有多密切,可能完全就是一系列的偶然,其中每个出现的因素不管有多新,可能揭示了进化过程较早阶段中认知甚至还很模糊的步骤。当进化进一步发展时,就变得越来越重要,它逐渐积攒起意义和价值,就像滚下山的雪球体积和速度都不断增加。

宇宙就像人一样,始终不断地处在自我创造的过程当中,混沌变成秩序,秩序为模式和有目的的转变提供了基础,目标分成几条可选择性的道路,将其从生物性的强迫中解放和分解出来,最终达到人性的自由。如果认为这个作品由一个超然的作者写成,写下了这个剧本并监督其表演,那并不是事实确证的;如果认为这是一种没有目标的事件堆积,就是想要一个唯物主义的奇迹,比曾经被宣称是神的宗教还要神奇。

通常而言,正是由于人类的渺小,才推动着他将其特殊的兴趣和关注施于宇宙和生命过程,往往是非常有限的。我们必须减少这些拟人的投射,即使它们表现得更像是科学。错误的不是我们关于奇迹和神性的感觉,因为这有赖于对人类感觉的有效转化,我们只是在努力将这种直觉变得过于熟悉时才会犯错,这也是为了更加自由地从已知转向未知。我们的错误就在于将发展过程的开头和结尾都看作是预定的,我们寻求一个封闭的体系,其中开头是一个单一的原因,结尾是一个单一的总结。但是朝向组织、发展、生命、个性的趋势实际上并没有变得通过追溯到根源就完全可知了,最终的意义很可能存在于未来。

换言之,人类本性和命运的很大一部分都必须通过信仰接受,这一信仰的基础在科学中和在宗教中都是一样稳固的。生命的公式不可能通过翻过算术书偷偷看一眼答案就能快速解决的。偶然和惊奇是现实中存在的,也是必需的。如果创造力提前知晓了答案,就没有必要去发掘它了。

如今经典宗教并没有错误地认为,关于神性的感觉在人类生命中会不断地转变视角。很可能这是一个经验的事实,而非普遍的事实,但是在某些感觉方面甚至为最粗俗的文化所确认,只有一种偶尔引起注意的文化,如爱斯基摩人(Eskimo)的文化,似乎表现了某种对宇宙的无知。然而在当前的解释中,宗教已经错误地将神等同于全部的生存或存在,或者,从更坏的方面看,它错误地努力使神成为一种基础,用于所有的过程和事件,即无所不能、无所不知的天意。通过将神看作对宇宙过程或对人类的特殊存在负有积极责任,几乎所有的神学体系都使自身承担了错误的困境,试图寻找一种没法解答的答案,并且还遇到了幼稚的理性化。

这里需要注意一下,如果人们将神放在起点,当做万物的创造者,那他就会变成一个巨人,就像是敏感的摩尼教徒(Manichees)实际上所认为的《圣经旧约》(Old

Testament)中的上帝,摩尼教徒们注意到了其非理性的愤怒和血腥的命令,这在伏尔泰(Voltaire)以前很久就存在了。那个上帝是万物主宰,是凶残的、黑暗的、讨厌的神,而不是充满爱意的、光明的神。另一方面,如果人们尝试着将神性与责任分开,不再认为神创造了一个世界,几乎一半都落入黑暗和死亡的力量,而是通过许诺至少为人类赎回一些永恒的未来,将会使一切变得平衡一些,并处处充满爱,如果做到这些,那么人们就似乎将一个残忍的神变成了一个疯狂的神,这个神能够使人类永远忍受罪的煎熬,施加于人类短暂的生命,这个极其失衡的惩罚体系没有了理性和正义。如果上帝在里斯本大地震中残忍地屠杀了无辜者令伏尔泰惊醒的话,那当他看到上帝在布痕瓦尔德集中营(Buchenwald)和奥斯维辛集中营(Auschwitz)再造疯狂恐惧的话,会说些什么呢?

如果一个神意目标实际上主宰着人类生命的所有一切时,人类的信仰和理性都没法将这种对生命的彻底侮辱和失误当做是可以接受的。通常而言,如果有一个充满爱意的上帝的话,那他一定是万能的,但是如果他是万能的话,那就会对所有发生在其领域之内的事真正负起责任,甚至能够注意到一个麻雀跌落了,他几乎不能成为一个充满爱意的上帝。这样的自相矛盾驱使着一个诚实的人变成无神论者,原子的旋转和挤撞更像是人类的理性而非神意。

那么,对于神性的感觉是否只是一种想象的虚构、是否对人类在其本性中发现的因素的一种极端的错误解释? 不,只有作为主宰一切的仁慈的天意时,神性才是虚构的。在当我们将上帝看作宇宙进程的错误结果时,我们的逻辑才存在错误。这个宇宙并不是源自上帝,也不是受他命令的指示,实际上却是在漫长的时间过程中上帝才从宇宙中出现的,那时创造才开启,进行各种创造并最终使人出现。上帝并不是存在于开始,而是最后才出现,只有在形成过程的最早阶段,一切都还不可思议地初现时,我们才能够发现他,因为他作为真正个人的神,最初只是通过自我显露和可识别的方式、仅仅在人心中展现自己的。然而,在整个动物世界中,有许多关于神性的模糊预示,如果没有自然中秩序和目标的较低形式,就不可能达到他所朝向的更高的形式。那么,假设神不是一个积极的创造者,就像许多圣书(Sacred Books)如吠陀(Vedas)、古兰经(Korans)、圣经(Bibles)中所说的那样,更进一步假设他是创造的最终结果,那么潜藏于自然之中的神的王国(Kingdom of God)就是整个过程的理想总结。我觉得这个总结让人感觉更好。

如果人们将神置于整个宇宙转型的开端,我在这里要重复,就需要给当前的生命的非理性增加更深层次的神话和非理性,这由解释本身提供。在这一点上,对于人类最坚持的问题的能够解答的就是给予约伯(Job)的专断答案:“我是自有永有的。”(I am that I am)意思就是:“不要再问不能被回答的问题了!”但是如果人们在进程的另一头发现了神,不是作为支撑整个生命结构的基础,而是作为尚未完成的塔尖,那么这个世界的发展和人类生命本身就开始采用一种理性的形式;因为人类的事务不像积极创造的神性,而是仅仅成为一种冥想。按照最终宿命来看,发展的更早期阶段到目前为止都没有意义和价值,甚至是狂暴无理性的,但即使这样,还通过神性的预言变得更加重要。这个神性产生于人类精神本身,但是从未感到舒适,它在人类从动物进化成人的过程中起到了推动作用,这个推动比文化本身发展起到的作用更大。这种未完成的、还在进化中的神性从未主宰过宇宙,其如今的状况也绝非是它导致。但是由于它的出现,人性本身经历了一种转型,这种转型本来是不需要思考的。

诸如此类的东西很可能都被威廉·詹姆斯(William James,美国心理学之父)思考过,他将神想成是一种有限的存在,急需我们的帮助。如果人们在经典宗教的框架内继续相信神的无所不在和无所不能,那么为了保持其理性和敬畏其仁慈,就会被迫不顾生活中无数的肮脏事件,将其混淆和归因于神的超然智慧或永恒之爱。"是他,那个创造了耶稣的人,创造了你吗?"对人类经验的正直事实感到失望,神秘主义者将感觉的世界不耐烦地推到一边,想要径直接近上帝,并沐浴在其荣耀和启示之中。这很可能是一种幸福的、短暂的调整,但是即使在其最鼎盛的时候,也几乎无法将笨拙的灵魂与生命中的挫败和罪恶相协调,更不用说文明通过科学的进展而展现给我们的潜在恐惧。"长青哲学"(Perennial Philosophy,宗教哲学的一种)过于轻易地就被遗忘了,它把人的存在中最难以将理性与爱同化的那部分仅仅视作幻象,因此为了保持其内在的平衡,不再顾及人类需要的爱和怜悯。

只要宗教事实上将其神当做宇宙的明智的创造者,就必须要么掩饰存在的罪恶而不顾事实真相,要么必须提出同样在宇宙中起作用的其他原则,这就将创造者的工作化为乌有了,抹去了他的创造,玷污了他仁慈的意愿。因此纯粹的逻辑驱使着许多经典宗教创造出恶魔(Devil)或毁坏者(Destroyer),相当于为热力学第二定律提供了一个神话上的对应,他们破坏了生命的所有建设性活动。如伽梨(Kali,印度神话中的雪山女神,湿婆的妻子,化身之一是凶猛的战神伽梨)、阿里曼(Ahriman,波斯拜火教中的恶神,与光明神阿胡拉·马兹达相对)、撒旦(Satan,基督教中的魔鬼)、洛基(Loki,北欧神话中的火与恶之神)这些恶魔体现了人类经验中的不可避免的事实,那就是破坏、混乱、堕落。

威廉·莫尔顿·惠勒(William Morton Wheeler)对突生进化(Emergent Evolution)的讨论就是一例,因为它充分考虑到了分解代谢(*Abbau*)或破坏这些可能性,同时现代的各种尝试想要将人类经验的每个方面都统一起来,它们利用进化和组织的单维度公式,就像怀特(Mr Lancelot Whyte)所做的那样,这样会带给人一定程度的悲痛,因为他们必须要么否定会朝善与恶、发展与变形两方面极端地转变,要么没法给予这些向下的趋势一个充分的记述。更高水平的宗教可以使整合和解体同时进行,这种程度下对于生命的事实他们的神话就跟马克思的描述一样真实了,后者将这个过程视作朝单一的方向发展。

在我看来,一个成熟的哲学必须要涵盖人类经验的所有方面,这些经验迄今都被表现为创造性的神和毁坏性的恶魔,一个朝向生命的更加完满,另一个则引诱生命抛弃更高的目标而重新回到进化的低级阶段。但是为了清晰,应当将这些矛盾的宇宙力量与单个的形象结合起来,以适用于所有的自然进程,同时也不要将双面的自然与神性的初级部分混淆起来,后者源自人类个人的充分发展。

那么,当人们将神视作一种新兴的事物的符号时,这种事物处于可观察得到的发展的最后阶段,那么久对人类经验的不可逃避的事实有了一个基础,如果神是无所不能和负责任的,那这个基础就是高度断裂的,就是说,到目前为止,神性都不是无所不在和笼罩一切的,它是人类存在的最罕见的属性。人类事务中神性的表现如此罕见、如此断续,以至于当它表现得非常集中时,就成为一种看待世界和行动的新方法的中心,行动也表现在埃赫那吞(Ikhnaton,古埃及实行宗教改革的一位法老)、摩西(Moses,犹太教的先知,同上帝订立十约)、查拉图斯特拉(Zarathustra,波斯拜火教的创始人)、佛陀(Buddha,佛教的创始人)、孔夫子(Confucius)、耶稣(Jesus,基督教的创始人)身上;当这样一个人出现时,全社会都采取了新的形式,并在思想、行动以及总的生活方式上表现了新的可能性。在每个社区,自由和创造的这些可能性以扩散的和冲淡了的方式总是在以某种程度起着作用。但是它们很少介入,以至于当它们决定性地出现并进行特殊的转型时,就将人类历史置于一个新的进程中了。

不幸的是,初期的神性的表达是脆弱的、不确定的,它一点都无法自我保持,以至于不止一个宗教能够在早期就通过防腐或木乃伊来保存它。即使当摩西在犹太人当中时,在旷野中行走着,他的族人们转向崇拜铜蛇而不再是神(Elohim),后者是无形的、不可探测的、从燃烧的灌木丛中发出声音。这个故事代表着每个伟大的宗教发展历史中的数以百计的类似堕落情况,见证了耶稣的根本准则的转型和保存它的教会的例子。神性可能是持续不断放射的,但是被神性加速了的人类的同位素(isotopes)却是非常短暂的。

如今维持生命的惰性很可能在这里起作用了。如果神实际地起到主宰作用,就像是镭极其普遍地以铁的形式分布在地壳中,他的存在可能耗尽了宇宙,摧毁了他曾给予庇佑的生命。但是事实似乎恰恰与此相反。神在历史上只是极偶尔出现,就像铀矿中的镭一样,通常与大量的卑劣结合在一起。然而那些对生存更高形态以及发展新潜力的幻想,如果是短暂的,就也会是非常强烈的,以至于当它们出现时就会将光和热传送给全社会;因为当人类在其意识中发现它们的时候,会比在其生命中任何其他时刻都感觉更接近其存在的目标。

根据这种感觉,神显示了一种秩序,超过了自然存在、生物生存或者甚至是纯粹的人类实现的限制。然而神的所有真实表现都是非常不确定的、非常不可预测的,以至于他的出现往往被假装是纯粹的世俗目的,通常,唤起他的名字都是为了认可惰性和掩饰衰退。尽管人类到处都建立一些组织、建造庙宇,以保护他们对神性的幻想,并使人心中可能有的神性的信仰复苏,这种信仰通常被生活的磨难所动摇,充分实现这个目标,并不是通过庙宇和仪式,不是通过经卷和法利赛人(Pharisees),也不是通过利未人(Levites)。

宗教尽管有其目标和神圣使命,我必须强调,它很容易堕落,可能比任何其他人类活动更容易。因此救赎的方式变成了达到其目标的主要障碍,宗教的教义成为利己主义者的工具,站在某个部落或某个种姓一方,而不是作为普世目标的媒介,以消除所有的敌对的世俗需要和特权。

宗教在历史上太容易鼎力支持统治阶级的地位和特权,而不是面向普通人的状况,它教导那些已经身处很低微状况的人而不是骄傲的人要谦逊,教导那些失败者而不是其压迫者要顺从,正如路德(Luther)教导那些被践踏的造反农民一样。甚至这些曲解都没有臭名昭著时(哪个文明又会不出现这种情况呢?),在对神性的探寻中就有许多内在的障碍。对于神性而言,其本身不能被倒进酒瓶并确保用软木塞封牢,当它出现时,就像是一线光线或从远处草地吹来的夏风中所携带的些微香气。每次想要将神性变成永恒形式的努力,都最终造成了对人类精神的禁锢。

就像我在这里寻求解释人类的经验,因此神不是人类生存的基础,他在白天时是云柱,在夜晚是火柱,带领着人们奔赴应允之地(Promised Land)。然而由于人类在自身偶尔发现神性的火花,由于这些火花可以照亮整个人生,人类可以符合逻辑地诚实地解释整个组织过程和有机体的发展,正如在将来实现一个目标,而不仅仅是增加了复杂性和不均匀性。如果宇宙如物理学家现在所假设的那样,是经历了30亿年才从混沌和黑夜中形成的,神就是隐约出现的设计,还需发展完整,实现其理性,树立正义,实现爱意。

在对人类物种最好的代表中,神表现出充分的不足,还需要向完美进一步发展,是被从自我保护或自我膨胀割裂的目标。在发展的最充分阶段,人类达到了分离和超越:一些戏谑的有目的的东西使他脱离了实在的自然需要,或者其动物驱动力的令人丢脸的局限。尽管受社会生存的限制,他可以退出社会,或者不接受向更高水平的发展,正如阿西西的方济各(Francis of Assisi)或梭罗(Thoreau)所做的那样,尽管受生存欲望的限制,更深层次的忠实可能会让他选择死亡,而不是像动物一般苟活,因为所有的英雄和烈士经常做的那样,对生命估值很高,但是对神的生命的估值会带来更多的东西。

宗教是从人类经验的无意义的信仰发展起来的,针对的是宇宙神话的背景,对理性的信仰破坏了存在的非理性,神性提出的信仰目标仍然在努力存在下来,并最终会流行起来。

4. 永恒、性与死亡

每种文化都试图在其特有的状况和经验框架内,为宗教提出的无法回答的问题提供一个临时的答案。一些文化如古希腊的文化主要指向生活,其他的如古埃及的文化则指向死亡,另外的如正统的印度教(Hinduism)和东正教(orthodox Christianity)则试图将肯定和排斥、现在的世俗和将来的神圣都囊括进来。但是尽管有许多分歧和矛盾,历史上的宗教事实上都分享了很大程度上的一致,这种一致的程度如此之大,如此根本,如此重要,以至于当时想要抵制宗教的努力正如一种无意义的遗留,受到迷信的影响,要求对其改造,就像是患病的阑尾附着于有问题的教条而非它所质疑的教条之上。弗洛伊德(Freud)面对传统宗教的态度很可能只是一个先知的嫉妒,这个先知有其自己的宗教,就像是瓦格纳的(Wagnerian)的神话,以爱神(Eros)和塞姬(Psyche,爱神所爱的人)担任特里斯坦和伊索尔德(Tristan and Isolde),在他们的爱的洞穴中仅仅寻求死亡。

我们现在确认一下经典宗教会交集的地方。从一开始,所有的宗教都拉长了人类的时间视野,它们命令他不要仅仅关注失去的时刻和过去的岁月。有时候就像犹太人一样,宗教强调了较长的生物延续性,它许诺个人生命中遇到的不公或失意将会通过其部落或世界上的同类的进一步发展而得到弥补;或者通过一种更加完整的自然主义,指出父母的罪可能会追加到孩子身上,甚至追加到第三代和第四代。在其他的文明如埃及,时间通往永恒,死亡所带来的黑暗将会比生命的光亮的客厅更充满想象,个体生命的有限和脆弱因此被对后世的崇拜所平衡,后者的生命质量会在最终审判时由其在世间行为的特征所决定。这种说法进一步被基督教和伊斯兰教发展,所有的个人的行为都是做准备的和不完整的,根据其信条,没有永生的话,地球上的生命对其罪恶和不公就会缺乏意义或足够的弥补。

人们可以观察到,在对生命进行这样不确定的延长时,会将生命的状况反常地终结,并且从无理性的事件开始,从概念上看生命永恒事实上是自相矛盾的。但是宗教反复强调永恒和永生,在人类发展的更早阶段时一定是有好的实际效果的,因为给予个体生命一种宇宙视野的努力,就弥补了时间在被置于生物性压力和激情之下发生的自然透视,人类被吸引着为转瞬即逝的小事物牺牲了自己真正的命运,他贪婪地追求一碗肉汁的施舍而放弃了其与生俱来的权利。"把现在留给犬类猿类,人类拥有永恒。"布朗宁(Browning)的这些话正是对宗教的时间观的总结,而且人类大多数的持久性的成就都建立在这个基础上。

对于人类而言,未来的潜力正是今天的现实,莫勒(Mowrer)的确通过试验表明,"被整合了的行为的核心在于能够将未来带到心理上的现在。"以历史作证,人们不能怀疑某种程度上放弃偶尔的冲动和短暂的利益,对于人类的发展是有关键意义的。对于一个竭尽全力想要去解决一个问题,但却无法准确预测结果或不能完全通过自己努力就能决定,或者对于一个想要担负起当前的必要义务,尽管这个义务没有回报或令人厌恶,还需要大量的牺牲,那么对于他而言就有必要扩展时间上的范围,即在行动时认为自己是永生的。这个准则对人类的发展而言,比更现实的解释更重要,后者本会否定任何相似的和舒适的世俗形式中的永恒性的可能。不管这种对于时间的感觉是否通过家庭崇拜来提供,就像中国人或犹太人那样,或者通过个人生存的希望来提供,就像查拉图斯特拉(Zoroastrians)、摩尼(Manichees)、基督徒(Christians)、穆斯林(Moslems)那样,它都会给予每段单独的经历一种新的意义,使其成为今后一种不定期拖延的一部分。

宗教的时间周期就是宇宙周期,包括数个世纪、千年、千万年。这种放眼远望的视野既减少了个人的诉求,也强化了最终的意义。这种视野是与犯渎圣罪的美国式嘲讽相矛盾的:"为什么我们应当为后代做一些事?后代曾经为我们做过任何事吗?"在宗教中,最为重要的时间正是那些不能被计算的时间,那些被看成最关键的地方正是永远都不能被看到的地方。当那些信念变成至高无上了的时候,人类的目的就拥有了最大的可能性范围,并且能够充分地利用它们。

在朝向永恒性时,宗教便不断地进行引用,不只是引用人类的工作、生活、居所,而且引用宇宙整体。如果更加原始的宗教不是这样,有着本地化了的神性及其狭窄的活动空间,并局限于一个河谷或一个城市,那么它大部分仍停留在更高级宗教的核心特征上。在这个解释中,早在生物在同一块区域开始缓慢跋涉以前,宗教就通过神话概念表现了生活这张大网的形象:所有活着的生物之间的相互依赖和互助,生命本身也更加依赖太阳,甚至可能是更遥远的宇宙能量。印度教也许对这些普世的亲缘和合作关系有最深刻最丰富的洞察,印度物理学家亚加迪斯·博塞(Jagadis Bose)不仅测量植物的敏感度,还发现了金属的首次反应轨迹,恐怕这不是偶然的。

互助和人类完全涉入宇宙的事实最早是被宗教表述出来的;这个表述只是通过细节的增加和颜色的多样化得到基本确认的,在过去的三个世纪中,科学用这个表述将空白的空间都填补了。人类事实上就是宗教初次将其设想成的缩影,他涉入漫长的过程的相互影响,通过宇宙射线的遥远起源达到人类灵魂最深处的隐蔽处,从时空所能达到的最广阔的地方达到一种感觉中枢,其中宇宙被以符号的形式反映和转变。

与通往整体性一样重要的,是宗教对生命神圣性的感知。对于受精这种孕育新生命的行为,宗教在最初时就正确地给予其一种深刻的价值:在一个自由使用避孕措施的时代里,失去了那种有风险的感觉。通过增强男性和女性的生殖器官,传输一种神奇的力量和能力,在烘托起更高级宗教的关键仪式中,有意地栽培一种放弃性生活的意识,是通过将其崇拜的神的身体的一部分吃喝而象征性地达到的,在所有这些情况中,宗教宣扬性的神圣性,将其视作生命本身能够持续的源头,视作有机体创造性的行为,支撑起人类更宏大的创造性行为。

有时候宗教的带有魔力的指示表现的是对这种力量的恐惧,和对其崇拜的冲动,这证明了经期女性经常被看作不洁的,还被看成是危险的和可怕的。有时候性行为本身被附加上特别的宗教价值,就像是整个妇女集体的献身,从伊什塔尔(Ishtar)到印度教中的对等物再到神庙卖淫,在许多宗教中都存在。对于这些早期的崇拜,不育是一种诅咒和惩罚,性能力和生育力本身就是神性的表现。荷鲁斯(Horus)和奥西里斯(Osiris),伊西斯(Isis)和塞拉皮斯(Serapis),西布莉(Cybele)这个伟大的母亲和爱人,狄奥尼索斯(Dionysus)这个带着角的酒神激发起追随者陷入性的狂热和放纵,在所有这些神奇的象征中,性的关键神圣性作为一种普世的而又不能被轻易获取的力量被表现出来。人类的性活动充满其整个人生,在各种变形和升华中传播于更高级的宗教当中,采用了许多形式表现,如密特拉(Mithra)和公牛(Bull)到圣母玛利亚(Virgin Mary)。生殖的神话通往对人类命运的宗教解释;结婚和生育的仪式,或者是禁欲和放弃生育义务这种起到抵消作用的仪式,被附加到宗教对人类角色甚至神性的可能性的设想中;在充满激情的爱人和充满爱心的父母所起到的双重角色中,正是由于性,导致了关于爱本身福音的产生。一边是狂喜和统一,另一边是分离和牺牲。

但是,生命神圣性的感觉也有另一个来源,即死亡的危机。人类是唯一能够被对死亡的预见而改变当前行动的生物,他关于死亡的记忆也非常强烈地影响到他,在他的梦

80　中出现,并且用其强大的具体性干扰频繁干扰他的工作。在这种感觉中,死去的人仍然活着,然而活着的人却必须在自然死亡之前分享这种死亡。

苏格拉底(Socrates)曾经说过,哲学的任务就是准备迎接死亡,早在这之前,宗教就将其当成了自己的主要关注。不只是早期的宗教崇拜关注死亡的身体,而且他们还试图避免灵魂的分离,通过象征性地为其提供长途跋涉的一切所需实现;在这段通向未知自我的旅程中,他们也激起许多像家的温馨的细节,并在最终目的地时表达对生命本身否定的极乐的向往:当然尤其是那些已经寻找到幸福的人,希望生命应当没有终点。这些短暂的狂热出现的历史时间能够至少在一种文明中被固定下来,因为在埃及我们能够跟随一种扩展,最初是从法老(Pharaoh)开始的永生特权,以此表现他作为第一个真正的人以及彰显他的宫廷所崇尚的神,最后会逐渐拓展到更低层次的人们身上。这种民主化的模式或许并没有达到自由不受束缚的程度,还要等到基督教的来临,为了好的行为和适时的敬畏,才提供给每个人(包括奴隶和自由人)同样的圆满结局。

如今这种对死亡的确定就像在埃及一样,往往导致活者要求作出严肃牺牲。建造陵墓消耗财富和人力,这些本来可以使城市中人的生活变得更好。那么,这种导向在何种程度上成为对生命神圣性的确定?

答案并不难寻求。如果生命在其各方面都表现得很繁盛,快乐的准则可能就很好地占上风了:性活动丰富充沛带来了生命的魅力形式,就像阿旃陀(Ajanta)石窟的墙上所刻画的那样,始终在爱抚着、拥抱着、孕育着。但是生命有许多晦暗的时刻,即使在其最繁盛时也能观察得到。人类生存的每个时刻都有创造和破坏同时存在,他的生命实际上就是一系列小的死亡,正是通过人类对疾病、受伤、消耗、腐化的经验,宗教使最终的否定和死亡本身变得戏剧化了,并且将看似对生命真实性的否定和对意义的摧毁确认为真实的和有意义的。

81　人类不需要特别的教育就可以拥抱生活,享受健康、能量、性爱、快乐的膨胀和扩展,当一切顺利时,他"就知道,随着时光荏苒,生活得快乐就像是寻到了自己的天堂"。但是生命还有另一方面,无疑在困难时期被过分强调,也被上个世纪的乐观的实用主义者和浪漫主义哲学所过于盲目地忽视,这就是生存的负极,与正极一样真实,尤其是在生命下降的曲线上。这一部分的生命一定要被直视和接受,这是一个艰巨的训练。

当人类到达中年时,即使表面的幸运都有一些这种经验的迹象;因为疾病、身体器官的损耗,或者身体损伤或早或晚都会不同程度地使每个人都要承受,人们也都要经历好朋友、邻居、最心爱之物的离去,这些都是在人类的生存中反复出现的事件。死亡会降临到每个家庭。莎士比亚戏剧中的药剂师、好莱坞电影中的膏油殡仪师,都无法治愈这些疾病。这些罪恶中最坏的方面往往与个人的美德毫无关联,约伯(Job)和俄狄浦斯(Oedipus)都遭受了这种情况的考验。

由于人类不能逃避这些否定和非理性,宗教就确认了其最终的意义。通过有意识地将死亡带回到日常生活,宗教思维对人类生存最令人气馁的状态给予了一个正面的角色。我相信,这里对宗教表面上不正当的集中给予了关键的解释,认为就像是不能被拔掉的疼痛的牙齿,是一种罪、悔恨、伤痛和死亡。神学中没有自由主义能够将人解救出来,使其不再遭受大量限制和束缚生命的力量,这种力量威胁生命会彻底失败,或早或晚一定要设计出一种救赎和超越的计划。

当人还非常有活力时,就被死神突然带走了。但是如果他们对这种可能性视而不见的话,他们平时所获得的东西就失去了敏感性和重要性,同样重要的还有,他们面对更严重的事情和更致命的打击时变得毫无招架之力。因此,宗教的经典使命之一就是在那一部分的生存中寻求价值,人类出于纯粹的动物性担心会逃避它,就像几乎所有其他动物毫不关心地逃离自己的死亡。宗教预见到死亡的事实,并一直予以关注,它使人恢复了真实状态时的感受,当他的生命曲线下行时,宗教就会帮助他做好精神上的准备,如果没有积极的希望的话,就顺从地接受命运。只有那些面对这些否定的人才能达到成熟。

82

谦逊、牺牲、超然,就像信念、希望、仁慈一样,一定会被列为神学的美德,它们处在生命的低潮阶段,就像骄傲、生育、依恋处于生命的高潮阶段。人类对生命最终目的的最深刻理解,通常是在发现自己处在一种境况中,必须主动选择自己的死亡或者主动接受他最珍爱的东西。然而以父母为例,他们的孩子在拯救落水的同伴时勇敢地牺牲了,那个非常悲痛的时刻会永远被当做生命的真正慰藉,对于痛苦而言极其神圣。

5. 牺牲和超然

如果死亡是宗教信仰的最终评价标准,那么牺牲就是所有行动中最主要的代表。要决定我们对一个目标给予多少估值,就一定要问:我们在多大程度上准备好了为它而放弃?如果达到了我们生命的根源,可能我们就准备好了为之付出一切。

在过去几个世纪中,对于现代人而言,牺牲似乎是一种原始的、可憎的行为,是一种对神的崇拜,正如赫伯特·斯宾塞(Herbert Spencer)所说的:人们向自己的神提供时蔬和祭酒,将自己心爱的孩子投到摩洛(Moloch,闪族神话中的火神)的燃烧着的熔炉中,这是多么幼稚的行为啊！那些受到科学的枯燥的光线引领的人们，根据他们臆想中的情况，谴责这些非理性的行为，然而，我们自己的神也是一样的严厉。美洲人每年牺牲超过3万人用于向速度之神献祭。有这样一个记录，我们就几乎没法充满冷酷憎恨地看待被称作更原始的行为了。但是经过严格的考察后，我们发现我们的意识可以为一种特别的牺牲进行辩护，我们开始意识到其宗教意义。因为当我们不能够做出这种牺牲时，我们的自尊就会受损。正是在存在的本质中，我们会发现这种仪式及其价值的基础。

人类的生命在所有阶段都似乎非常闪耀，尤其是一些限制性的压力被施加于没有目标的增殖时，正如一个花园一定要被除草和修剪以生长得更好、更加繁盛。在本质上，这种压力似乎产生于为了生存而做的努力，但是随着互助的增加和越来越形成一种和谐的有机体合作关系，生命的最高形式必须在自身发现一些等同的限制原则。人类这种生物如果其欲望不被遏制的话，就会被其所获得的推动发展，每次进一步被满足，他的需求就愈加专横，因此那些曾经只是偶尔的奢侈，在繁荣兴旺的时刻就变成了日常所需。如果人类不能将自己从这种趋势中拯救出来的话，就会失去他的自由，并且随着所导致的可悲的满足，失去了他进一步发展的能力。在这里宗教同文明的兴起成为一种充足的食物供给和稳定的生活，通过故意的牺牲，为进一步的发展和更新指明了方向。

小的牺牲形式包括对愉悦和放纵的节制、避免和放弃，包括既能增强体力又能训练灵魂的行为，也包括行使职责更大的事务而少做职责更小的事务。这些宗教上的努力非常像用于培养战士的训练，使后者成为能够面对困难和毫无条件地服从上级命令，德尔图良(Tertullian)在其关于基督徒生活方式的布道中，就不断采用为形成灵巧身材的军人先例。我们的西方社会如今已经充分意识到禁欲主义可能存在着精神方面的错乱，因此忽略了其在我们社会中的普遍存在，尤其是在那些进展最为显著的部门。但是，正如我在《技术与文明》(Technics and Civilization)中所指出的，它首先是一个宗教上的禁欲行为，形成于本笃派(Benedictine)修道院中，从中产生了守规律的资本主义的人这个新概念，这种人在学校里被训练遵守规则的工作时间，能够像过去奴隶致力于规则的、单调的任务那样投入工作。从修道院到学校学习和政府办公，这种规则最终变成了对商人、官员、科学家的最低要求，不管他们在人生其他方面有多失败，强化投入手边工作的能力给了这些人衡量荣誉和享有权力的很大标准。野蛮人被认为臭名昭著，不能够进行这种否定生命的节制，但是同样作为事实的还有，不管文明有多先进，仅仅靠伊壁鸠鲁式(Epicurean，享乐主义的希腊哲学)的哲学是不能产生这种新的理想形态的。

不幸的是,在特定的宗教中,牺牲和从有机体需求和对生命的渴求中变得超然就是目标本身,这最终导致了对生命的全盘否定,可以从早期的佛教中发现。佛陀(Buddha)教导,生命从出生时起就要忍受痛苦。这种痛苦产生于力比多(libido)本身,所有的感觉、所有的情感、所有的冲动和欲望都会给人带来痛苦和悲伤,因此普罗大众正是由于生命的这一赠予,陷于苦难之中,即使是能够将头暂时浮出水面的最幸运的人,也迟早会被洪水淹没。

为了拯救这种状况,佛教有一个简单的处方,那就是束缚各种感觉,扼制动物性的冲动,减少各种欲望!通过在源头处使生命枯竭,人们减少了日常的不幸。这是一种全面牺牲的教导,以整体作为代价来控制部分。但是实际上,如果人们的生命从根本上长期服从于佛教的这种错误教导,那么人们为什么尊重戒律而不是自杀呢?对于这种疾病的唯一完美的疗法就是杀死病人,仅仅做一半表明拯救者还是迷信和懦弱。佛教太过于尊重活下去的意愿而无法挑战这种戒律,它寻求将人从生命中救赎出来,但不是为了生命本身。

叔本华(Schopenhauer)是对佛陀的观点最支持的西方阐释者,他说"对生存意愿的否定就是救赎的方法",是要将这个世界变成流放地,对每个器官强加的痛苦会成为解救的唯一方法。没有哪种挑战这种固有生存欲望的牺牲和超然能够希望保持把握人类的精神,因为如果对于生命的残酷现实这是真实的话,不管在何种情况下,我们都会在心中知道对于其潜力而言这不是真实的。

这就是为什么历史上佛教在漫长的"腐败"中能够保持自身,这些堕落再次将佛教置于生命的边缘,通过复杂的仪式和审美的光辉,将其追随者绑定在世俗的命运,这完全没有否定他们的凡人欲望,而是用越来越美妙的事物诱使他们。

在宗教的长期视角中,可以清晰地看到,只有通过牺牲行为和超然的纪律,人类才能接受对其自身的死亡而没有太大的失望。当人类不用这样的行为训练自己时,当他在自身促成一种幻想,认为他掌控自己的生命并毫无限制地扩展时,那么他就不会有一种情绪,认为面临的是其自身存在而带来的悲剧了。

一旦成功,牺牲行为就会带来一种特殊的补偿,即那些经历磨难并知道一旦熬过去就拥有一切的人,会直接获得一种解救。那些愿意牺牲,并将其看作是爱人、父母、市民的关系中丰富和表达生命的一种持久性状态,这种人有很好基础的客观环境,在其中社会和个人都能很好地发展。在这个世界上,所有的严肃的任务的完成,都需要放弃人们在日常生活中认为有价值的事物的很大一部分,如果不放弃许多只能在较低层次上令人满足的事物,就无法实现更好的发展。如果伟大的政治领袖在合适的时刻不能够放弃其政治权力, 如索伦(Solon)那样, 如果充满爱的母亲不能够充分地放手孩子, 让他按照自己的轨迹成长, 那么, 塑造人格的权力与爱的源泉也会毁了它。

从长期看, 人类所达到的所有高级成就都需要牺牲, 因为我们在当前的生活中所做的一部分, 只有当很长时期内对一个人自己的幸福或直系后代都一视同仁时, 才能达到充实和完整。在当前一代的过去时光中很少花大力气, 但是伟大的事情通常需要更长的时间才能完成; 确实, 我们生命中最有价值的部分存在于不能给予立即实现的领域。为了熬过痛苦、艰难、贫困以在将来实现完满, 正是人类命运的一部分。更高级别的宗教通过这样一种教训教会人类接受现实。

这里总结一下。生命只能通过表达其迫切需要和实现生长和繁殖的生物性目标才能繁盛, 尽管如此, 人类能够通过牺牲的行为才能选择一条道路, 这游离于其自然的途径以外, 通过这种选择才能实现人类的更加充分的发展。就宗教而言, 牺牲可能最终有益于人类群体; 但是, 这并不是基于任何具体的替代物(quid pro quo): 个人或群体放弃的往往比他将要得到的回馈多到无限。然而矛盾的是, 附加在牺牲上的价值越大, 人们就越不可能在最后通过行动获益。当有足够重要的事件确保要放弃生命时, 这样做的人就不会得到任何现实的回报; 谁还会傻到去数其死后获得的勋章呢? 但是做出决定并根据这个决定行动的能力也能自我证明: 它使人直面人生的神意。"不管成功还是失败, 准备好战斗。"黑天(Krishna)在《薄伽梵歌》(Bhagavad-Gita)中对阿周那(Arjuna)所说的话算得上是最智慧的; 他们用他们特别的口音重复着更像《新约》(New Testament)里的话: "凡失了生命, 都会找回。"

当那种想法和态度初次形成时, 一种新的人也出现了, 而且一种新的社会形式也有可能成为现实了。我们现在将对这些后果中的一些进行探索。

6. 宗教的积极功能

在这一点上, 最好能简单地总结一下宗教功能的矛盾性。宗教宣扬生命的神圣, 试图使人类进一步看清其自己的发展。宗教将其网络铺展得非常宽阔, 以至于拉住迷信这个丑陋的庞然大物以及日常生活中的许多普通鱼类, 它也在其范围之内囊括了神性的罕见飞鱼, 对这些的拥有哪怕只有一会儿, 也多少将大白鲸(Moby Dick)的盲目狂怒祛除。

在文化的早期周期中, 通过使人类直面其神奇的宿命, 宗教克服了对于野蛮的活力的愚蠢幻想;但是在这个周期的稍后的阶段,当生命的附属物被削弱时,宗教就起到了亨利·柏格森(Henri Bergson)所认为的那种功能:它保护人类"避免死亡必然性的智慧的象征"。同样宗教也保护人类不对这样一个伤心的发现过度反应,即在其计划与现实实现之间始终存在差距,而人类的意愿和目标却并不是非常高。最终,在一个变动的、偶然的、看似可怕的反复无常的世界中,宗教给人一种永恒和理性的感觉。

这个世界在动物的层次上并不显得神奇,尽管可能会抑制住许多惊奇。动物的理解力对其环境而言足够了:他所能够控制的最后一件事就是,他的环境在他的控制范围以外。并不是对人类如此。宗教系统地教会人在其控制能力以外还有力量,要用什么样的智慧促使其怀疑他估计以外的时间、控制以外的空间,产生一种超能力解决始于这种能力的问题。简言之,真实的世界并不是人类的动物本能希望形成的那样。通过解释,坚实的岩石变成短暂透明的,一个梦境的似乎消逝了的微光可能会比一个花岗岩的基石持续更久。

这些伟大的贡献也造成了宗教的局限。它没有一个概念能够对任何事件进行因果解释,它要解决的是理性、目标、规划,而非原因。许多宗教直觉都证明了一种幼稚的梗概,预测科学的清晰照片却不能取代它。当有条理的观察和有系统的估测能够处理人类的本性时,传统的宗教描述就一定会被科学的因果解释所取代。但是宗教意识的关键是对自然的深刻感知和生命在各个维度上的意义,这是一种整体的直觉。在每一种宗教神话中,从毁灭之神迦梨(Kali,印度神话中的湿婆之妻雪山神女的化身之一)到好牧羊人(Good Shepherd)耶稣(Jesus),都会真实指出人类经验和期待的一部分,从外面看来,没有因果描述能够使其无效或因此而可有可无。

在各种形式的泛灵论(animism)和魔法(magic)中,宗教意识无疑在表面上有助于许多虚假的兴趣和地方性的需要,但是它仍然是人类的一种主要行为,因为它最终涉及到所有生命中的主要东西,如果所有圣地都被抹去、所有教堂都被摧毁、所有教义都被涂掉、所有迷信都被淹没的话,它仍然会占据着这个地位,并行使其特定功能。在我们当前状态背后的被拔高了的意识,在空间和时间中都是经典宗教的特殊贡献。在那种意识中行动就相当于承认,没有哪个行动是为了行动者本身,即使是那些看似最私人的和最纯洁的。

宗教就是神圣的范围,是人类活动着的意识中反映出来的所有存在物最惊异和最神奇的地方。从这个角度看,最微小的有机体的单个生命循环揭示出整个宇宙进程的本质,星球演化的整个过程如果没有生命激发的话,就不会显现出来;人类生命中的重要意识哪怕只是相对的一瞬间,也会将其从丢失在几乎无边无际的宇宙中的一颗微粒变成一个逐渐不受束缚的大脑，能够囊括整个宇宙。感觉、感受和思考存在的地方，无声的宇宙就找到了一个代言人，其盲目的力量就找到了一个指挥者。

不言而喻，宗教的视角在核心的特征上是与所有存在的正统派有差异的。当它支持经典宗教的预言和启示时，就不会将真实归于虚构，或将任何结局归于教义。

每种启示体系想要暗暗改变或干脆否定的，即神秘本身的持续存在，而当前的哲学都谦逊地认为它们是永远存在的。不管我们将正统的神看作包含所有存在物的无边无际的存在(Being)，还是将其看作实现目标和潜能否则就只能隐藏在存在物中的浮现的神性，这种观点认为宗教不是了解神的特征和本质的一把特殊钥匙。这样的话，我们接受经典的印度教拒绝对神进行定义的做法：Neti, neti，就是说，不，不……至少目前不。

因此，尽管"神"的存在和与"神"进行交流的可能性依赖于大量的人类实践，并不能通过外在的检验或客观的衡量去感觉或进行交流，只能被体验，那种体验又被做各种解释。威廉·詹姆斯(William James)测验某些药物和麻醉剂的影响，他从一种一氧化氮(nitrous oxide)的梦境中苏醒，成功地感觉到他获得了了解宇宙的钥匙。但是它发现，似乎所有智慧都集中在某种珍贵结论上，但是一旦他醒来，就变成了完全荒诞的东西。这是一种可能性。另一种极端的情况是，可以想见，一个人体验过遇到神并被抬高到所有人类的水平之上，发现了扩大其反应领域的自然方式；因此，当宇宙射线通往通常被遮盖了的意识时，那种力量与其感觉到的动物性的存在就几乎没有任何关系。

这种情况下导致的幻象和迷幻可能使更限制生命的意识形式看似微不足道，这的确是伟大的神秘主义者们所感受和教授的。即使坚定的不可知论者如贺拉斯·卡伦博士(Dr Horace Kallen)也肯定了这种通过个人体验对神性的直觉。直接寻求这种迷幻很值得人类进行尝试，就像通过更加真实的媒介如绘画或音乐进行寻求一样，后者也有可能获得和传达有感受力的灵魂。宗教的许多仪式难道不是尝试使用传统的艺术形式获得对神性交流的直接感知吗？不幸的是，将"神"这个词加到这种体验上，并不是用确定的感觉定义它，或给人一种对神性的本质更加清楚的记述：Neti, neti……

如果这种解释与神学家的解释不同，同样也不同于所谓的了解过去事件的先进思想提出的解释，即18世纪的那些理性主义者们，他们坚定地认为宗教是一套迷信，是狡猾的教士为他们自己的利益而编织出来的，或者是19世纪的"科学的"观点，它们甚至拒斥务实主义的有用的迷信，将宗教当作理性和科学的大脑上的一种瘤。如果宗教也像这一样偶然和不重要，对于所有其他的制度而言就是例外，确实，它会非常狂妄地蔑视我们现在的解释体系，以至于所有的科学的思想都只有达到这种反常的极限才能放心。

这里的证据被怀疑者接受。即使在生物性上有限,种族历史中的行为一定有一些价值。如果人类长期以来都关注宇宙、神圣的和神秘的东西,就如同指引其生命计划的向导,这种关注有可能是一种有益的、维系生命的探索。这里还有其他的类似向导判断的东西,因为种族通常有一种持续的情感,在人类找到探索它的一种实用途径之前很久,一些行动领域就很重要了。拿使元素变形的梦来说。长期以来梦都以非理性的方式困扰着人类,在欧洲的中世纪晚期,炼金术士变得更加狂热地探索,甚至依靠有意的欺骗行为,例如在坩埚中寻找被隐藏了的金丸,为了达到一种错误的主观上的成功感,哪怕不是真正的成功。基于对元素稳定性的长期观察,实现这种梦是希望渺茫的,的确,积累的知识越多,这种行为就似乎越发没有根据。四十年前,没有人怀疑存在 92 种元素,不多不少,尽管并非所有元素都已经被发现。但是我们现在要承认这些事实:奇异的变形梦比起科学的谨慎和否定它的常识而言更加靠近事物的本质。我们已经看到傻瓜通过炼金术获得的金子现在控制着原子物理学家。

因此它可能用宗教证明,首先,用扩大了神性范围的高级宗教的特殊希望,在遥远的将来将人性转换成神性。教会用来产生这种变化的准则毫无疑问是粗陋的经验主义的,是有意识的迷信,实际上无用,就像那些炼金术士,尽管在这里必须证明这种否定,回想起炼金术士们选择铅作为他们最喜爱的变形元素:是从周期表的右边开始进行的选择。当然,如果不回想起宗教推动力本身是多么频繁地失败,人类的方式和制度对宗教所计划的人类本性中的剧烈变化是多么地抵制,就没有人能够在历史社会中考察宗教的角色。但是这些失败必须要放在许多真正的收获旁边,因为正如卓越的人类学家克虏伯(Dr A. L. Kroeber)所指出的,经典的宗教做出了很多努力想要改造原始人的幼稚性,在更高级的宗教意识至少渗透到被启蒙的少数人的世界里,人类继续全力迅速地发展,这一点的确如此。

那么从这种观点来看,宗教并不是过去遗留下来的肮脏物,也不会通过实证性科学的进步而很快就被彻底铲除。传统的宗教反而将会是自由演变的来源,从更早的准则过渡到更积极的方法,诸如调查、试验、自省、利用科学长久以来所不屑的生命和人格方面。

宗教关心人类整体对周围所有环境的反应。我们不能因为科学拓展了客观性描述而将宗教抛弃,而是还必须要增加其范围,因为我们的主观性贡献将会像我们的客观性描述一样充分而准确。对这个世界的去虚拟化即荣格(Jung)所称的去掉投射,它并没有使我们更靠近现实,而是关闭了现实的方面,只有充分发展了的并有丰富的主观生活的人才能成功地应对。作为这个过程的结果,我们没有简单地低估我们对神性的感觉,

90

我们反而用一种颠倒的和降低的方式,通过彻底战胜恶魔来接受它。当人心中的神性
被抑制时,半神和魔鬼就控制了人。我们已经看到发生在我们这个时代和我们国家的
事情,都过于自信地展示他们的科学和客观性。

宗教重建了人类,将其置于他们所属的那种意义层次上,那就是在他有意识地探索
和解释的宇宙的正中心处。没有过度的骄傲的话,我们可能还在孕育着一个希望,期待
有朝一日人类将会发现一种更加切实可行的方式,甚至超过圣徒为支持和扩大神的地
域所使用的方式。人类在内心只是偶尔发现的可能也会在外部世界进行投射和实现,
如果不是在天国(Kingdom of Heaven)实现之时,那就是在其开始之时。

第四章　人类的转变

1. 个人的诞生

各种经典宗教和哲学都预见到现在的发现,即人类有两个本性,一个是原始的或初级的本性,受其生物性遗传的影响,另一个是社会性习得的本性,受其历史和文化,尤其是其愿望和预期的塑造。人类的初级本性从最早的孩童时期就从未变得可见,除非被置于其社会特征中;作为人类最深刻的本性特征之一,他生产和传递文化的冲动就像蜜蜂筑巢一样,对于他而言都是很关键的。通过这种方式,他不仅与其同类交流,并解释每种新的经验,还改变了他自己的能力。他必须使其自己不只是一个动物,尤其不堕落到任何野兽的水平之下。

本性的过去将人与其他动物物种联系起来,本性当前的状态也将人置入复杂的生态合作关系之中,使其甚至要依赖细菌和霉菌,人类作为本性的产物,其工作就是按部就班。或者呼吸,或者死亡! 或者喝水,或者死亡! 或者吃饭,或者死亡! 或者繁殖,或者死亡! 或者协作,或者死亡! 这些选择适用于人类,同样也适用于动物王国的其他物种;因此人类生存的大部分活动都必须用于运用这些功能:饮食、生长、修复、排卵、受精、生育这些生理周期占据了人类活动的大部分,并留下这样一种深刻的印象,甚至会影响到其文化中更偏僻的部分。在这些动物性需求的基础之上,人类建构了自己的文化,用更加有趣的形式实现本性最为专横的要求。

随着象征和技术便利的增加,习惯、仪式和礼节的繁缛,人类在其余其他动物共享的环境之上发展起更加巧妙的本性,他还使其更符合自己的本性。如果习惯变成"第二本性",那么文化就主要是传递的习惯。人类的主要种族之间的生物性差异是非常小的,尤其是同文化之间的差异相比,因为每种文化即使是在初级阶段,也都同地方性的自然环境密切相关,它还要成为一种几乎自给自足的世界,与每个其他的小的自给自足的世界区别开来。文化的成就如此辉煌,一旦出现一种分离,它就会长期都变得神圣不可侵犯。"我们观察我们的古老的习惯,"一个爱斯基摩头人对拉斯马森(Rasmussen)说道,"因此也许会保存整个世界。"儿童在一个家族故事的反复述说中找到的安慰,或者当一个熟悉的仪式被无意忽略时他们表现出来的不适,只是说明了原始人面对其部落的生活方式的态度。因此社会习惯在陈规陋习方面尽管与本性的有所不同,也不容易变成一种固定的、不变的、敌意的方式而推动变化和发展。柏格森(Bergson)在《道德与宗教的两种来源》(Two Sources of Morality and Religion)中很好地描绘了部落和国家的稳定的、不变的、自我维护的文化。

一旦一个群体达到某种程度的文化水平,其生活就容易再度落入一种静止的和重复的模式,只是在应对外来压力时才进行改变,这些压力或者来自气候和食物供给的变化,或者来自其他部落的叛变和攻打其家园,就如同至少可以追溯到赫拉克利特(Heraclitus)的俗语如此说道,战争是变化之父。在历史上的大部分时候,新近的文化变迁的主要来源是机器发明,只是发生在少数的间隔期,而且速度极其缓慢,在旧石器时代以前有千百万年只是狩猎经济,发展到了新时期时代,这时靠的是动物的饲养和植物的种植。在更原始的文化中,人类的本性几乎仍然是有限的,受其邻近群体的特征的影响,没法计划出更高水平的发展,就像动物物种本身一样,对于所有生命的反抗和冒险来说,有机体发展的整个进程的特点就是一系列圈占和围捕,在人类的文化中和在自然中是一样的。

但是在历史的特殊时期,最后还是发生了转型。这证明了对于人类进一步发展和对于人类最初发明语言而言,几乎都有着极端的重要性。人类寻求一个全新的自己,由其生物的和社会的角色有组织地决定,在某种程度上也从中发展而来,它朝向一种发展途径,这超过了纯粹的族群延续和部落生存。通过内心的调整,人类使自己脱离了其本地群体的命运,他成为更加广阔的社会的一部分,最初只是一个想象的社会,通过新的视角和目标,他超越了对自己历史经验的挫败感,也超越了为世俗利益所束缚的社群。

人们可以将这种进程称作一个人的诞生。它的重要性在于,它促成了统一的人性的最终形成,不再被不可逾越的文化壁垒所隔绝,个性化和统一因此同步发展。通过这个变化,人类与血缘和土地的关系减弱了,这些东西将他捆绑在其有限的过去,所有其他人都成为他的兄弟,世界成为他的家庭,人的内心转变优先于仅仅来自外部环境的撞击、挑战和机遇促进。首先他受土地的制约,其次受群体的制约,从更大的方面说还是本性和文化的消极产物。最后,他实现了自我引导,推动着自身朝向一个普世的社群发展。

即使今天这个转变也还没有普遍实现,尽管它是过去三千年里经典宗教的努力才达到的。让我们更仔细地看这个过程,因为它长期以来都没法让人给出解释,即使新近如柏格森(Bergson)和汤因比(Toynbee)所做的最好的描述,也将其置于部落的和普世的强烈冲突之间,以及由所处文化决定的整体的自我和从当地附属物中脱离出来的超越的自我之间,成为一个更加普世的社会的组成部分。然而这个变化实际上是深刻的,因为它为人的性格增加了一些东西,除了有隐蔽的形式,是既不存在于本性中也不存在于文化中,向着更高的发展顶峰看去,是在人心中的,也是通过人实现的,最终也是超越人的。

我们远不是处在发展的末期,随着科学的进一步发展是可以只处在更广阔的转变的开端。但是为了准备这样一个分离,我们必须首先检查产生了普适性宗教的过程,很可能开始于埃及的埃赫那吞(Ikhnaton),他试图在太阳神阿吞(Aton)之下建立一个世界性的宗教,却失败了。

2. 普世的面具

我试图解释的这个变化似乎出现在文明的关键时刻。这个变化有时候体现在神话中,其他时候留在了对它的记载中,遭到损害或遗失,但大部分仍然可以被解释,如孔夫子的《论语》(Confucian Analects)或《新约》(New Testament)。迄今为止,社群中的每个成员都只能在作为整体的群体中担任次要的和特殊的成员,他必须遵守法律,更加严格地服从习惯,遭受严厉的惩罚,有时甚至是死亡,它的禁忌不管有多不理性都是不可违背的,它的神不管有多残忍都是不可挑战的。在此范围内,这个社群是有思想的,是一种普遍的思想,普遍意义上而言的新的中国人性格是人羊(man-sheep)被应用到所有的部族社群中,即使是在印度河、底格里斯河、幼发拉底河或尼罗河这些大河流域,它们都达到了文明的复杂的相互依赖程度。或许即使在最落后的部落中,已经隐约出现个人的潜能,但是如果是这样的话,就要被囿于本地的神,自治、自我转变、选择、自由这些属性还没有属于任何人,只有神或其在社群中的符号象征才能拥有,如法老(Pharaoh)或皇帝(Emperor)。

由于转变的第一步是发生在个人生活的范围之内的,一个人就会立即脱离他所属的社群。他使自己远离大众,因为他不再往脸上图画,在皮肤上刺青,这些都是部落的典型方式。他不再是一个巴比伦人(Babylonian)、一个埃及人(Egyptian)或一个亚述人(Assyrian),不再是一个爱斯基摩人(Eskimo)、一个班图人(Bantu)或一个玛雅人

(Maya),甚至也不再看上去是一个黄人(Yellow Man)、一个白人(White Man)或一个黑人(Black Man)。他实际上属于一个新的、独特的人种,从此不再有一个地方性的习惯了,他变成了一个人。在他身上,再次有了自然人的体验,继承了一种比其种族或部落更完整的遗产。

关于不再相关的人类的旧的形式,人们通常问的问题是:你属于哪个部落,你来自哪块土地? 你的父母、兄弟姐妹、其他的亲属是谁? 你的职业、等级、地位是什么? 你说什么语言,你吃什么食物? 是的,这个人来自某个部落,但是所有的记号都变得逐渐模糊;是的,他有姐妹和兄弟,但是他已经远离了他们;他还热爱着抚育了他的地方,但是广阔的世界如今变成了他的家。他也有一个职业,是一个牧羊人,一个木匠,一个制作帐篷的人,一个制造眼镜的工人;但是他想要找到一种新的类型的行会,按照费希特(Fichte)的说法,是基于人类的使命的(Vocation of Man)。这个普世的人类情感、思考、行为模式的创造者首先宣布自己剥掉了其地方性文化的符号,赤裸裸的他就像一个怪物,又纯洁得像个骗子。但是它在少数一些开放的思想上留下了非常独特的印记,以至于他们永远都不会忘记,他们最终看到了一个人(Man)。随着普世的人的这个化身,这次重生为整体的人类开启了发展的新阶段。

是什么吸引着人成为这种新的类型的人? 那些督促着他们离开熟悉的舒适的生活方式,不停地冒着危险向上攀登的人,通常面临着致命的危险,直到布满岩石或冰雪掩盖的顶峰,在那里攀登者本人最终是唯一代表生命的人吗? 人类为什么梦见自己的方式比其他人的要好,哪怕只是短暂地做梦,而且独自攀登没有安全返回的保障,同三个实在的奖章、一张柔软的床,以及祖居的村庄里的温暖的火相比,将会获得更高的回报吗?

理由很明显,因为所有人类的奖励中的大部分都必定不是动物性的满足,因此并不是健康、财富、奢侈,也不是性伴侣的增加或不断举行的盛宴,以及之后大醉酩酊和遗忘殆尽。最大的奖励是感到可能在低地生存水平以上,是拒绝安全感的内心的力量,是只能从辛苦攀登到高峰之后获得的视野。由于新的预言额外代表着人类本性中最高的也是最弱的方面,他对自己的同类产生了一种奇特的吸引力。即使在人类最低的水平,弱的方面也已经帮助他从肮脏的动物性需求中走出,但是却还没能控制它们,远远不能。即使是相信其存在,也要过于频繁地要求一种特殊的信仰行为:"如果每个人都不是真实的,"亨利·亚当斯(Henry Adams)本人作为一种高级文化的产物,他说道,"这是诗人,而不是生意人。"他这样说并不仅仅是为了他那一代人,还为了所有时代的和任何地方的普通的世俗人。所有人的一般信仰非常脆弱,以至于使生命能感觉到比动物需求的无尽周期更终极的目标。

新型的人有这种信仰,并给予确认,他既从宇宙的视角也从人类的视角进行讲述,代表着无时间性、无条件性、普世性。他给出了新的法律,蔑视部落的法律,并给出新的义务,以取代熟悉的旧的义务,他的信息流就像从山顶流下来的清泉,冲刷掉附着在部落的船只底下的甲壳动物一般的迷信,这些都束缚了船只的日常航行。通过对法律和习惯的清理,新的自我形成了,这种自我能够使生命不被包括在部落模式中,能够迈出部落或城市的包围圈,拥抱那些被其他的地方性力量和社会压力塑造的人,这种自我最终能够在某种程度上使自己脱离最紧迫的生物性需求,它放弃了生命,却比以前更加小心翼翼地保护着它、培育着它。

当这种转变发生在完全隔离的情况下,就如一个人必须宣称他经常这样做,个人或新的生活方式的存在都会受到挑战。人类社群本身的成功建立,一定要准备好一种不寻常的改变,准备好针对可接受的生活模式的反抗,这要通过一系列不同寻常的不幸或失败。不受损伤、不受磨难、不受惊醒的话,就没有哪个社群会为新型的人做好准备,或者要加入他最终影响到的那些重大变化。这样的希望和这样的不可抵挡的力量只有从绝望中才会出现。这种新的宗教意识正如汤因比(Toynbee)所充分指出的那样,几乎没有例外地都是在混乱时期(Time of Troubles)中形成的,这时期人们熟悉的神都抛弃了部落,人们熟悉的生活方式也都不像往常那样有所回报了。

然而一旦时机成熟,预言出现时,就会迅速地出现所有的变化。尽管这些变化可能不会带来任何物质条件方面的改进,人类还会怀着新的方向和目标转向他们熟悉的任务,他们会将其整个存在都置于非部落性的、非动物性的计划上。这个转变如此具有决定性,以至于当前人们会宣称这个过程是超自然的,一个神诞生了!

但是一个神并不存在问题。发生的奇迹毫无疑问是一个真正的奇迹,但是它的惊奇之处甚至更大,因为它实际上并不依靠一种超自然的媒介。部落社会的缓慢地向世俗转变,是不会出现这样的变化的,这些变化非常之大,以至于它们都需要一千年才能实现,它们的出现至少从大体上来看实际上是受到一种新的人性的影响,几乎一夜之间实现的,通过这种社会两极化的形式,社群中的所有要素都进行了重新调整,就像一组铁锉一旦被放到一块磁铁的吸引力范围内,就会以一种特定的方式重新自我调整。但是不要被心理上的计划所误导,过程本身就是一个自然的事情。新的领导者不需要行使,或者想要去行使万能的或者甚至是超过一般的权力,实际上,索伦(Solon)、孔夫子、佛陀、摩西、穆罕默德在其一生中都没有宣称要成为神。创造奇迹的神奇品质后来被归于领导者,或者甚至归于其遗物,很可能都是没落的信仰的象征,都不能再归功于死去了的领导者的自然特性,也不再感到有需要通过神奇的解释来缩短越来越长的心理上的距离。他的追随者低于他,通过将自己掩藏在被放大了的神的形象之下来掩饰自己的渺小。

但是真实的奇迹实际上更使人震惊,远超过治愈病人、起死回生或搬动山川,因为普世的人格的诞生至少等同于自然中一个新物种的突然出现。通过一种普世性人格的创造、拟人或掩饰,整个文明可能不仅仅会改变其混合的面貌,也深深改变了其特征中的许多其他动态的构成要素。通过努力的训练和虔诚的模仿,新的先知的每个追随者都为自己戴上了面具,他自己的血肉最后似乎也开始为实现这些理想服务了,通过重生他获得了一种本性,与他通过第一次诞生时获得的完全一样。

对于整体的变化我们还有很多要去了解。这个转变在某些方面类似于更普通的过程,后者将任何一代婴儿作为原料,在短短几年内,借助父母的训练、社会的塑造、慎重的教育方法,将其转变成书记员、簿记员、物理学家、发明家、农场工人、机械师,这些儿童适应了许多既有种类的角色,这些病不存在于自然或原始社会中。创造出这样的特征,担任这样的角色,是一种普通的世俗过程,我们在足够的压力之下甚至会招纳年轻人,并在半年之内将这些习惯于与同伴在一起、过着舒适的过于受到保护的生活的年轻人转变成战士,随时去承受极端的困难,去残忍地杀戮,去面对残酷的受伤或死亡。最后的变化几乎过于不可思议,都可以被称作是一种皈依,但是它却缺少宗教转型所表现的自发性和"吸引人的品质"。

在描述这种发展时,我提出了一个问题。一个人如何"成为他最初仅仅想要成为的那种",正如高尔登·阿尔波特(Gordon Allport)所指出的,"正是动态心理学想要解释的过程之一。"对于科学而言不幸的是,这种集体层次上进行转变的最有启示性的例子一定只是在历史上偶尔出现的,而且我们的主要知识一定不是来自这种少量的主要事件,而是来自各种同步表达的过程,在每个发展着的生活中都是可见的,也发生在更少动态性和决定性的环境中。对于个人的后来的发展而言,这将人们年复一年地转变成印度教徒、犹太教徒或基督徒,这都是在来自惯例和习惯的更加缓慢的压力之下出现的,激动人心的皈依过程在后一阶段变得更加罕见。然而只是通过最初的体验的重复,通过化身和皈依,最初的变化能够保持不陷入社会陈规中,用于徒劳的重复和空虚的仪式,不能够产生出原始人拥有的自由、自治和创造力。

那么人们不需要惊讶,对整体的创造性进程的最好描述到目前为止来自于艺术家。威廉·巴特勒·叶芝(William Butler Yeats)在其自传中指出"准则与戏剧感之间有某种联系。如果我们不能将自己想象成不同于我们现在的自己,并看作是第二个自我,我们就不能对自己强加一种准则,尽管我们可以接受一个不同于其他人的自己。积极的美德与被动地接受当前的行为准则明显不同,因此是戏剧性的,有意识的戏剧性,并戴着面具。这就是一种艰难的完整的生命。"这一描述非常好。

随着被启发了的人的诞生,一种静止的文化的仪式以往由其过去决定,并自满地致力于其向内生长的"生活方式",如今转变成一种积极的戏剧,其情节涉及蕴含在人身上的更高的目标和向往同其仅仅为达到安全和生存的焦虑之间的冲突。所有伟大的宗教先知都预知普世性的生活方式,这将其同伴与更广泛的社群连结起来,后者理想地包括了所有人类。在这个意义上,新的领导者是个人对整个社会的包括。他从其人格、新的态度、新的目标、日常行为,尤其是小的细节中除去了更高级社会的复杂活动即将形成的,而没有发展起它们。最终一种准则和教育的普通体系将会被完善,努力发展有关他的分离和超越的最初的神秘。然而一个封闭的社会的压力将会限制这一运动的整体范围,佛教、基督教和伊斯兰教这些旨在统一的最广泛的努力实际上都只包括人类中很小一部分。但是最初的努力即使没能实现理想的目标,也深刻地转变了所有体制,并改变了所有的可能性。

正如我所提到的,这个转变从未被符合要求地细致描述过,尽管通过比较史和人类学已经积累了用于这个描述的数据,而且其中大部分已经被汤因比的学术巨著《历史研究》(A Study of History)合适地总结了。如果神学家倾向于夸大这个过程中的更惊人的时刻,并完全用超自然的因素解释,普通的历史学家或社会学家就会被简单地诱导将其忽视,因为它们的主要概念和方法引导他们关注更突出的事例和更没有决定性的变化。传统的现代学者是如何描述这个首次发生在单个人身上而非一个群体身上的变化的?首先这是一个内在的变化,并没有被大量的当代文献所证实,这个变化的存在也只能被从其遥远的结果中推导出来。然而仍然存在这个事实,即这个过程的大部分都具有社会属性,面具如果只遮掩了一半的脸就不是那么重要。

3. 皈依的社会过程

在《人类的状况》(The Condition of Man)中我试图归纳从个人向社群的整体转型的阶段,分别冠之以构想(Formulation)、化身(Incarnation)、合并(Incorporation)和体现(Embodiment)的标题。这里我将扼要重述这个归纳,从而可以有一个坚实的基础来用相反的相应发展过程来进行描述:脱离(Disembodiment)、疏远(Alienation)、分离

(Detachment)、阐明(Illumination)。

对更加普世的个人的整合的第一步就是构想,包括思想的变化,以及更深入的情感、态度、预期的改变。这个变化通常发生在最高级别的抽象,但是它最终为现实的生活状况带来了新的观念和直觉。在早期阶段,新的态度通常甚至不能达到充分发展的哲学的水平,它还是过于易变和不成形,完全是一个独自阐明的结果,却找不到能对其进行表达的话语。长期以来,态度的变化没有产生特定的意识形态结构,尽管它在这样的艺术中表现自己,也不受实际的迫切需要的束缚,就像绘画或音乐,在这些早期的表现中有一些秘密的和深奥的东西。在最深的层次,它们对生命的新的潜力有一种用语言表达不出来的感觉。

需要考虑基督教的到来。克制自己和来世实现的思想已经出现在 5 世纪的神秘仪式中了:洗礼、入会仪式、皈依,这一切都被实践了,信仰者被这些实践所"拯救",并被许诺死后进入天堂。柏拉图对永生有一个更加哲学性的看法,但是他的形式的世界补充了世俗的天堂,他也加入到对死亡的总体的再定位,也是新的分离。这些弃绝生命的想法是安提斯梯尼(Antisthenes)和狄奥根尼(Diogenes)的哲学的特点,并形成整个希腊—犹太世界中出现的普遍表现的对世界的畏惧,在实践中他们的对手是医治者(Therapeutae)或艾赛尼派(Essenes)。一种新的态度与发展着的对世界末日和弥赛亚降临的信仰结合起来,渗入以色列人当中,在犹太教经典中长期流传。在这以外,佛教的趋势经由亚历山大大帝征服后的传播,强化了这些本地的因素。

所有这些早期的形成都远远早于思想被澄清、深化,并被通过化身的行为给予动态驱动,因为人类变得易受思想影响,不是通过讨论和论证,而是通过拟人化和爱那些被化身的人。先知一定活着过,因此其他人可以知道教义,他将思想用比话语更深刻的方式传给其追随者和继承者,后者反过来一定也极端地以他的角色作为自己的使命。

这里,在基督教的历史中,耶稣和保罗(Paul of Tarsus)都起到了关键的作用。直到这时,基督教的主要思想仍然是散乱不成形的。它们产生了不止一种特别的化身,并将其进行排序,从苏格拉底到施洗者约翰(John the Baptist),即使后来的表达如摩尼(Mani)也是用同样的秩序。但是关键的步骤在于耶稣的内心转变。这发生在他独自在沙漠里的不眠夜之后,他经过那个考验,不只是预言了马太(Matthew)所记载的即将发生的严重的混乱时期,还表达了其个人身上的兴趣和态度的急剧变化。耶稣超过了对现世的王位和个人的生存的关注,他强调了谦逊、忍受、耐心的新美德,他将一个人的义务视作邻居,与自己的利益有一样的次序,并借助想象的领悟进行寻求,微笑地提供住宿而不是拒之门外,改造攻击性。通过所有这些方式,耶稣为人类联合创造了一种新基础,也创造了一种新的社会力量以度过和解决迫近的危机。个人因此可以战胜威胁他的力量。

　　现在我们到了第三个阶段。先知对其社群的直接影响在其一生中都是不稳定的和有限的,他只达到了一小部分准则,而且这些也多半是令人厌烦的,受到拒斥的,被抛弃的,他却不屈不挠。以前他能够接触到这些人,生命中的大部分时间都用于定义其使命,并使其自己适合这种过程。这种自我的转变往往不被理解,以至于沃尔特·惠特曼(Walt Whitman)的某个传记作者使用证据描述他的重生,以此证明了惠特曼是一个纯粹的骗子(charlatan)。即使在那些直接受到先知影响的人当中,有信仰的少数人,重生和复活的过程也缓慢地、断续地发生着。信徒最初只是见证人,而不是积极的参与者。如果他们被这个新型的人所吸引,他们也还是充满疑惑、抵制和背叛的冲动,托马斯、彼得、犹大就是如此。而且,那些最想要重生的人并不总是彻底转变的人,即使当主人还活着时他们就逃离了他,尽管他们的皈依非常热情,他们可能最终没法尽可能彻底地改变自己的道路,就像他们在第一次慷慨的婚礼中相信能够改变的那样。是的,新的面具并不能轻易戴在本性的脸上,的确,通过强制性的遵从,将被改变的还是一个面具,而不是头。对于那些站在岸边看着游泳者的人,游泳看似容易,但是当初学者亲自下水时,他几乎划了几下就要沉下去了,为了使头浮在水面上,既需要实践也需要信仰。更大的变化也是如此。

　　为使这种新的人格变得充实,人们必须不仅仅重复主人的箴言,学习其行为,模仿其话语,生命的所有惯例和准则最终都要被改变。一旦新的人形成了,一旦新的情节和主题出现了,舞台就被设定好,特别的习惯也被为众多的新演员设计好。性与婚姻的仪式,经济生活和政府行政的行为,以及最后所有的社会体制,都一定要被改变,以支持新的人,并使其社会存在和参加所有活动变成现实,他也从中首次退出,似乎使自己落后了。

　　简言之,如果重生开始于内在的个人的变化,就必须用一个外在的公共的变化来确定,在新的自我能够达到普世的本性之前,附加到更加有限的世俗文化之上。在这些合并与体现的进程开始以前,新的人格仍然保持原样,不起作用,没有保障,初期容易被毁灭。最终,这种环境必须被改造,从惯例到建筑,所有一切都要被重塑,并在某种程度上记录和进一步表达已经发生了的内在变化。

　　当到达最终的阶段时,整个社会都已经被新的戒律和崇拜所重新改造,也发生了更多的转变,这阻碍了最初的人格抛弃既有行为的转变,但并没有他自己所产生的新的戒律所削弱。对于新的宗教的最初的直觉,以及先知本人身上部分表现出来的新人的形象，一定要在他们在社会中扎根之前完成许多想法。他们还将遇到惰性和抵制，的确会遇到来自许多庄严的制度中的明显敌意。仅仅为了使新的宗教或哲学能够存在下去，要吸收需要他想要改造的既有文化中的许多相反的要素，尤其是要与旧的生物性要求妥协，这或许被过于专横地抛弃。

使自己适合既有的秩序和新宗教最想要的"生活方式"，通常不会意识到是欺骗，将会改变先知的最初的意愿，甚至与其要求背道而驰，譬如佛教后期的偶像崇拜或天主教会对圣徒和圣母玛利亚的偶像崇拜所起的作用，又如耶稣命令简化祈祷和基督教复杂的礼拜仪式之间的显著矛盾。在许多方面，对适应性的需要就如同生存所需的环境，可以导致大量的歪曲和背离，因此人性和爱的福音有时要通过火与剑、骄傲与仇恨付诸实施。

对新的人格的要求越多，就越有可能出现歪曲：佛教和基督教比儒家或摩西时代的犹太教（Mosaic Judaism）更容易出现背离自我。每种极端的转变都会发生在这样一个社会，仅仅通过纯粹的习惯的力量，彻底不同于新的推动力和新的形式。任何一种已建立的体制仅仅是一个抵挡变化协会（Society for the Prevention of Change）呢？生命本身的冲动在大部分人身上受到惰性的限制。他们很多都会满足于接受动物般的命运：普通部落性的自我就已足够，一生中仅诞生一次对他们而言也已足够。因此在每种文化中，在其再整合和再生期间，旧的自我和新的自我之间永远有种张力，或者就像基督教常说的那样，在不知悔改的亚当和赎罪的亚当之间就是如此。这些神学的术语指的是可以看得到的事实：在上一代中人们可以发现它们出现了共产主义的俄罗斯，在那里沙皇式暴君作为旧的亚当就很轻易胜利了。人们现在会问，为什么他们想要去实现一种更大的普遍样式，而不顾它们的种族模式、它们的生理种类、他们的"自然的"部落的自我？为了更密切地与其部落模式保持一致，正是对他们感到敏感的自然人的唯一一次再造，这也是一种强化已经存在的惯例，使其看上去是自然本身的方式的一部分。

不幸的是，新的人格的质量引发了更多的冲突和矛盾，这部分是由于发生的背离。通过提醒自己的同伴们他们的更高的职责的要求，新的先知赢得了他们的信任，尽管如此，他排斥自然和习惯，排斥种族的"遗传"和部落的"自我"，这或许过于断然和不合要求。因为不管人类有多迫切地想要更加完整地表达其更高级的本性，他永远都不能成为一种脱离的精神：这样一种完美会抹掉所有的进一步的努力。在其克服过快退回到部落般状态的趋势时，伟大的宗教领袖经常将其理想高举到生命的世俗模式之上，从而最终战胜他们自己的目的。他们不满足于建立一个核心，在其周围能够形成一种新的人格，他们想要从普通人那里获得一种生命，如果能够虔心追随的话，就会将其变成一个圣人。领袖根据自己的能力判断别人的能力,他就几乎不能实现这种转变。因为,譬如他自己想要放弃所有的性快感,他可能会树立起一个高尚的理想,让其他人也完全禁欲,他丝毫没有意识到大部分普通人的禁欲只是思想和精神上的,完全不同于弃绝爱与和谐的性生活。

从混乱时期最糟糕的时刻,这些英雄般的放弃可以简单总结成一种深度,以及彻底的反应,即不可能出现一种对变化的理性预期,目前为止他们只有一种务实的判断。但是最终的结果往往糟透了,他们最终对最初的准则有一种不合适的谨慎,因为新信仰的更加虔诚的追随者们倾向于生活在一种不断的混乱、不足和有罪感的状态中,或者为了克服压力,他们尽快逃脱,将最初的动力转变成迷信崇拜遥远的神,这样的话俗人的身体就会有很大差异。这种滑坡或许解释了,为何历史性的宗教会将新的先知展现的神性闪耀视作神最后一次以人的形式出现。这种神秘的形象取代了人的形象而发展起来,变得更加容易被同化,通过扩大神性生活与世俗生活之间的裂痕,有罪的人使其自己更容易回到更熟悉的俗世生存中。

改变整个社会的深刻动力有着太多的弊端。但是并不能用这样的错误来解释新宗教的广泛影响和对人类潜力的新认识的坚持,这种认识有时经过两到三千年在数以千万计的人之间传递。新型的人真正留存下来的是:精神上有最大可能性的人类的形象,新的社会成员的突变。由于整体的人格在这种大规模的皈依中起到作用,最有效的先知不屑于使用写下来的话传递他们的信息,正如瓦尔特·惠特曼(Walt Whitman)所说,"我和我的不受论证影响,我们只相信我们看到的。"因此他们甚至通过多次迁移、通过一系列的信仰者传达真正的使徒传承,并且在他们离开数个世纪后,还借助仍然停留在空气中的回响,表现仍然残留的更新后的形象。

如果光话语就能承载有关新人的信息,那么伟大的先知的影响就很难理解,因为他们的确认和行为与许多其他有灵感的人没什么区别。光考察新的准则不能充分解释它们的影响。我们要承认,斯库罗斯(Aeschylus)、索福克勒斯(Sophocles)和柏拉图(Plato),但丁(Dante)、莎士比亚(Shakespeare)和歌德(Goethe),邓恩(Donne)、爱默生(Emerson)和梅尔维尔(Melville)都偶尔探索过人类存在的关键问题,其深刻性经常是超过了孔子、耶稣或佛陀所保存下来的评论。如果零散的直觉和领悟能够改造生命,那么它们确实都存在于所有伟大的文学作品中,其数量之丰富足以导致变化。但是新的人格的印象有不同的规则,许多普及的散乱的思想经由它统一起来,产生了一个人,而不是其他的新思想。

所有这些都是人类的自然史的一部分,它能够在更低级的层次上,在更次要的体现上产生更狭窄的范围和更简短的间隔。拿破仑一世的影响将自己表现成一个典范,不仅是像于连(Julien Sorels,《红与黑》的男主角)那样,还像 19 世纪的金融、工业、政治的主宰者一样。即使在其自己的生命中,拿破仑在广阔的领域改造了法律和习惯,在家具、装饰以及军事战略上都出现一种拿破仑一世风格。如果再多有一点幸运和胜利,他甚至就会成为现代人的新信条中的名义上的神:钻营成功主义(Arrivisme),即财富女神胜利(Bitch-goddess Success)的宗教。

这是否意味着我们一定要接受新的人格的强化,通过膜拜、崇拜、教会的媒介达到一种宇宙神秘和一种真正囊括一切的神? 绝非如此,因为一种初现的神性,对于我们不需要否定的整个社会的潜在积极影响,是不需要这样一种壮观的背景的。这种强化的计策很可能只是一种特殊的情况,体现了高估爱的目标的总体趋势。佛陀最终所成为的那个神,在佛陀本人的最初的信仰中是完全否定的。至于耶稣,他自己的地位和证明更加含糊,但是尽管事实会指出他信仰自己的超自然使命,然而他所说的一句话就否定了这个证据,那就是"你何为称我为善的(good)? 只有神才是善的"。这难道不是他的纯粹的人性的一个简单宣言吗? 这些话被无意地留在了《新约》里面,同通常宣扬的耶稣的神性形成鲜明的对比,以至于它们有着极大的可靠性,尽管它们摧毁了《新约》和保罗书信(Pauline Epistles)所依赖的假设。

不管是神性还是人性,天堂的还是世俗的,事实就是,在历史上的特定间隔期,在单个人的形象和榜样中,可以看到更具普世性文化的潜力,看到更有合作性的生命,看到人的主题的迅速发展。在那个时候,一种普世的人就出现了,在他引导下可以形成一个普世性的社会。这只是通过一种更具决定性和超越性的形式重复一种自然过程,在每个人类群体、部落和国家中都某种程度不停地起到作用。对这种榜样的模仿可以为社会提供新的方向、一套新的价值和目标,而且使其在新的道路上开始运转。经过数个世纪甚至数千年之后,这种动力才会停止充实文明。但是当抵制人格的功能,并通过只处理普遍现象而达到数据上的确定时,机械论和行为主义思想的流行就将现实感和再生的可能性都破坏了。因此,在我们进一步发展之前,有必要应当考虑这个障碍,并且要坚定地越过它。

4. 对个人的偏见

在形成一个有限的、封闭的社会的过程中,控制性人格的形成是有决定性的一步,这个社会能够进入更广泛的社会关系,有更有包容性和普世性的模式。通过爱和模仿新型的人的繁衍抚育生命的形象,通过尊崇其智慧、追随其脚步、接受其理想形象并作为人类的真实的主要的形象,为了达到这样的目标,所有更卑微的人、各种背景的人都应当靠近、并团结在一起,追求一个共同的目标。他们通过个人作为媒介达到一种共同的理解和可能性,尽管有各种多样性,可以连接和增强他们的努力。达到这样一种统一的过程并不是简单的事,它需要努力。但是这个努力的结果就是取代地区性的、部落性的、民族性的差异,正是这些将人们分开,代之以使他们感到有共同的命运,并不是产生于共同的动物起源,而是产生于他们独特的历史性目标。

在我们今天有许多因素使这种对个人的模仿变得难以在理论上理解,或在实践中接受。即使当人们获得允许,通过对个人的过度夸大,对整个进程进行历史性的扭转,关于这种转变的方式有一些方面在某些群体中导致了抵制,从他们的经验来看,这应当有利于解释人格是如何产生影响的。

这种抵制在西方社会中的深层次来源很可能就是从中世纪末开始的对人格的宗教性增强的普遍反抗。人文主义曾使人再次成为中心,却缺失一种谦逊参与到一种甚至使未受教育的人也能享有的变化中。进一步讲,在追求关于身体行为的更准确的知识时,随着行政部门、工业和军事组织的发展,失去人性的过程逐渐扩散到所有部门。结果就是:我们的感知世界大体上是一个失去人性的世界,我们的最准确的知识也局限于人类不起作用的那些领域。 *108*

在对动态的社会进程的所有记述中,我们喜爱的知识如今都主要来自那些人类行为与动物行为最像的领域,如达尔文(Darwin)对于动物心理学的开拓性研究,在人类的行为和其他动物的行为中建立了紧密的联系,或者相似或者差异,都做出了大量的成果。就我们对人类人格的记述而言,我们将其只看成仅仅是过去的产物,也是其地理和文化环境的产物,却没看到这样一个现实,即在人类的层次上,想象的和计划的未来实际上一样产生作用。我们接受过去的拖累,我们拒绝未来的牵引。如果人类的性格和命运发生变化,现在的思想就认为人类本身只是外在于他的力量的消极创造物,我们或许认为通过食物和药物、通过习惯和运动不能做出改变,通过法律和法典,能够通过机器发明影响更多的社会变迁。通过这些媒介的持续作用,我们甚至相信有这种可能性,即在整个文化中最终发生了深刻的变化。但是,就传统的科学而言,我们不需要拿出人格的直接行为来解释任何这些变化,即使是作为心理上的"过滤器"的存在也通常受到忽略。

因为有这种对失去人性的偏见,难怪我们忽视了所有从头到尾起到作用的变化形式,这起始于复杂的和独特的,单个的人的情况,然后扩散到社会的紧密组织中去。我们发现,用务实的趋势将主观的与不真实的等同起来,难以认为目标和态度上的变化、围绕着人格的微小起源的新的情感和思想沉淀的出现,能够在一个社群中或一种文化中产生任何有机体的大变化。在其他动物的可以被观察得到的行为中,没有任何揭示出有爱的转移,相当于病人和他的精神病医生之间的发生的转移,能够发生在一种集体的层次上,并在整个社会中带来新的导向。如果诸如此类的一些变化发生在伟大的宗教转变中,我们的精神导师几乎不能做好准备去做教导,他们会去寻找气候的波动或生产体系的变化,用于解释所观察到的行为差异,哪怕实际上这些差异也反映了发生了什么。

指出人类可能会对社会产生更直接的影响,就相当于通过支撑起当代思潮的实证主义术语,介绍一些像亚里士多德式(Aristotelian)生物学原理的概念一样难以掌握的东西,也一样难以捉摸和不能接受。但是事实上,正是这种非人格性产生了一种极端的错误,严重到就像经典宗教最初对自然行为所做的细致的奇怪的叙述,我们确实极大地误读了社会变化的模式,因为我们对它们的解释只是在一些不用提到人类的积极成长就可以理解的水平上进行的。尼采(Nietzsche)在《道德的谱系》(The Genealogy of Morals)中对这个过程的更加人性的方面有一些真正的洞察;但不幸的是,他所使用的典型的德国方式,使其将它误以为是高级的统治阶级的成果,后者将他们的意志强加到屈从的人群上。

但是如果不能理解人格的本质和功能是我们如此轻易地拒绝更大的主观性过程的主要原因之一,这种过程通过皈依和模仿起作用,那么就有其他的限制出自历史性的宗教本身所揭示的内部脆弱性。没有哪个宗教至今对人类的人格的各个方面表现得公正:因此集中于主演的新戏剧没法提供部分给许多本性上不能接近占主导的人的生物种类的人。

例如,基督教从根源上并没有市政的或国内的角色提供给其支持者,正如勒南(Renan)正确地指出:耶稣关注其自己的特殊使命和迅速"终结世界"的希望,并没有考虑生死问题或社会延续。约1200年以后,托马斯·阿奎那(Thomas Aquinas)才完整地形成基督徒对于耶稣所忽视的情况的回应,即公正地分配政治权力或夫妻间的权利责任。印度教似乎对各种种类的特征和构成都更加慷慨,因此从19世纪的布哈莫·布拉莫斯(Brahmo Samaj)所建立的基础起,准备好了承认基督教和伊斯兰教的道德洞察力和精神正确性。但不幸的是,印度教直到现在仍通过永久存在的种姓制准则限制着人格的发展,这否定了个人在单个生命中发展和超越的能力。直到圣雄甘地(Mahatma

Gandhi)大量阅读了梭罗(Thoreau)和托尔斯泰(Tolstoy),受到其基督教的解放思想的影响,才成为被挑战的普遍性的致命障碍。

其他的障碍有不同的性质。一旦对尊重和爱的首次强力推动以及对新的先辈形象的服从减弱,曾经在稳定、封闭的社会中解决问题的本能的行为模式就会再次占上风:因为新的方式仅靠其出现是既不能很好地被规定也不能像以前的方式一样牢固。通过服从新的普世主义和替之以它们自己更狭隘的目标,这些更老的部落的态度经常会再次获得其最初的地位。古罗马官僚主义、集权主义,甚至大格里高利(Gregory the Great)时代的教廷出现的唯物主义和迷信行为的复苏,正是这种狡诈的伎俩的例子。公元 4 到 6 世纪普遍出现许多异端,可以被看作是,在地区性的层次上试图同古罗马的新帝国主义相对立,后者将自己装扮成一种普世性的精神准则。有讽刺意味的是,同样的事也发生在我们今天的苏维埃共产主义。正是在内心巩固的过程中,它更接近伊凡雷帝(Ivan the Terrible)的莫斯科体制,而不像是列宁(Lenin)时的世界主义的趋势。如今它也将其俄罗斯主义强加到中国和波兰,就像是一种不可挑战的"共产主义"信条。

由于现代科学直到最近才推动对任何形式的人格的怀疑,将其仅仅看作错误和主观危害的来源,无怪乎人们抵制对个人的过分夸大,这在许多经典宗教中都将仅仅具有人的特征的先知变成了神。这整个过程看似不顾科学和常识,那些崇拜这些神的人也没有远见。但是我们的同时代人对于他们的怀疑甚至有更好的理由:他们见证了一种不诚实的神灵,就像他们亲自看到的阿道夫·希特勒(Adolf Hitler)和约瑟夫·斯大林(Joseph Stalin)被系统性地奉若神明。这种集体性变形的成功只是使其更难接受基于个人动态影响的原则。

这些假神的例子中,夸大和扭曲的工具、宣传机器、对来源和信息的控制、对所有敌对性证据的摧毁以及对所有可能见证事实的证人进行屠杀,将知识分子逼良为娼,使其可能揭露谎言和老大哥(Big Brother)本身的持续展示的夸张形象,所有这些对无辜的旁观者而言既可见,又像是一个愚蠢的魔术师表演其技巧所用的发明物。甚至那些最迫切希望被愚弄的人仍然想知道这个技巧是如何做成的。尽管像多疑的托马(Doubting Thomases)那样的人都被很快扔进了集中营和刑讯室,但每一代人里面还会出现新的一批,从而使得镇压机器仍然要不断保持警惕地运行。

但是这种力量的展示为何是必要的?答案指出在假冒的宗教和真实的宗教之间有很大的差异,尽管相同的社会压力不只是导致两个物种并肩发展,还像频繁地发生在花园中的一样,使招人讨厌的杂草生长出许多类似于花木的外形。如何解决?那就是假的弥赛亚(Messiah)不可以被模仿,也不能被爱戴;或者进一步讲,他的冷酷无情越是成功地被其他的取代,他的体制就越确定将会瓦解。由于他并不自发地激发爱戴,展示谄媚和敬畏的压力最终必须要使人们迸发出极端的恨来,墨索里尼(Mussolini)的命运就是例证。

也考虑一下希特勒和斯大林的工作,他们在很大程度上反映了一种人格的渗透,这伴随着一个社会的解体并导致其最终崩溃。希特勒和斯大林都是普通人,第一个是精神变态者和卑鄙的人,擅长腐败和残忍,第二个精明狡诈、不屈不挠,也同样残忍,他们都在其一生当中试图使百万人屈从于他们的意志。为了达到这个目的,他们将自己扮成神而不是普通人,从而被卑颜屈膝地崇拜和顺从。他们带来了所有的世俗的优点,如战胜所有的邪恶,借由他们的神奇的抚摸暴行变成了民主,并征服了自由。没有希望通过劝说和自发的合作达到的希望,他们试图通过武力实施,借助迷信和仪式的支持。对人类这是幸运的,对独裁者的千年野心是不幸的,他们颠倒了过程,借此人格实际上在历史上运行。他们一心想要利用对人格的迷信的过分夸大,这经常发生在一个电影演员或电台演唱者身上,因此发明了一种压迫的辅助工具,用于加快进程。

因此这些领袖想要将神强加到他们的同胞身上,然后再将自己改造成一个真正的人的形象:有爱心的、给予生命的。即使用镜子他们也不一定就能成功。当戈培尔(Goebbels)将希特勒的低贱形象放大和扩散时,会怎么样?十年的无限制的成功已经足够决定德国的命运了。斯大林的心腹对他虔诚地模仿,能够被认为导致产生了他们相互之间的系统性毁灭。这个过程从斯大林本人开始,很可能会在其死后被不加限制地继续下去,所有过去的编年史都验证了这一预测。因此历史性的"救世主皇帝"是在解体的文明中经常出现的黑暗的慈善形象,这只是通过其对正常运行人格的固有的歧视加速了解体的过程。准确的说是因为他对权力的爱,而他又不能使用这种爱的力量。因此文明的衰落的最后阶段就是得不到爱的人和不能爱的人之间的相互灭绝。

5. 宗教的下一步发展

这一讨论现在应该会帮助我们检查当前希望中的谬误,即传统的宗教,尤其是基督教,如果一旦再次俘获人类的心,将会有利于对西方文明中的意志消沉的能量进行重新引导。甚至如果当前的危机不是在世界性的范围内,没有纯粹的正统宗教,如天主教或新教、基督教或东部教会,会仅仅试图恢复它过去所占据的阵地,对人类现在面临的灾难性境地也能抵挡得住。

在任何已经存在的信仰体能够再次变得积极以前,必须要将西方文明在过去三个世纪中带给这个世界的新鲜因素吸收,也必须要使自己摆脱现在限制他权力和效用的体制形式。如果增长的攀登道路从内部引向外部,从抽象的构想引向实在的体现,更新的方法首先会朝相反的方向发展:通过脱离、分离、祛魅,最终通过全面转移对既有社会的兴趣。在这种状态时,精神显得赤裸而孤独,可能兴起为一种新的幻象,成为增长的新的中心。

为了保存传统宗教的关键动力,那么它们的追随者一定要逃离其建筑和仪式,他们必须要将他们的审慎的关注转移到财富和世俗上去:他们必须主动使自己脱离许多古代的要求蔑视理性的教条式要求,因此最终扰乱理性。当这个过程达到一定程度的时候,那些坚持他们的目标的人将会达到一种内在的核心。这时候,统一和共同行动的可能性才存在。只有从这种内在的节点,才能出现新的增长,只有通过这样去除集体性的自我,达到一种既没有白人也没有黑人,既没有男性也没有女性,既没有基督徒也没有印度教徒,既没有神智学者(Theosophist)也没有马克思主义的共产主义者的时候,才可能出现一种新的开始。

那些仍然只信仰基督教的人能够拯救我们的文明,或者更能够将现代人从其文明的失败中拯救出来,阿诺德·J. 汤因比(Arnold J. Toynbee)对此或许有最好的表达。这位令人尊重的史学家受其坚信神学的推动,只成为一个神学家,在推动对神学的结论的坚信时,一定没有顾及历史。为了达到他的目标,汤因比先生做了两件事,一个是基督教信仰是唯一真实的,耶稣是唯一采取人的形式的神;另一个是西方的文明自从中世纪的综合结束之后,就只是单调地重复着将希腊文明贬低的错误。另一套完全不同的征兆就是,他考察了同样的问题,并机械地给予了相同源头的补救办法。

至于第一个假设,既没法证明也没法否定,因为它只依赖一种信仰的行为。但是神的概念只是当人类形成当今哲学所依赖的持续性假定的矛盾时,才自我表现出来,因此我必须挑战这种说法。这种思想就像概念一样是不能论证的,即一个小的闪族部落定居在巴勒斯坦是由于受到了神的排他性的恩宠。尽管我不怀疑基督教的到来是一个单独的事件,将既有的历史力量再次聚焦,在历史学家描述的其他文明中同样也可以看到类似的转变。就像认为基督教"拯救"了希腊文明一样,佛教也拯救了印度文明,儒家也拯救了中华文明。在汤因比后来的解释中,如果这种拯救是通过以教会的形式形成超世俗的非历史的社会,那么佛教至少像伊斯兰教一样显示了同基督教类似的特征。

然而第二个假设是容易受到挑战的,理由既与汤因比的哲学相同也与反对它的观点相同。因为事实是厌世的社会的典型现象中,诸如在奥林匹亚宗教的衰微和希腊城市的衰落之后出现的,很少是实际上在中世纪的幻象解体后才出现的,绝没有相同的情况。尽管14世纪显示出整个西欧的迅速的解体,这个灾难的原因是黑死病,1400年到1900年之间也同样出现了迅速的恢复。在五百年中,人类能量的超级爆发的确发生了,它带来了对新世界的殖民,对自然力量的主宰,对新的科学景观的形成,也确立了一种方法用于创造有效的知识和控制自然力量,尤其是充分地利用纯粹动物的生命力,这导致了世界人口的飞速增长。生产和繁殖同步进行。

不管在哪里,直到20世纪初,或更准确地说,直到第一次世界大战,那些确切的事实如在整个希腊化世界从公元前5世纪末到公元前2世纪的罗马时代一直出现的收缩和堕落才发生。而且,西方的能量通过精神性创新的行为表现出来。作家和艺术家的漫长传统,在文学中从莎士比亚(Shakespeare)、塞万提斯(Cervantes)、拉伯雷(Rabelais)开始,在绘画中从丁托列托(Tintoretto)和布鲁盖尔(Breughel)开始,在科学家和哲学家中也有同样显耀的传统,从开普勒(Kepler)、维萨里(Vesalius)、伽利略(Galileo),从斯皮诺莎(Spinoza)、莱布尼茨(Leibnitz)、康德(Kant)到21世纪的人类,都不会指出文化中的滑坡趋势,只有那些站在他们头顶的人才能指出。为了将这整个进程既解释成主要是负面的,也解释成是非创造性的,正如汤因比先生试图做的那样,如果我们可以大胆地指出这个天才的、人性的人物所出现的错误,那就是他巧妙地用事实装饰了理论。

如今这种情况在许多方面都开始急剧变得更差。在半个世纪中,一系列毁灭性的变化现在能够被看到了,相当于彼特拉克(Petrarch)所记载的发生在致命的14世纪时的那样。这是以极快的速度发生的,就像癌细胞在目前看来仍似健康的身体内发展的速度一样。如今我们的确面对着许多进程的结束,汤因比的洞察此时看来是既深入又正确的。我们的同时代人在接受教育时都受到进步主义观的影响,因此他们不容易认识到这些危险,更不容易去改正它们。尽管它们最初被雅克布·布克哈特(Jacob Burckhardt)所指出,那时是在自鸣得意的维多利亚时代盛期,并在一代人之后被亨利·亚当斯(Henry Adams)再次揭示,然而它们仍然是"不可相信的"。我们的发展并不是进步主义的哲学家所宣称的那样和谐和成功,对于我们的片面和极端,我们对个人价值的否定,愚蠢地过度拔高机器的价值,不能接受生命中的神秘感,也不能为将我们的文明从尸体横陈的第五幕(Fifth Act)中拯救出来而做出牺牲,我们现在都要为此付出代价。

然而我们的文明的失败之所以发生,不是由于信仰的渗漏或能量的消失,而是由于过于依赖能源,由于热情过于强烈,由于对科学理性主义的狂热着迷,为其大量的发现和发明而自豪,以至于对危险的信号置之不顾,就像在现代化的火车上的喝醉了的机械师,没有意识到经过他协调而实现的加速也增加了自然的危险。

汤因比先生强迫自己在"现代西方文明"的较早几个世纪中试图考察的困难,只是在更晚近的时期才出现的。因为事实是,14世纪的危机在社会中激发了新的力量,在另外五个世纪中给予了生命指引和意义,探索和殖民的冒险,资本主义企业和系统发明机器的训练,对新的画家和诗人做出狄奥尼索斯(dionysian)式的回应,在各方面都用拉伯雷的神奇的高康大(Gargantua,《巨人传》中的主人公)进行象征,这些都是肯定生命的回应。如果不存在一个这样广泛地从否定生命的崇拜向世俗性拯救的转变,那么中世纪教会的解体就很可能会发展得更快,毫无疑问,它会产生更多的有毒的恶臭和副作用,它的折磨工具现在本来可以适应大规模生产的,而不是即使在天主教徒手中也让位于功利主义事业的工具。

这种堕落的基督教文明如果自生自灭的话,会是什么样子,人们或许可以从弗朗索瓦·维庸(Francois Villon)到波德莱尔(Baudelaire)再到早期的艾略特(T. S. Eliot)的作品的潜在倾向中找到答案:象征性的恶之花如果不是15世纪解放了的新的能量,本来会盛开在荒芜的土地上的。现代史学家还必须要估量18世纪以后新的工业文明的能量会有多决定性地有助于使罗马天主教会恢复活力。

如果正统的基督教在自身还保存着更新中世纪文明和使其避免后来的失败的手段,就不会失去对欧洲的控制了。如果在仍然首先被宗教束缚的危机中,教会甚至都不能保全自身,它有什么可能仅仅依靠其过去的眼光和历史上的皈依形式改造现在的名义上的基督徒,改造由非基督徒控制着的世界?基督教实际上完成的更早的转变有一种更简单的性质。最初的基督徒对于经典文化解体的答案,就只是劝说骄傲的异教徒不再理会他不再自信地拥有,或者甚至不再积极想要的东西。直到最近我们当前的文明才显示出这种消沉疲倦的少量信号。

汤因比关于轮回或再生的特殊理论没有考虑到的正是这样一个事实,即尽管曾经促使基督教成功乃至不可避免的许多不利条件再次出现,但不存在与重新整合同样的基础,形成新的基督教核心不管在所有时代有多积极,现在就只有其最初数量的一小部分了。最初是古典社会中的初生物,基督教现在就只是靠其自身继续存在着,它的复原会重新产生汤因比在所有其他宗教中抛弃的过时的痼疾。

生存就其本质而言,缺乏变动的动态力量。曾经基督教是真正地指向未来,如今它却指向将过去变得永远固定下来,这个过去除了成为木乃伊的形式,是无法持续存在下去的。当基督教的关键真理必须要进行一次新的概括时,这也适用于其他宗教和哲学。为了将基督教教义毫无条件的接受体现在任何一个历史上的教堂中,就要否定开始出现的神性的核心思想,因为正如维多利亚时代的诗人所唱的那样:"上帝用多种方式执

116

行命令,以防一个好习惯腐化了世界。"

在这个问题上,我觉得乔西亚·莱斯(Josiah Royce)的分析要比汤因比的好,很久以前莱斯就提到了我们当前困境的要害。1913 年莱斯在讨论《基督教诸问题》(The Problems of Christianity)时说道:"宗教的任务就是要在地球上创建爱的社群,宗教未来的任务是创造和应用艺术,使人们团结起来,用宽宏的爱来克服他们最初的恨,不仅仅是个人之间的,还有社群之间的。如今这些艺术还有待于进一步发现。判断每一种社会策略,每一种计划的改革,每一种国家的和地方的事业,需要这样一种测试:这种帮助是否为了普世的社群的到来? 如果你有一个教会,用这道标准检验你的教会;如果你的教会不能完全符合这道标准,就帮助你的教会进行相应的改革。"这就将问题变得简单了,也适用于我们所有的体制。我们不能在所谓的联合国之间实现统一,除非我们在人类活动的每个层次上都借助统一,并为了统一而努力。

通过适度的扩展,我们必须将莱斯的洞察应用到所有其他的宗教形式中去,自然包括马克思关于辩证唯物论的福音。当前天主教没有表现出足够的天主教,普世主义也没有表现出足够的普世主义,从而在精神中加入分裂的国家,并且使我们必须要达到的目标:一个世界成为可能。

这或许解释了为何大多数普世的宗教准则,如巴哈派宗教(Bahai)的创始人巴哈乌拉(Baha-'ullah)的宗教准则,至今没有盛行。在一个世纪中的大部分时间里,巴哈派的拥护者们都宣扬人类的统一和世界秩序的需要:他们的高贵的理想、及时的推销、普遍的强制,都代表了人类最好的希望。但是不管他的目标有多开明,比一位先知和一个宗教更多的并不是这种情况需要的,也不是仅仅理性的劝说就能带来关键的皈依。当整体的变化出现时,它就会迅速从一群中心处扩散开去,它将会激发起一种共同目标的宗教感,并且即使在并不被承认属于宗教的生命领域中结束。为了准备好那样一个合适的时机,每种宗教、每种世俗的哲学、每种正在运行着的体制,都必须扩宽和加深其自己的普世主义倾向。

或许绝非偶然,我们必须转向印度教的思想家,而不是基督教的思想家,去寻求对这种新的普世主义的明确陈述。我在柯沙布·笈多·森(Keshab Chandra Sen)的一段话中发现了它:

    "我相信在普世教会中,所有古代的智慧和现代科学的都贮藏于此,它承认在所有的先知和圣人心中都有一个和谐,在所有的经文中都有统一,通过所有的分配而有延续性,它发誓弃绝所有的分裂、分离,并永远赞美统一与和平,它调和理性与信仰,瑜伽与巴克提(bhakti,信奉一个神的宗教虔诚),禁欲主义与社会责任……它将在充分的时间里,使所有的民族和宗派变成一个王国和一个家庭。"在这种精神中,也只有在这种精神中,经典宗教才能重生,只有这样所有的民族、家族和人们才能使用《启示录》(Apocalypse)中的话语,相互之间达到对话的距离。

6. 普世的承诺

那些寻求发生一种变化的人,沿着佛教、基督教、伊斯兰教发展的方向,向我们时代的独特事件应用一种思考模式,这过于看重了传统的和重复的,不顾创造一种新行为的可能性。但是使其可能解救罗马世界的变化需要一千年才能达到极致。我们知道,通过全面滥用科学力量,我们的星球的有活力的地方可能被消除了,我们的星球本身也变得不适宜生命,除非改变现代人状况和他的行动的方向的变化在更短的时期内发生,按照人们估计的历史时间,这几乎就发生在一瞬间。

不管佛陀或耶稣的例子有多有效,我们不能通过一个简单的过程将我们的信仰更新,或者更进一步,尽管这个过程本身可能相似,它所起作用的时间一定要被缩短。这是怎么发生的? 不是通过寻找某个转变媒介,而是要在社会各行各业以及每个国家中寻找数以百万的转变媒介。这个民主的转变影响深远,取代了那些集中的和集权的形象,这些在我们当前的虚无主义中要么是知识分子的,要么就是暴君的。

我们要承认:这样一个变化在过去还从未发生过。但是现在造成这种变化必然发生的条件也从未存在过,造成威胁的灾难的程度可以看出转型的程度,如果要控制它也是有必要的。但是没有有利的历史先例的事实,对于这里所提出的哲学而言,并不是一个不可逾越的障碍,关于人类的本性和命运我们还未有任何有价值的了解,除非我们认识到人类以比物理世界更高的程度掌握持续创造的可能性。幸亏我们的体制和机器所采取的这种形式,有我们的多样的交流方式,百万种思想现在意识到人类的困境,也认识到威胁所有生命的危险,如果他们今天不充分惊醒的话,那么明天他们就要被迫奋起行动了。

这个事实或许使态度的改变成为可能,也会改变目的,在他们达到他们不再能控制的关键点之前停止解体的过程。尽管没有一种思想能够将其自己更新的动力传授给如今被偏执妄想所严重威胁的世界,这个世界也不能促进爱,许多思想的整体快速发展可能恢复了集体的平衡。如果十个人里有一个今天充分觉醒了,充分能够成为更高的智识和道德中心,我们已经推动开始了的致命的进程可能就会被遏制住,并为其设定一个新的方向。

在这种可能性下,人类的安全和救赎如今似乎悬而未决。过去的单个的弥赛亚的任务,如今平均分配到所有人身上,同样还有牺牲的重任。第欧根尼(Diogenes)不需要跑到大街上打着灯笼寻找一个诚实的人,施洗约翰(John the Baptist)也不需要对其他人行使初步的清洗和赦罪,而只要等待着真正的先知的到来。这些都是另一个时代的形象和期待。如今我们中所有人都必须将灯笼的光亮转向自己,而且当他留在自己的岗位上做着每天必须要做的工作时,他一定将所有的习惯、行为和责任都转向一个新的渠道,即那种将会带来团结和爱的。除非我们所有人都将这种义务变成个人的义务,才可能带来迅速的变化。

但是所有这些都超过了历史的先例和可能吗? 就算如此。这是一个不可能的梦吗? 不。我们为何应该准备好迎接奇迹,诸如对事物和能量的转变,出自物理世界却不被我们承认可能同样从主观世界极端地分离,本身就是我们对物理现象把握的来源呢? 所有对动物性的懒散和惰性的挑战都源于梦,除非做梦者对它留心、与它交流,发展起理性的途径使其变得完善,否则每个梦都是"不可能的",而且要当梦作为一种早期的推动和刺激进入意识时,它一开始只是一种模糊的形状,逐渐将自己变成新的实在,诸如阿旃陀(Ajanta)石窟的壁画,《神曲》(Divene Comedy),玛雅人(Mayas)和阿兹特克人(Aztecs)的金字塔,诸如生活在司法和法律之下的承载着符号的城市。只有一件事物是需要的,那就是梦里的信念本身,因为做梦的能力就是实现梦的首要条件。哪个更好呢? 陷入噩梦? 即同样进行自我编织,尽管我们对这种病理过程中有关自己的那部分,即关于灭绝、火葬、宇宙死亡视而不见。还是梦见替代性的过程,用一种新的生命计划将支持单个的人和广泛的种族? 这种梦的自我欺骗比噩梦的灰暗现实更好。

当所有土地上和文化中的足够多的男人和女人自己背上重负时,一个新的时代就开始了,这个重负是人类曾经试图转移给皇帝、弥赛亚、独裁者、某个像神的人的。这就是民主的最终教训,即重负是不能被转移的。但是如果我们所有人都尽最大可能地为了生存而接受这种绝望的条件,那么对于人类的进一步发展似乎构成威胁的东西就会被改造成充满活力的机会。

第五章　人类发展的基础

1. 人类渴望形成

进步和进化的准则都提供给人类特定的有价值的洞察力,这是在大多数传统的道德系统中缺失的,尤其是认为没有稳定的道德体系会对人类发展尚未成型的可能性进行评价的想法。曾经被视作价值和目标的最终揭露,如今变成有限的、暂时的、本地的、相对的,以及历史事件的结果,这还有待于更多经验的改正和发挥。柏拉图的理想国(Plato's Republic)该退出了。

但是教条也不能为现代人提供所需的材料达到更加充分的道德,因为人们必须在道德感中的话语进步产生意义之前,首先形成一种对于善的有效评价。如果没有一种目标的概念,没有一种完美的形象,那么生物性的进化即使当适应人类的特殊本性和需要时,也不过就是意味着更加复杂的有机体形式在持续的时间序列中的发展。在特定的时候保证这些形式仍然是无意义的,或者至少是在道德上中立的,除非设定一些更高的目标。

如今人类不只是未完成的动物,还是制造自我的动物。其他的有机体通过纯粹的方式所做的,在其自己的体内的结构中或通过这种结构实现的,人类会通过超有机体的方式来做,有时是用一生,或者至少需要几个世纪才能实现。人类通过自己的文化,不断改造自己,重塑自己的职责,并且影响着自己的环境。这种对形成的希望本身就是人类的优秀特点之一。人类就像是一个知道如何改变自己身上斑点的金钱豹,或者也可以说,他发现了一个秘密,可以随心所欲地变成捕鱼的人、猎鸟的人,或者鼹鼠人(moleman,被塑造的科幻形象),甚至成为天使人或魔鬼人,尽管天使和魔鬼在自然中是不存在的,就像是大型爬行动物占据统治地位的时代里也不存在热血动物一样。

人类没有自然地看待生命,并安静地使自己适应外部环境,他在生命中的每个时刻都不断地进行着评价、区别、选择、改革和改造,而且这在整个人类历史中都是如此的。

通过有意识的选择，人类越来越将自己的意志强加到自然上，尤其是强加到自然的最终成果上，即他自己。"选择就是创造！"人类心中这种选择的目标就是他自己的更加充分的和进一步的发展。人类没有哪个自然史能够在其有价值的地方遗漏而不发生严重的变形和错误。任何想要忽略价值观的科学的人类学，就像处于无力的科学以外，或者不顾价值观而将其视作与文化紧密相关和自我封闭，都一定缺乏能力描述人类发展的进程，因为它没有一种标准在它最重要的领域将抑制与进步区分开来。

毫无疑问，估测和评价的简单模式远在人类的水平之下才开始的。每种生物必须要将食物与毒药区分开来，将安全与危险区分开来，将朋友与敌人区分开来，即使是如H. S. 詹宁斯(H. S. Jennings)对低级的阿米巴虫(amoeba)的行为的描述，它似乎知道自己想要什么。对价值的判断先于对事实的判断，而且没有哪个对事实的判断能够躲过价值，因为即使是想要中立或无感情，这本身也是一种对人类价值的表达。宣扬自然中不存在价值的科学模式本身是人类对机器秩序过度评价的产物，以及他对那些基本的事实的特别尊重，后者被很好地建立在非个人的基础之上。

人类表面上能够制造出一种臭名昭著的知识性错误，却不需承受其太严重的后果。的确，直到人类尝试形成一幅连贯的世界图景，才觉得重要的是，他自己未被纠正的幻想扭曲或者彻底抹去了许多潜在的客观事实。另一方面，善的和恶的知识正是人类存在的基础。人类的正面知识不管有多贫乏，他都必须不断将正面价值或负面价值附加到每个事件上，从而使其自己的人生朝着发展的方向进行。即使在成为更新的条件之前，了解正确与错误、善与恶之间的差异也是生存的基础。在这个领域，任何严重的错误评价都会导致严重的后果。

123 在人类发现自我的社会和文化中，人类自然在很早以前就做出了大多数的评价和选择。重要的是，伦理和道德从字面的源头讲是与惯例和习惯一致的，而且稳定的社会惯例由于是有秩序的和可预测的行为的基础，对所有更高级的发展形式而言都是根本的。由于我们可以将习惯升华到自由，因此我们必须堕落到它们之下而成为任意滥用。如果每一代人都必须要靠自己发现什么是善的，那么生命将会是漫长、浮躁的、令人气馁的混乱。这就是为什么一种纯粹的试验性的伦理一般而言会导致灾难，在某段单独的生命中遇到的情况下它会时时解决问题。(如果曾经对这个评价有疑问，那么上两代人的经验就立即证实了其真实性)但是即使当人类的行为是基于完整的传统并受到理性的进一步指引，正常的选择并不是自动的或没有瑕疵的，也没有任何保证说好的意图将会产生好的结果。即使当价值被很好地确立起来，并被广泛地吸收理解时，它们必须在每个特定的例子中仍然被视为适用于个别情况，从而被执行。习惯的、传统的、保守的道德对于适当地指导生活是必要的起点,但是它们本身也没有保证人类的发展。

这种限制的原因应当很清楚。当人类的生活超过对身体安全的最初关心时,善与恶的本质就变得不那么明显了。在生命的所有更高级的表达中,需要更高的智慧、敏感性和理解力以有助于区分,也需要更多的警觉以认清形势介入或离开规定的标准。发展的水平越高,自由的空间就越宽,但是不正当的欲望和坏的选择的后果也就越严重。从饮食到穿戴,从性行为到宗教仪式,几乎没有一个人类生活的时期不显示出从好的选择的退步,堕落有时会从演进的阶梯上下降得飞快。从物品稳定和常规化的部落社会,过渡到物品依赖于再评估以及新的选择成为可能的开放社会,是人类发展的关键一步。因为一种完美的本能模式经常会被半成熟的智力所摧毁,这是在任何值得取代它的东西被获得很久以前。萧伯纳(Bernard Shaw)的作品《调情者》(The Philanderers)或《结婚》(Getting Married)中的自信的攻击传统观念的人对性、爱和家庭了解得非常少,远远不如子女众多的维多利亚夫妇,他们反对他的循规蹈矩的家里供奉的神灵。

人类不断地重新塑造自己,他的社群和环境不会导致任何的最终失衡状态,即使自我完善的观念也意味着将自我进一步投射到立即可以达到的程度以外,只有死亡能够终结增长、危机和超越的动力。它可以这样做固然很吸引人,但一定不能将善与社会能接受的东西混淆,或与将自我调整推进到群体或社群的东西混淆。实用主义者与集权主义者都犯了这个极端的错误。他们坚持依照与一个外在模式,不管是被权威还是被机械仪器所强加,他们证明是对有主观的和内在的起源的创新性过程持有敌对态度。

有时候个人的持续成长需要忍受不适应,有时候会伴随着完全脱离社群,并要求准备好遭遇其成员的敌意。圣人和烈士在施加其独特的影响时是了解这些时候的,确实,每个创新者和发明者即使是在更加一般的水平上,也必须经常忍受其在拒绝和贫穷方面的不一致所遭受的惩罚。没有这种对立和紧张,没有这样孤独的挑战,群体的压力就会遏制所有的成长。在某种程度上,不一致也是人类发展的必要条件,这也是为什么西欧产生了大量新教徒的时代也是世界已知的最具创造力和成果最丰硕的时代之一。

将伦理中心从个人转向群体的努力忽视了它们的实际关系。群体塑造了个人,给予他在其社群中的职责,提供给他一个需要扮演的角色,使其有可能成为社会人。但是个人吸收和获取了社群给予的,反而会利用分离给予群体用个人拥有的那种自由去行动的可能性。最终,个人必须在发展的道路上接纳群体,或者就会由于缺少支持而丧生。国家主义(nationalism)不幸地误读了个人与群体之间的这种互动关系,从费希特开始,国家主义的哲学家们就认为国家囊括了所有可能的善,它错误地将善等同于部落的、习惯的、亲戚朋友的传统的生活,而将不善或恶等同于外来者、外国人、蛮族。"血与土"(Blut und Boden)、"神圣的利己"(Sacro Egoismo)、"美国式的生活方式"因而成为神奇的神性,对它们的崇拜激发了国家主义,对其自身的美德带有虚假的感觉,之所以称作虚假是因为所有其他的社群都有一套相似的部落神祇和一种自证的意识形态,对于人类的团结和合作意义重大。

在对一套整体的社会伦理理论的即使有些更加单纯的形式中,将个人与群体等同起来也忽视了对于互惠发展有关键作用的条件,这就是坚持实际的和潜在的之间、已达到的善和可能的善之间的矛盾。使善与群体模式保持一致要以尚未建立的和谐和一致的名义消除这种矛盾。国家主义远远没有将过去三个世纪中已经丢失的个人价值恢复,它通过幼稚的和复杂的形式,不论是民主的还是集权的,都要努力恢复关于身份和一致的过时了的部落模式。创建这样一种有限的人种的引擎在今天比在过去更加有力,因为心理学实验室、宣传机器、学校如今都受到惩治性的集中营和刑讯室的恐怖的再次强迫。这个过程的最终结果就是被不止一个的有想象力的作家所预示,从恰佩克(Capek)到扎米亚京(Zamiatin),或许没有比乔治·奥威尔(George Orwell)的现实主义的噩梦《1984》更恐怖的了。它完全就相当于对人类的毁灭。

2. 需要与价值

生命时所有人类的善,甚至那些超越了它的东西的来源。为了促进生命,选择更高的生命形式,为生命的发展设定更大的目标,这就是宏伟的人类命运。我们所有的特别的义务和责任就像市民和工人一样,与更高的义务和责任相连。为了更好地促进生命,在很长一段时期内,人类的短期目标从长远看必须适应更大组织的和宇宙的目标,就像他能够发现和解释的那样。人类作为一个物种,有变得明智这样一个道德责任,也有智力的责任将其自身的道德和伦理发展继续向前推进。

人类自身的需要和职责有很多且多样,将他们与其纯粹的动物同类区别开来的,是他们致力于更宏大的发挥程度,因为他们依靠感情、感觉、想象,关于这些的表达欺骗甚至有时掩盖了它们所服务的有组织的目标。最初仅仅作为物理需要的被发挥变成了仪式,在组成性的思想和目标的压力下,可能升华为一种戏剧性的行为。举个简单的例子,即对食物的需要,这与所有动物都相同。如果人类的这个需要在本能的水平上停止了,就会像更加迫切的需要如对空气和水的需要一样持续下去,这过于专横而没法成为价值的一个来源。但是需要食物的表达并不限于消化器官,它还唤醒了涉及整个有机体的行动和兴趣。为了获得食物并使其变得适宜食用，人类使用一百种精巧的方式狩猎和种植、准备和保存，其他动物不管有多少样，都不会达到这种水平。通过对有机体全部干涉而扩展，最初的需要一旦能够根据最粗略的条件被满足的话，就被改造成一系列社会和个人行为。最终，审美的愉悦和味觉的兴奋，好客与友好交流，甚至宗教仪式都要去获得食物和消费食物。这种对贪欲的调和和对需要的粉饰，"对原初事实的改造"，简言之，即对人类总体本性的干涉标志着他的大部分的价值。

尽管对于人类而言，食物的价值起源于其没有保持下来的生理结构。甚至导致极度饥饿的绝对的和不可忍受的刺激可以被文化上的禁忌所遏制，就像穆斯林对猪肉一样。同样，喂养婴儿时不带有好的交流和爱，那就像旧式的孤儿养育一样，婴儿可能有抵制性，或者不能享受到原本很丰盛的餐饮。只有被与其功能毫无直接关系的态度和情感重新强制时，消化的过程才会很好。正如思维本身可能部分地解释为行动的冲动，这导致了对整个情形和更加充分的回答的更广泛的讨论，因而价值可能被描述成一种需要，它找到了通过迂回进行表现的方式，将有机体的其他功能带到里面来，并且使机会与社会其他成员达到更广泛的共享。有机体的需要推动了系统性的表现，人类在满足其需要的行为中使他们变得更加有趣。

我们适宜地称之为生命中的价值的东西，正是对需要、兴趣、感情、方向和目标的这种有机的混合，对一种需要的物理的或生理的影响只是其表现的一小部分。然后随之而来的是一套生命计划，只是被发现在原始的人类需要中，却没有价值中的任何进一步的繁盛，它必须保持在准人类(sub-human)的水平上。对于一个在理论上或在实际中被剥除了消耗许多食物卡路里的生命，动用特定数量的劳动工时，达到特定程度的兴奋，是不能包括在饮食中、工作中、交配中使社会和个人达到的满足的。即使最初级的文化在最低的生存水平上对其成员也做的比这个更多。

最近对于价值的讨论最好的或许是爱德华·L. 桑代克(Dr Edward L. Thorndyke)在《人性与社会》(Human Nature and Society)中所做的讨论。这部敏锐的著作非常精彩，因为它出自一个心理学家之手，试图用其一生在心理学中创立纯粹量化的方法，而不涉及价值。但即使是他，也表现出倾向于将价值定义为本身的善。因此桑代克通过例证的方法说"阳光总体上而言比墨汁般的黑夜更好"，奇怪地忽略了睡眠所必需的条件，或者是认为笑比哭好，忽视了一个事实，即悲伤使笑更加痛苦，而且当一个人遇到悲伤的情况时，通过眼泪和痛苦的声音来表达的能力就将其遏制住了，即使是在健康状况最差的时候。(注意到强忍住泪水和在现代文明中抛弃传统的悲伤仪式主要通过不再关注死亡，本身导致了对价值的腐蚀)

127

　　除了人类的目标和需要以外不存在内在的事物,只有在与他有关时,一些事物才变得绝对。正如埃曼纽埃尔·康德(Immanuel Kant)评价的那样,唯一的无条件的事物就是向善的心。从自然状况中出现了为了生存的价值,它们帮助在它们周围的沙漠以外夸大满足和充实的过程。可以想见我们所有的希望都能够直接在一个按钮的世界里被满足,只是为了我们的方便的需要。但是这样的生命会比初期时还空虚,因为它缺乏人类成长的特殊条件,即在满足我们需要的过程中我们应当也通过有用的后门进入到美丽与重要的领域。

　　如今,在所有发展着的文化中,人类都进入到一个树立起价值的世界,这里所有本能的需要都被扩展,还部分地被一种社会形式所隐藏,正如赤裸的身体很快就覆盖上了装饰或衣服。价值的产生和保存是人类存在的主要关注之一,都是人类所做的,并且都依赖于其对这个过程的参与。因而桑代克正确地重述,如果人们将价值划分成从极好到极坏,只有一小部分人们所做的和支配的事物有中立的性质,它们或者促进生命,或者阻碍生命。桑代克说,"对于单个的人和总体的人的价值也许是无限小的,对大多数或几乎所有的条件下,对于许多人或所有人而言,它在善与恶之间接近一个中立点或零。它因此很少费心去考虑价值的问题,如将在大海中清洗一个污点或从大海中捞取作为零。但是最起码的程度上既不坏也不好的事情的数量,比起普通的想法所预测的要小得多。"……这些自然史的事实很重要,要牢记脑中,伦理就依赖于它们。

　　生命是一种选择性的过程,这也是所有的增长的条件之一。尽管有机体有时被描绘成一种过滤器或一种膜,这些形象几乎不会比中立的空白纸表格对其行动做更多的判断,洛克(Locke)错误地认为环境将其确定的印记留在了后者上面。由于事实是所有有机体作为努力向前发展的生物,即使它们的最消极的反应也仍然由其生命的有机计划中出现的总体目标所决定,它们积极地发展到一种善,并拒绝了其他的。有机体做出的一些选择已经根深蒂固地存在于其行为中,以至于它即使在压力之下甚至也不能受到失败的威胁,改变其构成,它必须坚持自己物种的善,这些善使其生活方式变得荣耀,并允许它及时地发展成合适的形状。

　　许多这些努力都长久以来就有,并与其他的物种相互协调,以至于对于有机体而言不可能改变其想法。尽管面对着缺乏草而造成的饥饿,羊并不会变成掠夺性的动物,靠兔子和老鼠为生,它们的牙齿结构保证其不会挑战自己作为羊的本性。相对而言,人类生活在一种无限多样的环境中,通过各种创造和适应,他的选择也是多样的。人类是一种相对的不受约束的动物。与其他动物相比,人类的方式是不稳定的、动态的,充满无限的潜力,能够在解决同样的问题时想出不止一种的答案,因此对他而言选择的任务也成为主要的任务。

的确，人类发展得越高级，他的反应就越固定，选择的范围就越广，同样，他所面临的变化、不适应的可能性就越大，这些都是更有限的动物所逃避的。战争的制度就是大规模的变化。从根源上，它可能源于在有限的区域争夺有限的食物供给，而且这个行为可能超越了其本质限度，因为它致力于仪式式的做法，缩小了期限，对最初的加入者而言是一种刺激的游戏。随着文明的进展，战争变成了集体的戏剧，不是被动物性的需要或可触及的经济收益证实，而是被对思想的表达和一种奇特的人类种类的目标而证实，那是非理性的，但也是必须的。因此在现代，对价值的这种巨大的否定获得了能量，并消耗能量，这些能量本来应当注入城市的文化和人类的发展的。

在估计价值以促进其增长时，文明化了的人类只是进一步发展了在有机体发展更低的水平上成形的习惯。不正常的和致命的就是没有价值标准和没有估值的方法。当大卫·休谟(David Hume)将价值降低成任何一种有用的推动力时，他迈出了朝向虚无主义的知识分子的第一步，正是这个威胁吞噬我们的时代。如今，不幸的是，非常多的人显示出估值障碍，不仅仅是苏维埃的人民委员，还有被任命的民主领导，这种情况类似"阅读障碍"，这是教师有时会在儿童身上发现的。这种儿童通常有正常的器官和正常的智力，但是他们从未出现思想的发展，能够用一组字母拼成一个名字、一种声音，最终形成一种意义，当被作为单个的视觉因素对待时，他们就缺乏这种能力。有估值障碍的人能够通过所有的智力运算，他们能够正确地从前提论证到结论，但是他们不能将正面的和负面的价值附着在其行动上，因此，从他们自己的立场上，不能做出邪恶的事。他们将恶这个概念只保留给反对他们的冲动和阻碍他们的最初计划的人类行为或条件。

这样的道德上的愚蠢行为有时候是直接的，有时候是有掩饰的，都是解体中的文明对其自身的无目标性的典型反应，如第欧根尼将人的生命总体上降低到狗的生命的水准，或者如温和的金赛博士(Dr Kinsey)将人的性需求降低至无价值的共同的特征，与不相关的动物品种相似。这种贬值最臭名远扬的例子就是在第二次世界大战中由民主派所采取的法西斯行为，从空中用炸弹、燃烧弹和原子裂变进行任意的灭绝。这种道德上的贬低在美国接着出现，1945年以后大量集中在大屠杀武器上，从原子弹到更加模糊和不易控制的生化武器，作为廉价的战争替代品。为了一个军事错误和一个道德原罪，许多无辜的美国人可能失去了他们的生命……但是如果不是在第二次世界大战期间，就是在1945年以后，针对诸如此类的反人类目标本应当出现的道德上的抵制去哪里了呢？从道德变坏到极端疯狂，仅有一步之遥。能够犯这样致命的错误的，只有到处都根

129

130

除了现存的善恶感的文明才可以。

3. 用于目标的案例

"什么是生命的善?"当身体的欲望提供其自己的答案时,这个问题确实不能使人变得健康和富有。于是每种小善似乎可以证明仅仅作为存在的总体的善,使这种存在延长就可以带来回报。但是我们知道这个问题就像绝望的痛哭一样迸发,当文明失去控制能力时,就大规模地发生了。这时其日常活动不能自我支撑和自我回报,每种努力都遇到挫折,每个计划都不顺利,每次新的转折也都似乎使人们距离其目标更远。我们现在正处于这些令人气馁的混乱时代之中,在这些时刻为了令人满意地回答这个问题,既需要历史的视角也需要宇宙的视角。

"对生命的充分使用就是用它来做一些比它更长久的事情。"忽视了人和社群的这个更广阔的命运的道德行为准则就只有一种临时替代性的价值。尽管区分的习惯存在于人类水准以下,有意识的参与感和一个持续的、包括所有一切的目标就完全是属于人类的,或许人类对它的实现首先通过占星术式(Chaldean)的信仰,人的生命通过某种方式被用固定的必要性被绑定在行星的运行轨道上。许多个世纪过去之后,人类才发现用于目标的事实,不是通过星相联系,而是通过活着的有机体的结构和功能,这与它们的环境和它们通过时间展现的存在有关。

如今以最普通的形式存在的指挥性的目标感已经被附加到一种关于神意启示的理论上。过去三个世纪中在对理论的普遍反对中,目标的概念本身已经因此而消失了,科学唯物主义并不是寻找一个有目标的世界,而是宣称只发现一个盲目随机的世界。结果,许多人仍然习惯忽视大量的事实,都是有利于达尔文(Darwin)时代以来就积累起来的目标。最严格和最严谨的生物化学家之一劳伦斯·亨德尔森(Lawrence J. Henderson)甚至通过对物理世界的特性的分析展示,这个星球上的化学要素的构成与其特定的特性一道会在最终的生命中显示目标。当整个自然中出现意外事件,数据的秩序大规模地控制着物理世界时,生命的所有表现都证明着持续的和扩大的目标,这个目标开始使人出现意识。

斯皮诺莎(Spinoza)在其《伦理学》(Ethics)中忽略了宇宙目标或目的论的说法,他说道:"自然没有可以看得到的固定的目标,而且……所有最终的目的都只是人类虚构出来的。"在过去三个世纪中,这种态度在研究自然的人们心中是根深蒂固的;但是尽管如此,斯皮诺莎的忽略不仅仅只是一点似是而非,因为没有固定的目标和根本没有目标之间存在着巨大的差别。说一个人在一开始就没有安排好严格预先设定的道路,并不等于他没有暂时的目标。

斯皮诺莎做出这一判断的时候,确实有他选择这一立场的基础。因为学术上对最终目标的信仰(有目的的过程和最终的目标)导致努力从假设的神的本质那里减少所有的存在形式。学者们受到这样的教条信念的鼓励,避免对因和果的详细追询,并忽略了具体的观察。他们会假设行星的运行轨迹是圆形的,因为圆形被认为比任何其他的形状都更完美。他们或者将自然的每一步进化归因于天意,对其方式和途径并不好奇,而是想当然地认为世界是由人类的独特视角从一开始就设计出来的。在这种简陋的形式中,最终目标的教条对思想产生禁锢,在它能够被更加充分地重新叙述之前,毫无疑问地需要被彻底地抛弃。

两代人以前,一个法国哲学家保罗·雅内(Paul Janet)对自然的目标和结果初步地尝试建立一套更全面的理论,他的论述或许太不成熟,从而没法发挥应该有的影响。这个尝试现在一定要被进一步发展,从而弄清楚许多科学中都显示的因果问题的探寻,特别是生物学。重新叙述目的论教条的最简单的方式或许就是,对当前的系统改变可能同样被未来和过去所决定,因果论通过与目标联系在一起而在系统中准确地起着作用。在人类的层次上,希望、期待、计划和设计改变了过去的事件的影响,并通过一些方式推动它们的进一步改造。这并不是说结果就被完全预定或确定了,甚至还表现出原始的样式,也不是说对自然的目标的承认就使人脱离机械过程的影响,或者使观察者不需要再详细地观察原因和结果。目的论并不是让机械论的解释变得不再有必要,而是正好相反,使其变得更加重要。

虚构的意义上说,可以认为自然根据计划起着作用,但是,就像建筑的系统工作一样,计划可能就在建筑的过程当中被修正。因此对自然的目的进行过于特定的或过于全面的解读会有迷惑性,就像认为自然完全缺失这些目的。当人们构想最终目标时,不会像雅内指出的那样,必须考虑一种被隐藏了的力量或者亚里士多德式的实体形式(Aristotelian entelechy),不需要实在的媒介就可以起作用。这是科学家们所树立起来的稻草人,试图可以不需承认目的论,因为这个木偶很容易就能被毁坏掉。雅内继续说道:"谈论结果的人同时也谈论途径,就是指一种适合产生出这样的效果的原因。发现这种原因绝不是为了毁灭结果的理想。"

雅内对这个问题的所有探讨在我看来是非常恰当的,由于他的书现在已经得不到了,因此我引用了一整段话:"我们将目的(end)这个名字给予一系列现象的最后一个,是关于所有其他的现象都协调整合的。现象和行为的这种协调整合是被通过最简单的方式向我们解释的，是建立在对目的的早起的理念推测的基础之上的。我对此非常了解，譬如，如果我没有事先有一个房子的概念，就不能协调建造一个房子所需的有联系的所有现象。我清楚地知道自己从未能够成功地通过从词典中任意挑选词语组成句子，我知道自己从未成功地通过任意按钢琴的键盘进行作曲……我知道不事先形成整体的观念就不能从整体上协调事情的要素。一言以蔽之，我知道每个归纳、每种艺术都设定了一个特定的目的、一个特定的结尾，或者正如我们对自己的表达那样，通过未来对当今设定了一个特定的决定。"

这个问题被 19 世纪的主要思想家们所避开，自由放任（laissez faire）的理论神奇地给盲目的希望安排了一个理性的天意的角色，给予累积的机遇一个功能性设计的影响，将其从商业世界转移到自然世界中去。执事长帕莱（Paley）有一个关于永恒的钟表制造者的概念，认为它设计并给宇宙上紧了发条，当时流行的思想一般都抵制这种思想，也否认钟表通过自己的结构表现出告知时间的意图，对他们而言，钟表制造者和计时员可能都被钟表所掩藏，无法与其区分。对于神秘主义这种奇怪的形式而言不幸的是，它将自己誉为讲究实际的，目的论的事实在整个有机的世界中都是很明显的。这些事实不能够不经思考就以适应的机制进行解释。那是一种语义上的矛盾。一种机制是为何而成为产生事先决定了的结果的一种特殊的发明？简言之，这是目的论的一个很明显的例子。

这个不可靠的逻辑的替代物是使机会本身成为一种起作用的实体形式，这个角色是达尔文（Darwin）实际上给予它的，是在他抛弃了拉马克的学说（Lamarckian），以物竞天择（Natural Selection）作为掩饰的。有机体的变化可能会及时导致物种的彻底转变，机会不只是对此起作用，它也对协同适应起作用，就像在丝兰（yucca）植物同丝兰蛾之间，在"环境"中都同样的积极、同样的明显。同样，机会大概有助于朝着单一的方向进行累积式的改变，因为在许多小事例中，小的变化不会导致增加幸存者的期望，除非出现了整体的变化，就是说，除非达到了指定的协作。

简言之，抵制了奇迹的时代给予机会一系列有目的的转变，在数据的可能性本身的教义上，相当地自相矛盾，就像任何的特别的超自然介入。而且不幸的是，过去一个世纪中我们的伦理生活被庸俗的假设所破坏，这个神奇的但又无目标的自然体系对应着现实世界。这个结论是没有根据的。

人们一定不会认为，有利于最终目标的论证没有结束吗？恰恰相反，只是在现在，因为我们拥有足够的数据，是通过对无数生物的和社会的现象进行的详细观察得出的，置于为了最终目标的整个论证,即为了充斥整个生命的目的论,能够被自信地再度开启了。一旦我们通过处理自然而越过这个障碍,我们将轻易地将目的和"生活计划"这些概念应用于人类。

4. 设计的本质

认为生命本质上是寻求目标的和有指向的,以及认为人类的生活越来越有意识和有目标感,并不是描述这种目标的本质,只是给了大致的勾勒,或者以很小的确定性预言生命的最终目标。在这一点上,宣称给予解释的人,哪怕是给予一个解释的体系,也不仅仅只是缺乏谦逊,他只是表示他并没有考虑问题本身的维度。以类推的方式,我们可以推论一种宏大的设计已经涵盖了所有的小设计,我们可以追溯它们的模式,但是那种广泛的统一一定要由信仰来承担。

事实是,某些更接近的目标并没有被敏锐的分析或深刻的直觉所完全遮蔽。历史提供给我们有启发性的相似物。在飞机和汽车发明的六个世纪以前,僧侣罗杰·培根(Roger Bacon)就预言了这些机械发明物,他通过对自身运转过程的了解能够预言"接下来发展的人"。格兰维尔(Glanvill)在 17 世纪预言了远距离无需可见的物质就能够通讯的可能性。哪里有设计,哪里就会有能够给出足够线索产生整体的片段。

但是由于生命并不是一个环形的过程,并不是注定有反复无尽的循环,向更高阶段的每一次进步都随之带来意想不到的和不可预知的要素。即使脱离了这种循环,许多目标事实上也不能够被实现,只有当它们事实上全都出现了才能够实现许多被隐藏的目标。"欺骗先知"(cheat the prophet)的游戏,正如切斯特顿(Chesterton)在《诺丁山的拿破仑》(The Napoleon of Notting Hill)中所称的那样,毫无疑问与预言一样古老。甚至自然都似乎想要改变其思想:为有袋的哺乳动物创造了一种无痛的生育办法,它任意地将这种有价值的创造扔到垃圾堆,致力于打造仍被有胎盘的哺乳动物所使用的笨拙的、疼痛的方式,由于人有宽阔的头盖骨,因此在分娩时会对生命有很大的困难和危险。

显然,自然并没有留下蓝图,显示出其目标和最终意图。这个过程从其出现在宇宙中的目标和设计来说似乎正是突然出现的奇迹的对立物,在《创世纪》(Book of Genesis)中,上帝将数个世纪的工作压缩在六天当中,并且迅速地创造了人类,作为其最后一件工作。如果人类本身是自然最初就打算好了的结果,要通过漫长曲折的道路才能实现这个结果,这似乎显得荒谬,最起码是完全不适当的。正如我所指出的,要解决这个难题,就要遵循崛起的教条,这个过程不仅被其结果所改变,当它们到达发展的某个点时,还表现出意想不到的特征,超越了它们更早的状态的限制。正如一件艺术品在被创造时,艺术家的目的和他所使用的方式之间有相互的关联,因此,最终的结果不管在一开始时被多么确定地构思好,通常会带来大量的惊奇。但是在人们能足够地使事件被"出乎意料地"脱离这种模式以前,设计是需要的,在一个被偶然性完全控制了的世界中,只有秩序能够使人惊讶。

每个目标都被媒介所改变,也被它所借由表达的机制所改造,因此每一个遥远的结果都在实现这个最终阶段的过程中经历了变化。与艺术类似,就像在物种的进化中所发展起来的知觉、感觉、智力,因此可以说人类的想法变得更加清晰。然而,当人类从更早的动物物种脱胎而出时,某些不可撤销的决定已经做出了,其中一些对即将要出现的新物种而言是非常尴尬的。因此,自然的未发育成熟的却一直顽固地坚持着的试验,是要使鼻子成为主要的感官,最终被让位于眼睛和耳朵,它们对于人类发展智力有很大帮助。一些试验仍然还停留在中间地带,通常对人类而言没有区别,他的肝脏和肾脏主要通过相同的模式被创造,这些在级别更低的生物体内在更早的进化阶段时就已经被使用了。但是另一方面,生殖器官和排泄器官的紧密联系成为人类在性关系中的日益增加的娱乐性的障碍,而且这只是被女性的胸的拔高了的性的反应所部分抵消。至于直立的姿势,可以空出臂膀和灵活的手,以及毫无阻碍的双目视野,这比其他条件都更能使人类从其偏低的、四肢的动物性中解放出来,此外还有语言,但所有这些出现都很晚,看上去几乎就是一种补充。

人类的生命非常短暂,因此他很没有耐心:"一说就做"成为他的格言。但是节约时间就像经济学一样,是人类的发明,在自然中没有相应物。所有人都知道上帝的磨坊会缓慢地运转,除非是在人类的计算中,一百万年就是一天。为了目标而缓慢地运转,越过许多障碍,在遥远的终点展现意图,耐心地"随便应付",却没有一样可以被称作持续的行动计划,不管每个事件多有目标,也不管一般的结果会多显著地相互协调,人类在其自己的生活中缺乏必要的相似物,以有助于其理解。这种弱点在我们这个时代尤其明显,充满了骄傲,促进所有的自然进程。科隆和乌尔姆的大教堂直到 19 世纪才被建造成功,它们的建造者如果观望它们的话,可能也会感到颇有些接近自然之道。

那么我们就对目的论的更早的准则作一个必要的更正。当我们在对生命所作的定义中将意图、计划、目标视作核心的话,我们就不会否认存在于这个运行中的系统以外的原因和事件的存在,并且如我们所说的那样,经常与它们有着不一致的目标。我们也不否认在其中有必要进行许多尝试性的试验和矫正。这绝不是像沃尔特·利普曼

(Walter Lippmann)所说的那样,能够被改变的计划就不是计划,我认为恰恰相反,一个计划如果过于僵硬或过于脆弱而不能够被改变,就既不属于有机物的世界也不属于人类的世界,因为生命在这种僵化了的模式中不能有效地发展。所有的有机的变化都参与创造,关于创造我们所提供的线索,不是通过外在的观察者或使用者所观察到的机械过程,而是通过对人类自己的创造性行为的有目标的行动的观察。没有对人类这些更高级别的进程的指涉,或许就不能够对有机体发展更早阶段所进行的给予足够的解释。

由于这些概念仍然较为陌生,我必须使用一个普通的例证。以写作的创造性行为为例。当我写这个句子时,我并不知道我的下一个句子到底是什么,尽管怎样进一步推动想法的预见性感觉已经形成了。即使我现在正在敲打键盘,但是我知道它就是结果,并不仅仅是我在前面的句子中已经说到的,也不是这本书到目前为止所写的,还有我头脑中想要进一步表达的,从而完成这本书的总体论点。这句话也许采用了许多可替代性的形式,而没有从计划中脱离,这些形式中的一种现在事实上已经出现了,但是不管我将选择哪种形式,那时我所说的话多少会成为意想不到的揭示,它的特征以及他的意义已经由其在本书结构中的地位所决定,也被其对本书总的目标的参与和进一步的发展所决定。

在本书完成以前,那句话可能会被删除,然而它曾充当论证过程中的一个链条,因而将会完成一个真正的目标,即使它会消失。换言之,它还会被未来的目标在其起始的地方所塑造,反过来也有助于实现那个目标。换句话说,单独的句子的意义来自于更大程度的设计,然而即使是作者也不能事先描述这个更大程度的设计的所有细节,因为这个设计本身不会被连贯地组织起来,或者被有效地表达出来,直到本书最终完成并付梓印刷时才可以。换句话说,这正是有目标的组织的特征,尽管未来决定了当前,未来本身既在细节上,甚至也在整体的结构上需要许多进一步的改动。然而即使我在写了一半时不再继续写下去,目前已经写出来的也被我最初设定的目标所决定。这个目标的程度会一直存在。

对这种处处存在的目的论的接受,是将宇宙和人结合起来,如今成为我们所使用的假定和既有的信仰。所有的生命都是有目标并追求目标的,人类的生命也有意识地参与到一种更普遍的目标中去,在动物对其物种的麻痹状态中寻求生存以外的目标。尽管这种有目的的体系的许多细节被观察所证实,整体的目标、宏大的设计既不能通过实验也不能通过观察建立起来,由于这个原因,只要既有的有机体还存在,它也不能被这些方式所否认或败坏。

所有需要说的就是,如果目标存在于事物的基本结构中,就需要比完全服从于任意过程的世界更不可信的一系列奇迹,然而前者已经对目标和设计做出了大量的表达。在更大规模的生存中,目标和机会都超过了有效的表现,但更明智的是承认目标的存在被偶然和必需所改造,而不是假设机会是最重要的,并且被迫使将人的视线从有目的的转变的所有证据中转移出来。

不管怎样,我们或许开始看到这个处处存在并包含了所有创造物的目标的感觉为何对善进行最合理的定义。这个目标存在于自然中,而且在人类将自然等同于其自身存在的更大的秩序。没有目标的生命实际上就是一种矛盾,因为一旦生命变得没有目标,其持续的存在的所有可能性就没有了,在人类身上,那种非理性和无益性导致了自我毁灭。从有机物的角度来看,癌症就是大量繁殖却没有目标的生长。所有没有目标的生长一定会带来死亡。

以同样的象征,一个目标如果一旦达到并为整个生活轨迹进行指引,或者一连影响到几代人的生活,那它就是进行社会和个人整合的强大媒介。"性格"的核心就是喜欢持久的胜过短暂的,喜欢一致的胜过矛盾的。这正是从摩西开始的犹太教先知在试图向人类解释上帝的旨意时所表达的,并且使人类的日常安排符合试探和拯救的更大计划,根据他们的观点,这都是在历史中被实践了的。尽管他们通常粗泛地过分简化这种幻想和准则,比他们实际上的那样更迅速和确定地获得奖励和惩罚,他们至少强调了这个事实,即善并不完全是自我满足的实体,也不纯粹是人类的幻象,每种善都是一种媒介,不仅帮助个人自我实现,这种实现有时被抑制,它还有助于持续的增长、发展和更新。

对最终目标的理解的沉思在某种程度上推动它在当前进行表达并实现,如果在一种感觉中生命就是永远的斗争和自我超越,同时就有一个安静的池塘,其中反映出最遥远的目标。因此,即使人类的努力受到挫折或失败,其最终实现却在引向这个目标的行为中部分地获得实现。艺术的功能中没有丝毫部分会将这些时刻带入生命的繁忙市场中。人们称之为艺术的无时间性就是一种能力,代表着没有尽头的事物变成存在的转型。爱默生(Emerson)在论及生命就是拥有好日子时,很可能指的就是在积极的现实中没有允许这种目标的实现,这个仅仅基于目标的准则可能像集权主义的共产主义一样,使所有的个人物品都用于最终的遥远目标。基督教过分强调纯粹的补偿性的来世生活,长久看来也犯了同样的错误。

一种基于目标的伦理体系的有约束力的力量在犹太人的历史中被极大地得到确定,它们在我们这个时代实际上达到极致,或许值得我们特别注意。犹太人在漫长的大离散中分散到世界上的各个地方,仍然坚守他们对于神的诺言的信仰,如耶路撒冷的光复,弥赛亚的降临,还有以赛亚(Isaiah)的预言中所认为的极其偶然的一天的到来,那时所有的国家将不会再彼此开战,而是以和平的方式仅仅团结在一起。

在过去的两千年中的许多令人痛苦的时代里,所有这些目标可能看上去都是妄想的投射,是绝望的灵魂对不幸的政治和社会状况的反应,这些反应都被贴上了集体的神经衰弱症的标签。通过坚持这些目标,犹太人团结在一起犹如一个人,他们所处的状况会让任何一个稍微希望更少的国家消失于世界,它本身会构成对目标的一个实际的证明。但是当征服者和压迫者消失时,考虑到短暂的满足和即时的目标,这些寻求目标的人们远远不只是凝聚在一起。如今犹太人已经实现了不可思议的功绩,他们作为统一的政治群体返回了他们在巴勒斯坦的故土。因此一个集体的目标在相当长的时间内起到作用,最终使自身得到实现。通过这种事实,每一种起作用的礼节、仪式、祈祷,每一种艰难和牺牲,往回看时它们都得到了证明。如今以色列的存在就是对有目标的发展的动力的一种证实。如果希腊人有这样一种生命的态度,他们可能已经对现代人留下了一种更深刻的影响。

于是,到目前为止,我们已经对人类发展的伦理建立起三种大致的标准,在其所有的表达中都表现了对生命的尊重。评价和选择的发展,在善与恶之间的不断区分,正如对人类生活的一种内在的需要。最终,是承认所有存在的过程的有目标的本性,以及理想、目标、计划的有意识的形成,作为对人类发展的自然目标的关键的推迟。通过达到超越任何单个生命或任何历史时期的局限,人类为其自身有限的需要和价值赋予了一种意义,从而超过其暂时的满足或同样暂时的失败。

5. 有机体的层级

人类的善直接来自于其关键的和社会的需求,以使他在创造出文化形式和个人价 140
值来以扩大其生活的圈子和确保其延续性。在最初起始的时候,这些需求都是在同一层次上,可能其中一些比另外一些更专横,但是它们都同样有助于维持有机体,使其保持在动态的平衡状态,这是其生长和自我满足所必需的。

然而,在其内部有一个功能的等级,而且这个等级顺序对生活的许多更细小的方面产生了影响。例如,有些临时雇工就像阑尾和扁桃体一样,有些忠实可靠的家庭仆人就像胃和肠道一样,有些主动的体力劳动者和职员就像手和脚一样,他们的地位和工作受到明确地界定。一个人如果没有扁桃体也能很好地活着,没有胳膊腿应该也不会差多少,但是如果缺少哪怕一丁点的额皮质(frontal cortex),整个有机体就会完全失去调整能力。至于身体的主导功能,或者有机体等级会朝哪个方向发展,是毫无问题的。最高级别的功能是神经系统,它们过分地发展,达到很高的层次,但还只是部分被使用的器官,有助于整体的有效运转。当回答迟缓时或反应笨拙时,一般的美国式说法就会承认这个事实,并尖锐地告诫:"动用你的大脑!"

伦理行为确定了人体内功能的这种有机的等级,并将其进一步地发展,应用到个人和社群中去,并将其区分为更高的目标和更低的目标两种。不幸的是,在这一点上,一个又一个历史性准则被应用到一种过于简单的解决方案中,这基于身体和灵魂之间的一种简单的二元划分。这就忽视了一个事实,即正是在身体本身中,更高级别和更低级别之间的质的区别被首次建立起来。尼采(Nietzsche)试图将高的级别等同于"高级种姓(high caste)",不管人们出身、教育,是否有高贵的目标,对于其所属的群体而言都是合适的;但对他而言,低的级别被包括在穷人、下层人、被征服的依附者的价值观中。

所有的区分都是错误的,因为自然的等级秩序会在这样虚假的历史性分离中遭到破坏。人类有机体只有在附属的器官与更高级别的过程协调时才能很好地运行,而不是在无声的激起愤怒的反抗的状态下。在更低的和更高的中心之间有着不断地往来,前者提供能量和活力、感觉和情感给予思想所承担的所有一切,因此得到整个有机体的积极帮助;后者使用其特殊才能进行归纳、象征、协调,并警惕地预见到使有机体与其他人、与环境并最终与更加普遍的过程产生更充分的关联。

141

如今,更低的功能被更高的功能所控制,这总是间断性的和不确定的,有意识的、理性的头脑被更低的功能建立的更晚,它就像是一个聪慧的统治者,被其不安分的臣民所抵抗,这些臣民更想保持其习俗而不被过问,不需要注意到为改进整个社区而作的宏大的计划,为了这个他们将必须交纳大量的税收和进行劳动。一杯杜松子酒或一幅令人沮丧的情景可能会损害最好的思维创造,劳累、压力、重复可能会颠倒自然秩序,将附属的器官或映像置于主导性的地位。这解释了关于疾病令人屈辱的事实,它颠覆了更高级别的功能的自然主导力。患病的器官,如肺、心脏或肝通常蔓延到整个人并最终征服他,使其思想上焦躁不安。托马斯·曼(Thomas Mann)在其《魔山》(The Magic Mountain)中细腻地展现了这种变形。

从生者的角度来看,生命最不可或缺同时在某种程度也是最大的善就是空气,如果被剥夺了空气哪怕一会儿,仅仅三分钟,大多数人就会死掉。然而,假设一个人被给予五百年的生命,条件是其所有的自然的功能都不能正常运行,只能通过一个铁制的肺而"存活",作为唯一的呼吸工具,这种情况下谁会想要继续活下去? 空气对于人而言太重要了,但是更多的空气也没有用。当老年人的大脑开始衰弱的时候,他们有时候会过着一种呆板单调的生活,失去了记忆,或者没有了希望;有时头脑清晰的时候,他们往往会憎恨这种状态,将其视作对生命的最大的侮辱,他们吃喝、呼吸、活动,通常有着很好的健康,但是却生活在一个没有意义的世界里。这既不是生活也不是幸福。

正如过去对生命的智慧的观察者约翰·巴特勒·叶芝(John Butler Yeats)在一封信中(1909 年)所说的那样:"幸福既不是美德也不是愉悦,它什么都不是,只是简单的成长。当我们成长时,我们就感到幸福。"对于这个评论而言,一种发展的伦理学会更进一步增加一个注释,即持续发展的途径被提供,不是以一个整体的物质有机体的形式,而是以更高级的功能的形式。身体上的恶化损坏了更高级的功能时,它们的扩张和更新就是一种好的生活的主要条件,这种生活有着越来越强的敏感性,越来越深刻的爱,越来越丰富的意义。

那么,智慧的关键就是给予更低级别的功能足够的关注,以确保它们能最充分地有利于成长的整个过程,但并不是允许它们篡夺更高级别的功能的位子,或者是破坏整体。任何可能给予更低级别功能的特别关注,如通过艰苦的训练使身体变得强壮,都必须是为了给予更高级别的功能更多的研究。但是古代雅典人(Athenians)不无道理地轻视专业田径运动员,认为他们的人性成为他们的肌肉训练的附属,因此他们确实不相信任何形式的专业化,这给予了单独的功能高于一切的地位,在他们的计划中光理性就能占据这个地位。

那么,简单地通过以垂直的方式安排生活的善,就像柏拉图在《法律篇》(The Laws)中所说的那样,"正确的方式是将灵魂的善放在第一位,并置于阶层的最高处,永远保证节制是它们的条件,同时将身体的善放在第二位,钱和财产放在第三位",这样是否就解决伦理问题了呢? 这看似一种方便的实际的分割,但是事实上却是不完美的,因为它没能尽量利用有机体协调的需要,也没有为实现这种情况提供任何准则,更严重的是,它的秩序是固定的,当更低级别的功能在取得优势地位时一定要活得平衡时,却并没有提供那些机会。例如,基督教的准则严格遵循柏拉图,区分更高的和更低的品质,到目前为止都是如此。但是基督徒过分地追求脱离肉体的美德,通常会破坏人格的统一,导致内在的分裂和神经衰弱,这会非常严重,以至于伊纳爵·罗耀拉(Ignatius Loyola)这个敏感的和谨慎的心理学者总是急于警戒新入会的年轻人避免过度的禁欲,精神上的完美和过度沉溺一样都是有害的。

由于有自我管理的需要,因此有了屈从的功能,为了选择性或自发性而有的自动的和习惯的功能,也为了释放的功能而有的反射性,这将它们导向艺术和思考,这些都是

142

很清楚的。但是更高级别的功能不能没有更低级别的功能,反之亦然,或者说,前者更甚,因为到老了的时候,当所有更高级别的思考、情感都消失了的时候,躯干通常还存在。如果更低级别的功能本身一定不能主导更高级别的,更高级别的一定也不能试图根除更低级别的,因为那时它为了推进其自身而移去了所需的能量。更高级别的功能的主导性越来越强,是所有真正的人类发展的条件,并不是为了压制更低级别的功能,而是为了更加充分地使用它们,用于它们自己所不能达到的目的,因为这些选择是给予它们的,而不是它们自己所能创造的。

简言之,等级性组织的意义对人和社会而言都是为了确保有利于自由的条件,是为了去除人的下意识行为,使其越来越能自我引导。自由对于人而言很大程度上就是努力使老年人的模式逃离其更低级别的功能,不断地进行选择和区分,应用于人格的同样也应用于社会。自由绝不意味着去掉限制,毁掉约束,或者是否定义务和责任。人类由于贫困、无知和疾病而失去自由,而且,他可能通过过度地发展某种单一的器官或功能,或者通过过于依赖机器的或不在人控制之下的社会过程而再次失去自由。这就是为什么金钱和财产在某种程度上就是人的人格发展的条件,同样也是直接进入文化的非物质要素的途径,而且,认为没有它们也可以的话,那就是虚伪和不诚实。

在观察有关需求和功能的人类的等级性的内在组织时,自由的地位在道德生活中就变得很普通了。人类并非生而自由,他在出生时无可奈何地受其本能反应的控制,而且受到其家族和所在文化施加于他的影响,成为被动的接受者。他没法拥有主动性,也不能做出任何决定。他所受的教育直到当他被阻止时,都是在缓慢地被诱导到自由的可能性,这是一种从外在世界向人的内在传递约束,也是机会的日益增多,这时智慧、经验和想象扩大了他的视野范围,在他面前增加了大量的替代性选择。增加的选择和加强的自我引导是对人类的自由程度的奖励,他的所有的器官活动都是如此被安排好的,正如考格希尔和安格亚(Coghill and Angyal)所显示的,是为了确保更高级别的功能对于更低级别的功能的最终主导,并且确保他一直进行的生活比其他动物的或人类早期发展阶段所进行的生活有大得多的奖励。

即使是对人类行为的纯粹的生理分析,也确立了关于有更高的善和更低的善的事实,而且更高的善会引导朝向自由和多样的选择,朝向伦理的敏感和象征的解释,朝向整体对部分的主导和有机的功能对引导性目标的附属,总而言之,就是朝向一个有意义的和有价值的世界的创造。对前脑的丝毫损害的活动,或者通过药物或者通过过度的损害,首先破坏了协调的象征性功能和能力,正如戈尔斯坦和冯·莫纳克夫(Goldstein and von Monakov)所展示的,世界变得更缺乏意义和价值,随之一起的还有失去了抑制,这种力量之上产生所有正面的选择。

为什么在我们的整个文明中出现了广泛的伦理的解体,或许原因之一是我们创造了一种连锁的机器,包括学校、工厂、报纸和军队,它们有意地摧毁了更高级的中心,损害了选择的力量,将象征性的功能降低至一种几乎本能的层次,并将协调的能力从人身上转移到机器过程中去,整个体系被镇定剂和其他药物有力地重新推动,从酒精和烟草到大麻(marijuana)、可卡因(cocaine)、苯巴比妥(phenobarbital)和阿司匹林(aspirin)。这是有条件的本能的乌托邦。

对更高级别的功能的这种废弃的最终堕落包括对名字的系统性混淆,纳粹和斯大林主义共产主义都对其进行了精明的运用。朝向自由的第一步有着同样的象征,将会是对符号的一种新的尊重,对语言本身的一种净化和澄清,也是对不明确的标语和有条件的口头反应的避免。广告机构和宣传部门的结束将会是一个新社会的产生的最确定的象征之一。

6. 对数量的控制

对好与坏不断地进行区分,对善的不懈的追求是人类发展的关键要求。一个人如果否定这些努力的重要性,就会抹杀了人的根本人性。用权力取代善就是将生活的一个简单的方面变成一种绝对事物,这个错误否定了生活的根本事实,其所有的功能和善都是内在联系的,并且相互成为有机的条件。承认善和追求善的义务是绝对的。但是善本身是相对的,每个都有其时间、地点、功能以及在整体中的秩序。如果善一定要被选择和追求,同时尊重其提升人类发展水平的根本能力,它们就一定也要被以正确的顺序和正确的数量进行选择。

当对质的区分变得关键时还不够,同时一定还要有对量的区分。除了将或多或少的象征添加到所有的经验中,一定还要加上一种数量的提示"多少?"如今当前时代有着科学的背景和无处不在的货币会计,为其有着数量的思想这个事实而感到自豪,然而虔诚和讥讽在相当不同的动机下,忽视了通过数量塑造善的极端的方式。绝对的和平主义者不想破坏任何生命,完全的虚无主义者蔑视所有的生命,他们都拒绝承认有限的引导性的战争暴力与无限的暴力和任意的荼毒胜利之间有任何的不同,后者体现在所谓的根除性轰炸,不管是通过燃烧弹还是原子弹。但是正如奴役囚犯的行为在道德上高于完全杀死一个人,因此战争本身即使是以不理性的破坏性的现代方式,在道德上仍然是优于任意的灭绝和任意的毁灭。战争至少为指明了的、可识别的群体限制了暴力和谋杀的范围。大屠杀没有任何的先知,它相应地提出了康德在《论普世和平》(Essay on Universal Peace)中给出的格言,即一个人绝不应当采用一种不能够与其敌人言和的方式进行战争。这里数量上判断的缺失引起了更进一步的贬低,因为屠杀一百万人并不等同于屠杀一千人,前者要差得多。

对善的追求包括对数量的不断估测,对数量的严格控制因此也是一个成熟的人的标志。老百姓认为一个人不能拥有太多好的东西,但是他们自己的经验只要反映在这方面,就会显示出这是不真实的。一件事是好是坏通常在很大程度上取决于一个人对其使用、消费或运用多少。对食物、饮料、性行为的过度渴望通常在特定时间下会自我修正,消化不良、头痛、没精打采、阳痿限制了过度的冲动,恢复了有机体的平衡。然而,正如赫伯特·斯宾塞(Herbert Spencer)很久以前所说的那样,有人会使自己不恰当地沉溺于科学探索,像达尔文一样的人在其荡气回肠的忏悔中,榨干了他们情感上的反应,仅仅完全集中于他们的更高级别的功能本身。因此即使是更高的善,如果在数量上透支的话,会转向相反的方向,柏拉图认识到了这个事实,他说:"适度一定是它们的条件。"有道德的人一定会偶尔想起《传道书》(Preacher)中的治疗性的提醒:"美德不能过度:为何你应当摧毁你自己?"

现在孔子和亚里士多德都意识到了需要进行数量上的区分,将其视作积极的伦理模式的主要构成部分之一,希腊人和中国人都观察到了黄金分割(Golden Mean)的准则,他们都警惕极端,即使是在自己看来完美的和期待着的事情上。但是为了成为黄金,分割就一定不能仅仅是数学上的中间点,有用的方式是考虑时间、地点、环境、有机体的能力。通过使人随从其适度的总体策略,这个准则有助于在某种程度上甚至匡正质量上的误断,对于恶而言,如果不是体现在过度无节制的数量上,就能够被同化和克服。

然而,分割的准则要被进行纠正,在实践上它必须受到自己的标准的限制。即使在应用黄金分割时,也会有一个黄金分割,因为为了将每种行为和每种冲动减少至恰好被规定好了的不多不少,就是要忽视那些情况,为了符合最终的平衡,人们必须抛弃这种过于均衡的控制形式。作为一个原则,八小时工作对于一天而言已经足够,在一些行业,像写作,很可能多出两倍。但是在紧急情况下,人们必须看着时间工作,如果他为了适度的原则而退后,就会失去他所试图维护的生活。在生命中经常会有短暂的时期,像军事斗争、艺术或科学中的创造性工作,这时要进行平衡和谐的生活是不可能的。那个时候,适度本身就变成了危险的极端。在伦理的范围内提供了关于生活的一个很好的指南,它必须拥有生命自身的属性,它的倾向、它的适应、它对于特殊情况的敏感。赛奥格尼斯(Theognis)说道:"智慧是灵活的,愚笨的人总是保持老套。"

如今现代文明在过去三个世纪中将自己交给了数量性的生产,并且抛弃了曾经存在于食物供应、出生率、单个人能够活动或触发的力量中的自然限制。结果,对数量的控制就成为我们这个时代的占主导地位的伦理问题之一,这个问题越来越难以解决,因为我们将自己移去数量限制的自由的能力视作一种命令。在生产的每个阶段我们都放大、扩展、加倍、加速,但是我们既失去了意愿也失去了途径去引导我们为了生命的利益而创造的工具,当它们威胁生命的时候,也不能限制它们并使它们停止下来。

准确地说,因为我们现在能够用更多的人类身体来填满这个星球,远远多于我们能用比我们所能吸收的更多的印刷品、比我们能够聪明地提供的更多的知识去滋养它,我们的整个文化都处在巫师的学徒(Sorcerer's Apprentice)的位置,我们不知道如何减少或结束我们曾经不幸地引发的权力,现在只能增加它。在我们掌握这个教训之前,所有的生命都处在危险之中。

简言之,质量上的区分、选择、数量上的控制都是一种发展伦理学的关键要素。这些行为在哪里不是根深蒂固地存在于习俗、习惯和有意识的自我引导中,就会出现一种失序了的生活。在我们的时代里谁没有见证和参与到这种失序中呢? 通常是带有一种认为是解放和骄傲的错觉,直接来自于这样一个事实,即我们推翻了旧的法则和概念,假设它们在由科学解释的宇宙中没有一席之地。人们不必一定要艰苦地寻求发现这样的罪人,人们只需诚实地检查自己的生活。一旦用于区分和自我引导的持续不断的需要被应允的话,就像对于真正的人的生活的一种可靠条件,每一天就会变成用于计算的一天。

第六章　超越伦理困境

1. "现代人不会犯错"

一个世纪以前的画家欧也尼·德拉克罗瓦(Eugene Delacroix)写道:"朝向善或朝向恶的进程将社会带到深渊的边缘,它很可能会掉下去,转变成一种彻底的野蛮的状态,这不是偶然的吗?"

事实上,我们的时代如今正徘徊在深渊边缘,我们的社会的一部分已经陷进去了,人类的状况因此需要剧烈的改进。只有这种改进触及我们的文化的各个方面,扭转许多主导性力量的方向,改造我们的制度,尤其是使男性和女性产生一种内在的变化从而向各个方向发散,一个更加彻底的解体才可能出现。如今那种保护生命的特定的禁忌已经从整体上破坏了,我们现在的领导者们在国家之间出现纷争时能够将整个星球带入煤渣放射性的毁灭,或者带入一种广阔的被灾害所困扰着的检疫所,陷入彻底不理智的信念,即一个"胜利"带来的代价值得胜利者所拥有的。大量被轰炸的城市和数以百万计的残疾人陷入贫困、愤恨、无望,都预见和证明了我们有可能创造出一片普遍的荒原。

但是我们文明中看不见的崩溃是更为潜伏的,可能甚至更加有毁灭性,对价值观的渗透,对人性目标的浪费,对善与恶、对与错之间的任何区别的否定,将次于人类水平的行为扭转,处于一种借口之下,即人类从其最初的状态中越来越进步是没有意义的。在一个价值观仍然起作用的社会中,坏人知道当他抢劫、杀人或强奸时,就违背了社会和他自己的更好的本性,有时他甚至在事后招致惩罚,因为他本身的部分仍然接受他的行为所违背的标准。在一种虚无主义的秩序中,对罪行是彻底无意识的,如果人们不承认罪恶的存在的话,谁能确实承认针对邪恶事件的责任呢?

我们时代的社会崩溃至少通过三种方式表现出来:哲学上、伦理学上、政治学上。从哲学上说,这种崩溃使其自身崇拜起普遍的虚无主义,这种崇拜拒绝了善与恶、高级与低级之间的那些根本区别的现实,这正是人类行为的基础。虚无主义首先只是抹去价值,为了在理论上保持一致,必须也要否定意义,因为意义是通过创造和确定价值的同一个过程、通过提供一致的线索给拓展生命的进程、行为和状态而出现于人类的存在的。对达达主义(Da-da)的崇拜形成于 20 年代的少数人的知识分子圈子,是这种哲学的完美象征,它将所有进行重要表现的企图都视作浮华的和不相关的。最终达到这种虚无主义,如果不在其通向灭绝的道路上戛然而止,给予权力生命的唯一意义,就会变成时断时续的无望的愚钝。它不仅没有进一步发展,还贬低了所碰触到的所有观念,如纳粹的人类学、雅利安人(Aryan)的物理学、斯大林主义的科学。相信这些价值没有意义的最终影响就是宣称意义没有价值。在这一点上,真理和相信的意愿变得难以区分,甚至撒谎的能力实际上都失去了。

从政治学上说,我们的伦理的崩溃决定性地采取了亚当斯(Henry Adams)在五十年前所预测的转变,也是奥斯瓦尔德·斯宾格勒(Oswald Spengler)在第一次世界大战以后所预测的,只是带上了更残酷的现实主义。这种状态带来的是公正总体上被贬低,法律被蔑视,试图将全力集中在无情的少数人手上,这采用了任意的合适的意识形态的遮掩,有时是法西斯主义,有时是共产主义,有时是资本主义或民族主义,只是想要使其本身存在的有害条件变得永恒。认为法律只是对赤裸着的权力的合适的外衣的观点是柏拉图的《理想国》(Republic)中的斯莱西马库(Thrasymachus)提出的,重复的是另外一个暴力的社会分裂时期之初的大众的论点,同样的观念现在已经从积极的拥护者如列宁和希特勒扩展到我们社会中的许多更小的从业者。

如今,如果那些统治者不被法律约束的话,如果他们不受到持续的道德评价,这都基于历史先例和普通的人性标准,超越了任何特别的社会秩序或种姓,那么物理力量就会全部地取代道德权威,而不是在后者变得过于虚弱而不能占优势时仅仅补充它。结果恐怖统治、痛苦折磨、专横强制在许多国家都已经上升到政治管理的常用手段,每个国家都倾向于成为一个警察国家,美国联邦调查局(Federal Bureau of Investigation)的不祥预示的兴起和无处不在的压力就是一个证明,这是个活动不受公众监督影响的机构,可能不久就会像那些极权主义国家一样失去控制。

对虚无主义的崇拜快速发展以后,容易变成一种对暴力的崇拜和有条不紊的恐怖,表达出对生命的彻底蔑视。而且,如果我们坚持认为这样的情况只会出现在极权主义国家,那么我们就被欺骗了。不管是在一个积极的还是潜伏的国家,虚无主义在我们的整个文明中都存在着。

这就将我们带入到另外一系列症状,反映出西方文明的整体衰落。在许多地方,我们现在都面临着长期存在的沟通、交往、协作习惯的结束,同样被隔离的国家、种族、宗教的人们的对话变得越来越少,即使真正国际性的大会和会议也越来越不再召开,这时我们在联合国教科文组织(UNESCO)创造了一个工具,从而在教育和科学群体中进行最大程度的共同努力。不仅仅只有先前建立的合作的失败,现在形成了正面的藩篱,有着更加不能渗透的特征,这些藩篱反对意见的自由交换、不同信仰的自由交锋、思想的自由流动,丝毫不提更加普遍的交易,这也是对成见和褊狭的一种解决办法。

在 1914 年之前的一个世纪中,我们的地球已经成为一个单独的单位,这是在过去从未达到的程度,它的确成为一个世界性的共同体,是所有先前存在过的帝国和文明所没有达到过的。公正的法律和被广泛接受的习惯组成的看不见的网络覆盖了整个地球,学者、金融学家、演员、农民、旅馆服务生、旅行者在整个地球上可以进行安全有保障的旅行,只要他们是人类,就不需要任何其他的证明。暴力已经变得规模很小、零零星星、绝不可能的,以至于 H. G. 威尔斯(H. G. Well)的小说《新马基雅维利》(The New Machiavelli)中的主人公在流亡中写作,夸口说没有哪个专制的统治者能够阻止他自由地表达思想。这种幻象只存在到第一次世界大战以前。

151　　　如今,在所有的有机体中,不断发生着建成和毁坏的过程。一般而言对于生命是真实的,同样对于人类的共同的和个人的生活而言也是真实的。很可能从未有过一个时期不能够发现道德衰落的特定表现,因为即使是一个稳定的、充分整合了的社会,即使非常稳定,也不能解决进一步发展的需要所带来的问题和压力,这是所有人类需要都会有的。这样一个社会正是由于严酷,可能导致了其道德上的滑坡。进一步而言,健康的有机体可能经常表现出地方性的损害和堕落,然而,正如在一个被致命的疾病所打击的身体内,更多的器官直到最后可能都会很好地运行,部分地克服虚弱的器官带来的问题。即使在今天,我们社会有机体中可能有四分之三仍然是健康的。

不幸的是,这些大量的健康的社会组织的出现,或许不合时宜地进行了维护,当建筑物表现出未被损坏的窗户时,当火车准时地运行时,当市场仍然堆满了食物时,就很难认识到解体的力量可能已经就在不远处了。但是解体的大多数恼人的症状事实上又是内在的。使人认识不到当前状态的危险的不仅仅是旧的发展模式,而是一种更加危险的信仰,如果没有公开声明过,那就是还在隐藏中,即现代人不会犯错(*Modern man can do no wrong*)。现代人没法分辨善恶,不能担负起道德义务,不想接受批评,混淆善与权力、恶与无能,将对其罪恶的潜在的负罪感转变成他所能承认的唯一的罪恶,所有这些都使他们摧毁了自己坚实的基础。当物质上的超结构可能仍然看上去很不错,价值和意义的基础结构已经被蚕食了。

现代社会的健康器官仍然在起作用,可能最终会拯救我们,幸运的是,即使在俄罗斯、德国、日本这些物质性存在已经大部分被破坏的地方,仍然还有许多健康的制度和有美德的人们。但是如果我们想要重建我们的人性的基础,我们就一定首先重新获得那些关键的感受和区分能力,这将引导人们朝向正确和善,并且在精神上获益,简言之,就是朝向生命。以"现代人不会犯错"这个说辞来为自己辩解,正是人类的残忍、破坏、自卑以及最终自我毁灭的伦理上的渊源。

2. 进行道德更新的条件

152

在我们的文明中进行伦理价值观的更新的条件,就是有意识的道德指引最初产生的条件。作为对质量的尊重,态度中第一个关键的变化就是增加敏感性和同情,这正是尼采所谓的超人的向内的道德感的反面。不要变得坚强(Be hard)!而是变得软弱和敏感(Be tender and sensitive)。在最具体和平实的感受中,道德生活需要回归。为了能处在一种与同伴和平共处的状态中,或者追求个人自己的自我发展,人们就一定要深刻感受我们的行为所带给其他人的影响,当他们悲伤时,我们感受到伤心,当他们受挫时,我们感受到失望,当他们振作时,我们感受到高兴,即使在他们充满敌意和攻击时,我们也能给与同情,要达到一种程度,即能够认识到一个人自己的行为能表现出多大程度的类似特征,而且实际上有多大程度地对于产生这些情况负有责任。这些是为人父母的第一个教训,没有这样的爱的话,就不可能迈出朝向自我规训、担负责任、接受自我以外的事物的下一步。

比较而言,最致命的罪恶是将自己与其他人隔离开来。残忍、缺乏感受、不敏感、隔离、对同伴的猜疑和排斥,是道德生活的敌人,所有伦理学家都宣称内心坚硬就是道德死亡的另一个称呼。一般的经验都证明了这个判断,最坏的罪恶都是这样一些人做出来的,他们通过思想的或化学的方式使他们的自然反应变得迟钝。刺客这个名字使人联想到那些专业谋杀者,他们通过吸食麻药来为其犯罪做准备工作,正如他们在现代的同行黑社会那样,在吸食可卡因或海洛因之后进行暴力活动。这些极端的例子证明了罪恶和犯罪通常繁盛的条件。即使是铁石心肠的罪犯可能也会在残酷地杀戮时按照本性进行暴力活动。只有那些曾经待在过极权主义的集中营中的人,或者类似的读到过陀思妥耶夫斯基(Dostoyevsky)对其西伯利亚监禁生活的描述的人,才知道人类行为仅仅通过内心的坚硬就能够堕落。

但是我们必须同样警惕不灵敏性，这并不是由药物或动物生存的努力所推动的，而是由思想的方式推动的。狂热的马克思主义者将资产阶级成员的特点归纳为害虫，就像纳粹将犹太人和波兰人归纳的那样，就很容易采取下一个步骤，即像消除害虫一样消除这些受害者。即使没有反常的意识上的支持，这种铁石心肠也能够被文化之间的心理距离所推动，这就是帝国主义的诅咒，或者甚至被实际的距离所推动，这使得飞行员轰炸无辜的男人们和女人们，他们除了爆炸的模式外不会意识到任何后果，这也是将人们的受害者像害虫一样消除。参加到这种残酷谋杀中的意愿当被表现在神秘小说、电台节目、"连环画"中时，毫无疑问并不是当代犯罪的唯一来源，但是谁也不会怀疑，在思想上对所提供的这种暴力行径已经习惯的话，会更容易涉入个人的和集体的罪行，或者在他们犯罪时冷漠地让我们把脸转开。

在解体的阶段，每种文明似乎都找到一种特殊的道路，通过扭转生命的价值坚持下滑，它不能够识别和推动善，而是包括了一系列的恶，并且将它们称作善。古罗马的角斗士表演对于古罗马人所产生的，我们的时代也通过摩托车比赛和飞行表演达到了，这样的活动本来就是要产生死亡，搏斗比赛和拳击竞技比运动员型的技能要更加直观地看到残酷，由此聚焦在更加致命的战争武器，而不是集中在会产生协作与和平的方式上。但是朝向伦理更新的第一步应当是平常的，我们必须克服当前对于冷淡无清的崇拜，而且我们必须抛弃"无表情的脸"的伦理观，这是我们所有生活风格的特征，它抑制住了人类感受的更加热情的表达，无感情地和无动于衷地将其转变成唯一能被接受的价值。我们对情感充满恐惧，将正常的情感当做悲惨的感受、将强烈的情感简单地当做歇斯底里或有趣，这种习惯从根本上违背了我们对于生活的恐惧。

作为促进人类成熟和内在更新的条件，我们的文明现在需要的是培育一种细腻的感受和无与伦比的温柔……难以形容的恐惧在我们面前闪过，更坏的罪恶还在威胁着我们，因为我们已经习惯了铁石般的无泪水的脸庞和茫然冷漠的凝视。我们已经过于麻木，甚至已经不能再痛恨那些应当被恨的。失去了这种感受的能力，当感受对于生活在一个人类世界中还是必须的条件时，我们也失去了行动的能力。当纳粹威胁要将世界征服并纳入到他们的野蛮体系中去时，那些最以没有正直的愤怒和焦虑为荣的人正是那些甚至失去了危险感的人，这种危险感连动物都会有，他们的冷酷和淡漠导致了不能够认识到生命的需要。

或许没有哪个民族集体地冷酷到降至犯罪或精神病的程度。即使是德国人，尽管突出地表现了残忍的权威主义的传统，也想要掩藏集中营的丑陋行径。但是如果人们可以通过越来越多出现在普通儿童和青少年身上的残忍犯罪进行判断的话，朝向精神病的倾向在今天比人们一般设想的会更加严重。我作为一名教师的经验就是要获得学生的反应，看他们是如何应对涉及到对无意义的犯罪暴力的接受情况的，这使我相信或许我们的大学学生中有三分之一之多会为了所有现实的目的而被认为是伦理上的低能者，或者至少是伦理上的无知者。这些学生所获得的伦理价值的教育如此贫乏，以至于他们都是潜在的少年犯，只是没有付诸行动而已。尽管他们在进入大学以前通过了智力考试和人格测试，他们还没有获得伦理价值和目标，这些会让他们作为一个完全成熟的人起到作用。他们表现得像个成年人，与集体中的其他人一样，他们的价值观仍然是婴幼儿式的，只是还没到残忍的罪犯式的。

基督教教父们强调警惕和失眠的素质，并将其作为伦理生活的核心，任何引起麻木或平静入睡的东西都是伦理发展的障碍。但是为了捍卫敏感性，又需要其他一种素质，即节制。在成功时不兴高采烈，在失败时不大失所望，在危险面前保持镇静，在拥有财富和好运时保持适度和矜持，这些都是节制的特征。它们通过苏格拉底的形象展现给我们并作为象征，他能从长期的酗酒中以清醒的头脑恢复，他在波提狄亚(Potidaea)的行为被《会饮篇》(Symposium，柏拉图的作品)所描述，即使在其死亡前的最后一天也不曾受到困扰。足够地增强敏感程度以重建伦理价值，而没有在节制方面相应地加强，这会导致受伤和焦虑，从而抵消有效的回应的能力。

与节制一道的还有其他两种为伦理更新所需的素质。其中一个是培养远见，就是有效达到最终目的和目标的常识上的要求。如今伦理行为通常在当前有其奖励和实现，这是一种学术上的迷信，认为为了更遥远的目标而推迟当前的满足总是更好的，就像遥远的目标永远不会立即实现一样。但是远见又是必需的，尤其是为了对处于合适的秩序的当前的善做出判断，并预见到他们的可能性的后果，这种后果就是内维尔·张伯伦(Neville Chamberlain)的伦理上的崩溃和温斯顿·丘吉尔(Winston Churchill)的伦理能力，在面临 1939 年的战争与和平这些突发事件时，都主要是从前者的短视和后者的远见中导致的。其他的必要的素质还有时效性。善不仅是正确的数量按照正确的顺序表现的正确的质量，它必须也要在正确的时间和地点进行行动。错位的或不合时宜的美德对于人类的发展既是正面的邪恶也是障碍。

但是我们文明中对更新伦理价值的迫切需要，以及通过养育和教育建立起一套习惯，不应当把我们带往道德准则的舛误。就像马修·阿诺德(Matthew Arnold)经常说的那样，虽然有四分之三的生活受到伦理指引，但是伦理的目标并不简单就是推动好的行为，它的关键目标是改善生活，这意味着不仅是伦理评估和行为的能力。这里还有所有的法利赛主义(phariseeism)会犯的错误，在某种程度上还有宗教本身经常出现的错误之一。警惕地应用伦理术语在每种正在起作用的功能中都很关键,但是如果人们认为这种善取代所有其他的价值种类,就误解了这种义务,为了"做个好人"人们可以并且应当放弃爱和婚姻、放弃艺术和科学、放弃运动和游戏。这样的荒芜的岛屿般的美德很简单,但也很没有意义。

伦理评估、选择和有导向的发展的整个过程,从长期来看,都只是被生活所促进的种类以及人格所产生的种类所证明,但是在那个过程中实现了一些比善更多的东西。只是为了善而生活,就是要成为好的善(goody-good)。那些遵循被规定的法则引导进行生活的人们通常会使同样的目标变得渺小,正是在那里存在着伦理,这指的就是一种更加丰富和更加重要的生活。这些人自命不凡,平和宁静,受到强烈的驱动而没有痛苦,受到其自身正义感的过分影响,一般都会缺失所有的成长能力,因此,他们无可指摘地存在着,可能会否定对伦理评估和选择产生意义的那种条件。

156 　　由于这个原因,一种充分的伦理必须不仅仅促使人们使用适当的方式获得生命所给予的具体的善,而不是将它们作为馄饨的消遣一样拒之门外,还必须要为恶的动态的角色找到一席之地,因为通过奇怪的变化过程,生命的善通常会从看似反对它们的条件中产生。

这样一种伦理将会接受否定和牺牲,是为了使给予的充分成为可能,这就是为何它通常出现的条件既不是繁盛满足,也不是一种"充分的经济",而是当人们共同主动地面对死亡时。这个简单的事实被一名经历了二战的美国士兵很好地表述出来,他写道:"对于那些活着只为了协作的人解释那些活着只为了单个行动的人,非常难。一名前线士兵几乎总是会给予你他的半美元或者他剩下的最后两支烟的一支。而一个美国公民会发现,如果要借给你他多余的东西的一半是很难的。"当每天面临死亡时,这些人认识到"你没法把它带走"。只有理解并接受人类的悲惨命运,才有可能为了人类的进一步发展而更广泛地给予或者接受爱。了解这个事实,就明白了传统基督教的关键力量,这是一种关于发展和完善的伦理学的最终智慧的组成部分。

3. 恶的挑战

在对善的大多数历史性的定义中,有一种确定人们所问的问题的倾向,并将其作为结论。过去的斯多噶(Stoic)格言是"只有善才是好的",这只是所有其他的定义的一种夸张说法,当然,也没有排除我曾经努力给予的。对于善,托马斯·阿奎那(Thomas

Aquinas)以及在他之前的亚里士多德所说的,在某种意义上是生命本身的财富:"善是作为欲望的目标的存在。"生命本身就是其自己的福分,当人讨论问题时而最终处于有利地位。将生命作为善的核心,苏格拉底以前的希腊人自然将健康视作生命的最高级的善,除了健康以外就是美。但是这种过于重视身体愉悦的青春不幸的过于无知,从而不能提供生命的所有机会。当青春消逝后、能量耗尽后,是否就没有善留下了?

当一个人遵循生命的轨迹,就必须面对一个事实,即人类即使在生命向下到达低谷之前,通常面对痛苦的危难时刻,承受惩罚,我们可能遇到严重的事故和致命的疾病,以及完美、收获、充实。一种乐观的伦理将健康和繁荣或者甚至将最高级的善作为中心,当被身体上的疾病打击后就变得如孩子般困惑和无助。相反,一种消极的伦理故意地包括恶,从而挡开一些更差的,部分地是为了保护其精神,如米特里达梯(Mithridates)对其身体所做的那样,他每天都服一定剂量的毒。但是这样的伦理根据其逻辑是被迫认为爱是陷阱,愉悦是不值得的,因为它们会消失,而且繁荣只是不幸的一种更加巧妙的形式。

如今,不管生命会表现得有多差,我们需要一种伦理尽量利用其健康的时期,而且不管它会变得多好,我们必须依然面对生命的最终结束。有智慧的教育、有远见的法律和改进了的技术,我们可以杜绝贫困、犯罪、疾病,或者将它们减到最少量,正如罗伯特·欧文(Robert Owen)曾经宣扬的那样;这种希望整个就是合法的。但是,只要由于当人在存在的阶梯上不断向上时,在其自己的目标和更低秩序的自然之间的差距越来越大,恶的力量会以某种遮掩的而非直接的形式仍然困扰着生命。

这些外部的力量将会威胁到人类的计划,有时是以集中的恶意的形式表现出来,如激怒亚哈船长的灵魂,有时是以一个傻巨人的垂涎的后果,他的笨拙的双手可以像扼死一只老鼠那样容易地扼死一个婴儿。一场地震、一道闪电、一场熊熊的烈火、一颗陨落的流星、一场瘟疫、一架失事的飞机,尽管它们都是在一个有秩序、有目标的世界里发生的事件,然而却打断了一些活着的生物的生长和发展的过程。从生命的角度来看,这些事情是没有感觉的,也是恶的,然而这种压倒了善的非善(not-goodness)却在每一个阶段都紧密地与人类的存在结合在一起。人们可以认出所有这些事实,而不会像流行的存在主义者们那样制造出那种样子的宗教。恶始终存在威胁,它将悲惨的斗争的要素引入到一个本来会处在一种不费力的愉悦中的世界,就像一些微笑着的波利西尼亚(Polynesian)岛屿,但是由于它会将生命激发到更加完整的努力状态这个事实,它可能对人类的发展和更新具有关键意义。

恶与善是相对的两极的话,那么,它们如此密切地联系,是否一方不能没有另一方

158　而存在呢？或者说,它们是否如奥古斯丁所想的那样,如同物体和影子,因而恶只是善的短缺和匮乏,或者说,它们是否都是正面的,却并不必然构成生命的相互依赖的方面? 或者最终可以说,在它们的特征中是否有一些含糊不清的,绝对论的准则和相对论的准则都不能充分地予以承认? 我将这个问题放到以后去讨论,是为了处理另一个被广泛应用于今天的准则,即恶只是恐惧和焦虑的投射,而且通过合适的心理治疗,它可以被从思想中除去,因而将不会再有客观的存在。这种观点被玛丽·贝克·艾迪(Mary Baker Eddy)发展,不带丝毫的敏锐,她带有受心理影响的洞察力,甚至将她的哲学应用到疾病这样的身体的恶。从那时起它就在数学的而非抽象的基础上被许多精神病医生接管了,这些医生多少会为这种与基督教的科学之间潜在的联系感到为难。

　　毫无疑问不管这些恶会有什么样的主观的或精神上的起源,但是这个事实决不会降低它们的真实性,也绝不会证明根除一种罪恶感在除了神经衰弱症之外的任何情况下会解决这个问题。有人类根源的恶不断要求修正,而且"现代人不会犯错"的教条使其轻易地摆脱了所有的自我谴责的感觉,它的影响就是通过将责任从作恶者的肩膀上抬起而增加了恶的社会负担。由于这样一个事实,它卸去了忏悔和自我匡正的冲动,这些对于道德的发展都是至关重要的。

　　最近,德克萨斯州的一个聪明诚实的群体致力于处理当今可见的国内外紧张关系的原因,他们形成一个相互协作的群体,从外部获得协助,他们想要寻找一种方法消除恐惧和焦虑,他们跟随当前流行的心理上的方式,将恐惧和焦虑当做是确实的恶的唯一来源。

　　行为研究计划的总的前提按照他们的语言可以归纳如下:"如果我们要为了消除恶而减少人的恐惧,就不能在我们的社会生活和行动中再使用谴责和报复。谴责其他人(或我们自己)就是进一步惩罚已经不稳定的人格。这产生了更大的恐惧,滋生了更多的'恶的'反动……如果恶的问题是恐惧的问题,我们必须找到恐惧的根源,清除它们,因此战胜恶。"这些前提完全是我们的文明中针对恶的总体态度的特征,将生命降低至
159　外在的一系列原因和影响,不给人类的理性和目标留下任何位置,在这些流行的术语上,由于理性只是包括残忍的冲动的理性化,而且在一个没有目标的世界上,方式产生了其自身的结果:"过程就是目标。"由这个群体提出的问题非常普遍,以至于我将通过稍微发挥我自己的关于它们无法克服自身惰性的评论而进一步发展我的观点。

　　"你发现你所表现的这个困境,从我的角度来看,如果你不能使你自己重新检查你最初的假设的话,你最初的方法的错误和我所担心的会使你进一步的工作无效。"

　　"你必须知道,未经检验的前提就是极端的错误的主要来源。你的未经检验的前提

就是信仰,对你而言看上去是不证自明的和毫无疑问的,认为恶只有一个来源,那就是恐惧,因此消除恶的简单的同时也是唯一的办法就是减少恐惧。根据许多近现代的精神病医生,这对你而言意味着消除任何负罪感,为了有效地达到这个效果,你必须去除任何谴责他人或谴责你自己的倾向。"

"我质疑这整套假设,包括你的想法,即认为任何不是从恐惧中产生的恶都是'神秘的',这就是说,是不真实的,或者是没有客观的根据。当你以如此有限的术语定义恐惧和恶的时候,你已经对大量的事实视而不见。你忘记了希腊人和基督徒的文化,他们比现代的精神病学友更长久的经验,已经将恶的主要来源归结为骄傲和自恋,而非恐惧,这些只是对自豪和自尊的积极的美德的抬高。"

"如今甚至恐惧都在有机体中有一种合适的功能,如果这是对现实的危险的恐惧,而不是对一种想象的危险的恐惧。类似的是,如果他被谴责,确实做错了某件事情,而本来可以通过更强的意识或清醒能够避免的话,那么谴责在人类的秩序中就有有效的成分。在极端的例子中,你当然将会承认这个,你将会承认没有什么爱、同伴的感觉、心理上的理解会使一个人拒绝责骂,譬如一个机车机械师在工作时睡着了从而导致了一场灾难。由于我们所有人都希望社会在某种程度上赞成,当它可能缺乏监督管理时,谴责成为再次强化超我的方式。或者当一个人可能试图麻木其良知,就会使其不受突如其来的伤害。"

"在我看来,一种诚实的伦理不能将负罪感从一个有罪或犯罪的人身上取走。反而,它所要做的是敏感地和理解地估量已经被实施的恶。这将抑制对于常见错误的过分的神经官能的反应,并且对于其他牵涉其中的或必须承受一些罪责负担的程度施以同情和宽容。因此如果机械师由于上级的原因而工作过度导致睡着,后者应当分担大部分责任,但是可以一起逃脱谴责吗? 不能。事实就是我们文化中的人们有种病态的倾向,想要逃脱谴责,因为他们并不希望花费工夫以任何的方式改变自己的行为,因此我们中间会经常见到逃避谴责和转移谴责的现象。这些都替代了悔改和更新。"

"总而言之,缓和恶的趋势的办法并不是要否定恶的客观存在或者不再痛恨可恨之人、不再谴责须谴责之人,而是接受这样一个事实,即我们在我们自己的行为中有我们不喜欢的那种趋势,并且在反对我们的人当中也经常可见这种趋势。我们不能降低我们应当有的责任去改正那些需要改正的其他人的行为,让我们的同胞反过来帮助我们自己改正。试图推动善的伦理不承认任何恶而是认为出自恐惧,提供了回报而不敢施加惩罚,将证明对于人类的协作是一个极大的障碍,远远超过它想要取代的系统。"

"我们要承认恶的一些形式必须要被当做是一种可以治好的疾病,正如萨缪尔·巴特勒(Samuel Butler)在《乌有之乡》(Erewhon)中首次讽刺地提出来的。但是如果所有恶都是一种纯粹中立的根源,精神病患者的对于谋杀或折磨的礼物就会与爱的行为无法区别,因为它们使他意识不到礼物或自责。这就是一种归谬法(reductio ad absurdum),你们要将恶降低至恐惧,消除所有的谴责和罪责,'善'之类的术语只会是囊括了不可承认的恶的广阔领域的一个名字。"

4. 生活的调味品

在实践中,恶与善构成针锋相对的一对,并且还高估了其质量,当成了给食物带来味道的醋或盐,生活变成了激烈的斗争而不是盛会的事实正是由于冲动和力量在内外的不断碰撞。但是我们不要重复常见的错误,即对这个斗争进行排外的辩证的分析,善的价值并不是对其否定就能积极地增加。即使一个人从未受到饥馑的威胁,也能从食物中获得营养,即使敌人从未存在过,友谊也是有好处的。那么,从理论上说,一个人可以轻易地构想一个世界,其中只会选择更少的或更大的善。

对这样一个纯洁和充实、健康和愉快的世界的梦想,从人类开始意识到痛苦和邪恶时就已经困扰着人类了,人们发现在所有伟大的作品中都会对此有所表现,在赫西俄德(Hesiod)对黄金时代(Golden Age)的描绘中,在庄周(Chuang-Chou)对类似的状态的描述中,当然还有在《圣经》对伊甸园的记述中。即使在现在,这个世界在我们更年轻的当代人眼中看来,还被相信正处在一个通过医学科学、大众生产、"充裕的经济"的进步能够建设起来的时刻。在这个世界中,所有的疾病都会通过魔药治愈,所有的痛苦都会通过麻醉剂除去,这个世界里,不管欲望有多过度,都会有工业机器生产能够满足,因为受过刻苦训练的人类会习惯于所有的欲望都得到满足。

因此人类可能就像树生长一样成熟,通过自我塑造、完善形体、从不经历不和谐、从不遇到危机、将自己与其环境融为一体。威廉·莫里斯(William Morris)在《乌有乡消息》(News from Nowhere)中预测了一个两维的壁纸世界,没有很强的聚焦,也没有深度,但是他很诚实地承认这里仍然有可能存在凶杀。确实,在1874年写的一封信中,他对人类活动中的恶的本质的洞察又进了一步,他写道:"数年前,人类的思想充满了艺术,高贵地表现生活,只花费很少的时间用于司法与和平,对此类问题的报复并不是由于他们没有留意的暴力活动的增加,而是已经留意到的艺术活动的减少。因此很可能是神再次为这个世界准备了麻烦和恐怖(或者是给我们这个角落),它可能再次变得美丽,而且依然富有戏剧性。"

即使是一个稳定自足的黄金时代真正实现了,仍然会在完美的时刻出现一种新的种类的恶,它会束缚生命,使其变得无用,因为它不会再产生一种分裂和矛盾,从中有可能出现更高级形式的生命。事实就是暂时性的混乱,如果不变成一种混乱模式的话,可能会对人类的发展更有帮助,胜过于容易接受的规则性以及不用努力就能实现的幸福和均衡。人们使生命产生出最完美的果实来,并不是在温室里、在"理想"的状态下。如果生命是为了逃避重复的圆圈,只是处在一种迟钝的动物的水平,正如利奥德·摩尔根(Lloyd Morgan)所指出的,为了使其向更高级发展,有必要采取一些分解的措施。如果一种更高级的成长秩序出现的话,必须要播下种子,种子的壳必须腐烂,躯体必须死亡,从而脱离旧的习惯和约束。

在某种意义上,痛苦、有机体的不协调、心理上的冲突,还远不是完全可悲的事故,都还是发展所必需的,因为生长就是朝向一种更高级的均衡的不平衡状态。在这个意义上,危机是生长的正常事件。孩子出生、生出乳牙、第一次交配,不只是令人烦恼的标志着身体成熟的相继阶段,而是在精神上有其相似物。格拉罕姆·华莱士(Graham Wallas)收集了大量的有特别天赋的人的传记,他们做出更密集、更有成果的发展,机会都是来自于受到疾病或致残事故的推动。人们可以避免的许多生命的体验,譬如恶,或者至少是令人不愉快的事件,如果人们有可能拒绝它们,通常证明是足够的生长的条件。这就是为什么那些能够将他们的经历与战争相连的人通常会更加成熟,胜过那些从未面临过极端的困难和恐怖的危险的人。如果人们使生命完全处于可控的程度,只是根据愉悦的原则进行生活,正如人们经常梦到的那样,就很可能会变成像历史上的统治阶级的生活那样乏味而空虚,这种生活如此无味,以至于贵族们感到厌倦,必须要为自己提供一些危险和苦难,以马球、登山、决斗的形式,就是为了不彻底失去他们的欲望。

然而,这并不意味着,善与恶总是在量上是相等的,或者说它们就是同一枚硬币的正反两面,本质上不能分离。而且它并不必然产生一个结论,正如莱因霍尔德·尼布尔博士(Dr Reinhold Niebuhr)在其《基督教伦理的阐释》(Interpretation of Christian Ethics)中认为的,即恶的可能性不可避免地要与善的可能性一起生长,因此"人类的历史并不是善不断征服恶、宇宙不断征服混沌的一部编年史,因为一个不断扩张的宇宙的故事,也是在创造着不断扩张的混沌的可能性。"毫无疑问,这些是理论上的可能性,有时它们已经在历史上存在过,的确,它们会紧密地符合"我们自己的时代的诊断"。但是对于认为这样的可能性就是不断的必然性,是没有根据的。相反,将生命视作整体,人

163 们可以说,在其领域以内,秩序是在强化的,善的领域是在扩大的。生活所追求的复杂的交响乐的秩序比物质宇宙有着更不稳定的秩序,而且正是由于它是如此复杂、如此平衡和和谐,它带来了不断衰退和彻底瓦解的可能性。在这一点上,尼布尔是正确的。

但是将自己从麻风病和伤寒中解放出来的许多共同体已经不仅仅从特定的根源减少了大量的恶,它们同时也降低了总的死亡率。如果改进的过程如尼布尔所言是自我否定的,即使这样暂时的结果也很难被预期。伦理指导的整个事例确实依靠这样一个事实,即善的数量既能相对地也能绝对地被增加,恶的数量也能如此被减少。正如我在别处所说的,恶就像是砒霜,就是少量的滋补品和少量的毒药,因此人类努力的主要目标就是要减少它。但是所有的善都会消失,恶就像杂草,不断地生长,因此每一代人都必须不断对善与恶进行区分,并且将这种努力坚持下去。

如果没有有利于善的这种区分,如果想象地说,魔鬼完全等同于上帝,而不是一种更低的权力,不断想要推翻它的主人却从未成功过,就很难会有一种弃恶向善的意义,因为任何对善的获得都只会使恶更加可怕。在这种情况下,生命注定会是逃脱不了的失败。但是这就像是说,一个城市被规划和建造的越好,它就会显示出更多的贫民窟,或者,在一个国家中守法的公民越多,他们要与之斗争的罪犯也就越多,这是针对所有理性和被遵守的事实的主张。(幸亏有善的法律和警惕的道德原则,曾经成为可能的是丹尼尔·韦伯斯特[Daniel Webster]曾诚实地夸耀的,即19世纪中叶马萨诸塞的犯罪率非常低,以至于家家户户夜晚都不需要锁门)认为善与恶的比例是不可改变的所有假设一定产生了一种精神平静的准则,就像是在基督教思想中不断出现的那样,即一种错误的信条偶然地成为维护正义和行使公民美德的必要。

我们的第二个问题是,道德原则是绝对的还是相对的。这是伦理学中的一个老的主题,但是现代的对积极的标准的改变却开始于18世纪,以及那个有代表性的哲学家德尼·狄德罗(Denis Diderot),在某种意义上他是第一个也是最令人仰慕的"现代人"。

164 在他的《夏夫兹博里》(Shaftesbury)的注释版本中,他指出"没有什么道德准则,也没有任何的美德的原则",这不能通过世界上一些其他种族或气候的环境与习惯对立起来。这个评价是对的,但其中隐含的结论是不对的。

这种贬值是建立在对存活下来的原始人的重要性的浪漫的夸张的基础上的,它没有区分两种生命形式,前者是重复的、徒劳的、幼稚的,后者是由更高级文明产生的,虽然有罪和错,还是倾向于发展、成熟、成长。文明化的人类确实有很多要从原始人那里学习,但是那些部落和群体在道德价值上最大程度地不同于文明的普世标准给人类中其他部分所赋予的不那么重要的价值。狄德罗的格言受到普通的概念的支持,不同于很多小的概念,人们一定要看到更加重要的事实,即文明化了的人类的大部分在过去三千年中,相比较数百万小部分贫困的人,有数百万之多,他们都根据不断发展着的普世的原则生活,他们的相似性远比差异性更加重要。

在历史上的文明的大圈中,道德的主要指引已经很好地被设定了,那就是遵循规定了社会关系的习惯和法律框架,这是为了使行为变得可预测,而不是完全反复无常和顽固任性,是为了尊重象征和保存价值,为了制止谋杀、暴力、偷窃,是为了尊重有组织的和有约束的性关系,是为了培养年轻人,只要当他们无助时就去支持他们,是为了说出实话,停止虚假,尽管荷马史诗中的希腊人仍然有些不可靠,他们撒谎、施暴、偷窃。这种基础的伦理实际上对于所有的人类社会都是共同的,使文明凸显出来的是高度意识到伦理选择的机会,以及积极努力将伦理准则的好处扩展到它所出现的群体以外。

这些与许多类似的规诫和规范都深深刻在人类的传统中,只要那种传统被从父母有意识地传给子女、从教师传给学生、从师傅传给学生或学徒,就仍然会起作用。习惯和选择在更小的方面会有所不同,但是没有习惯和不做选择就是没有道德,它的基础就是明显的历史和自然的差异使他们变得完全没有意义。因此,为了使任何的"原始的"部分区别于通常的标准,诸如尼采赞美折磨时所作的,就为希特勒和他的追随者们所作的精神病的行为开辟了道路。

通常,一些行为标准比其他的更好地建立起来,一些仍然被用于群体内部的而否定群体以外的。但是除了在社会解体的时候(这时它们被广泛拒绝)这些标准有助于建立人们的人性的核心部分。

如今,人类伦理中当前的"绝对性"没有一个是从一开始就存在的,人们在原始状态时并不是一出生就有一种特别的道德感,从而使他能够立刻凸显出这些普世的原则。每个都是长期不断努力的结果,都是试验和评价,即必须要进行的检验。然而到现在,某些问题如同类相食或乱伦都不再是开放性的问题了。人类物种今天的命运很大程度上取决于我们在道德上决定如何将折磨、战争、种族灭绝置于同样的不可违背的原则之下。相对主义对普世性是无所谓的,它坚持所有的善都同样有价值地表达了地方性的口味或暂时性的推动,实际上将其自身放在了部落的、静止的、停步不前的一方,这些过程和状态阻碍了人类的发展。即使是最守旧的伦理体系也仍是比相对主义更有利于生活,后者否定了普世的原则和静止的标准的可能性,或者其义务的一种形式同外在的变化是一致的。

尽管如此,善和恶仍然是一对含糊的关系,在进一步阐释它们的活动时,我们将附带地尽量利用相对论者的位置中的真实性的因素。

5. 精密时计和钟表

对善与恶的两面派角色的经典叙述很可能出现在小说中,即赫尔曼·麦尔维尔(Herman Melville)的《皮埃尔》(Pierre),这部小说的副标题是《模棱两可》(Ambiguities),强调了麦尔维尔自己在写作中的发现,并且还蕴含在献给卓越的哲学家普罗提努斯·普利林姆(Plotinus Plinlimmon)的论文中,这是个霍桑(Hawthorne)和爱默生(Emerson)的奇怪的精神上的夸张描绘。

这篇论文的题目是《精密时计和钟表》(Chronometricals and Horologicals),指的是绝对的和相对的之间的关系。这里麦尔维尔指出在现代世界,被行星运动所测算的绝对的时间是由格林威治天文台设定的,从伦敦出发的每艘船根据格林威治时间检查其船只的精密计时器。但是当船只到达如中国的时间时,其船长会发现自己的准确的精密计时器与当地的时间或日晷之间有极大的差距。如果这个船长努力根据其自己的格林威治时间制作的日程表安排当日的事务,就会在白天睡觉,而当当地的中国人睡着时从事社会交往性活动。

这就是行为的最高准则。麦尔维尔指出,每代人中会出现一些少见的人,努力根据天堂的时间来安排自己的生活,并试图使其变得绝对和普世,他们准备好出售所拥有的一切给予穷人,或者当左脸被打时就伸出右脸。但是大多数人都根据当地时间生活,他们想在将自己所有一切都给予穷人之前到达天堂,正如麦尔维尔讽刺地评价,尽管他们会发现在天堂实现这种美德更容易,因为那里根本就没有穷人。从遵守当地时间的人的自以为是的观点来看,天堂的时间是错误的。

所有这些都带来了一个事实,即尼布尔熟练而且出色地发展的,即我们的理想尽管是必要的和绝对的,然而一定要面对一个事实,即我们生活在历史上决定了的领域中,这受到不能被完全不顾的压力和环境限制的控制。换言之,道德理想就是一个指针,而不是目标,当固定的对北方和南方的指向对于找到一个人停泊的方法是必要的,那么人们可能必须要改变船只的航向,时而向东,时而向西,是为了驶向他所选择的大体的方向,如果人们设定航路通往北方或南方,就会发现自己最终只是处在了一片极地荒原上。人们根据固定的北极星指引方向,并不是为了到达最北方,而是为了找到一处好的港口。

皮埃尔为自己找到了这些发现,但是不幸的是,他和麦尔维尔都没有做出正确的结论。当他努力地混淆了谨慎的伦理时,是通过皮埃尔世俗的母亲及其精神上的导师牧师福尔斯格拉夫先生(Reverend Mr Folsgrave)举的例子,皮埃尔给他周围的所有人的生活带来了混乱和灾难,他的"高贵的"无条件的行为不受所有传统指引的束缚,就像一束X射线一样穿透了犹如带补丁的衣服的习俗,只是为了攻击其下的鲜嫩的肉体。他的母亲、他的新找到的同母异父的姐妹,他的妻子以及他自己都为他的骄傲的不妥协而付出了代价。在追逐绝对时,皮埃尔的眼睛只盯在了遥远的天际线,跌跌撞撞地踏入更深的泥沼,他本来可以不用走到这一步的,如果他从未把视线从地上抬起并只是努力地越过前方的泥坑,或者在他周围寻求谨慎小心的道路。

皮埃尔的极端的错误体现在哪里呢?主要是因为他忘记了只有在格林威治这样一个理想的点时绝对的时间和当地的时间才会重合。更要命的是,他忘记了一旦皇家天文学家离开了自己的天文台,就必须根据一个普通的钟表提供的时间行动,这个不完美的工具不一定非常准时,有时停下来了他还要给它上紧发条,如果他朝着子午线的东方或西方前进的话,这样的时间将不会再等同于天文学家的天文台。

当麦尔维尔说圣人们就是那些最靠近这个零的顶点的人,这一点他可能是对的,但是这在他们的日常生活中并不会使他们不犯错,也不会不切实际地指责其他地方都遵循的格林威治时间,只要他们都根据天文学的时间做出自己调整。换言之,对于美德没有绝对的准则会产生绝对的结果。如果皮埃尔的绝对的理想主义或者他的性方面的纯洁会导致性冷淡和性无能,那么他会有何获益,是痛恨苦恼,还是不幸地自杀?麦尔维尔就像皮埃尔得出错误的结论一样也犯了错误,最终包括了他的英雄的黑色灾难和那些他所爱的人是他的最严重的错误,实际上在他个人的生活中不断被重复。

任何时候都没有一种美德不可能被转变成其相反的一面。当谦逊被过度追求时,就会产生对自己的成果的骄傲,皮埃尔的绝对的正直导致了崩溃。"善中的善通常会导致一个可怕的敌人",这是一则古老的印度格言所说的。同样说来,也没有哪种恶会如此绝望,没有哪种冲动会如此堕落,人类可能不会超出自己的能力范围而反应,以及创造一种本来不能达到的善。这解释了耶稣对于法利赛人的罪人的偏爱,并不只是罪人需要更加急迫地被拯救,而是一旦被拯救了,他或许要成为一个比他的更加故意有美德的对手相比更好的人。

善与恶是分裂的两极,而且是固定的两极,这是个关键。但是它们在表面上使代数符号,指出正的或负的数量,而且它们改变价值就像生活的符号从等式的一边转向另一边。这难道不是爱默生的乌列(天使长之一)的意义么:"恶会祝福,并会燃烧"?伦理生活中的这些悖论和含糊被两种相对的历史性情况所证明,即德摩斯梯尼(Demosthenes)

168   时代的雅典和丘吉尔时代的英格兰。雅典人不能离开他们所热爱的生活方式,这注定了他们必然会失败;而在伦理上做好准备面对危险和死亡则给不列颠带来了生命,并且扭转了长期的失败,而他们更早的时候是不愿意面对积极的恶的。

据我们所知,这个变化带来了补偿,其他的国家在做出同样的选择时都集体地退缩了,没有出现同样的情况。不列颠的高度的道德感在战后同样地进行了配给制,"公平对于所有人都一样"。面对经济困难时的坚决努力是通过节衣缩食的规则进行的,在印度的统治也在政治上作了让步,所有这些积极的道德成果都由于最初决定接受死亡和毁灭而成为可能。只要不列颠敢面对不安全甚至灭亡,它就被拯救了。这种代数式的转变是伦理生活中的一个恒定变量,因此有必要不懈地保持警惕。

如果生命的充实适合善的积极定义,这种充分并不属于最初般纯洁无暇的生命,而是充满了新的动物的精神和容光焕发的健康,它只是随着对善和恶的了解、随着代表一个和反对另一个的行动而出现的。含糊的是,尽管恶本身必须被防止、减少、强迫后退,它还是作为生命变得最充分的条件之一而进入人类的事务。恶与善都是成长和自我实现的过程中的阶段,谁能说出哪个是更好的老师? 换言之,如果成功的话,会需要会毁灭了生命的同样的力量使经验成熟、使理解深化。

那些目标是特别的善的人通常被他们有意识地努力避免的方式带到他们的最终目的地。在达到一种丰富的生命时,相应地成功也不在于全部逃离的恶,而在于能够将负面的力量转变成人格本身的力量。对于那些还没有准备好对付恶的人来说,生命的不公正的时刻只是在作为死者的损失时才是。但是一旦恶被接受了,作为一个要素在推动关键的过程时就像消耗和疲劳一样,补偿的法律可能起到作用,而且在强化精神上的恶的时候,正如海伦·凯勒(Helen Keller)的生命告诉我的那样,可能有时给予的会比获取的更多。

那么,善就是推动了生长、整合、超越和更新的东西。相反,恶就是带来了崩溃、解
169   体、抑制生长、创造了永远的不平衡、消耗能量、贬低生命、挫败和扰乱精神、防止神圣性出现的东西。破坏者的主要助手不是罪而是漠然,不是错误的知识,而是怀疑主义。

生长、出现、超越的概念使我们更容易解释人类的生活,但是它们并不能为人类的努力提供一个重点,而且在这个意义上说,即使生命也在每个阶段都发展得很好,它们也会留给我们一种不完善和不充分的撩人的感觉,一种不断的激发和努力,除了一种暂时的目标外没有任何目标,不断向顶点攀登只是表明了需要进一步攀登的顶峰。但是实际上至少在人类的生活中,有一个暂时的落脚点,意义在于人们可能会暂时瞥一眼路途的终点以及在无尽的日子中所有需要实现的。对一些这样的结果的需要毫无疑问导

致了创造出永恒的天堂,对不符合要求的福分的幻景会永远奢望,但是对这种天堂的想法还有更加功能性的解释,将其置于生命本身,而不是放在死后的时候。

玛丽·布尔(Mary Boole)评论道:"任何在你看来值得做的事,你永远都不会长久地做,这是为了使你避免循规蹈矩。"从与人们喜爱的人的一次普通的性高潮获得的愉悦,到在知识上阐明的喜悦,对于所有人的最集中的或最高级的经验来说这是真实的。但是正是在这样的时刻,生命似乎照亮了各个方向,从所有准备活动或进一步的结果脱离的时刻,在其自身如此集中了善、如此完整、如此令各方满意的时刻,从而进一步的出现和超越似乎都不再需要,因为它们出现在经验本身。正是这些时刻艺术似乎深刻地包括了生命的所有可能性,或者说,通过同样的标志,这时生命展现了艺术的重要性。

没有这样的完美极致,没有这样的珍贵时刻,人们就只会是传统的毛驴,被鞭子从后面驱赶着,被面前的一个虚假的胡萝卜所诱惑着。为了敏捷地获得这些有高度洞察力、无条件的行动、完美的丰富的时刻,这是生命的主要经验之一,没有这种分离、沉思、最终的愉悦,无尽的活动就不能带给生命最充分的满足。人们在艺术和思想中所创造的证明了自己,不只是通过贡献给生命新价值的发展和出现,还通过产生关键的时刻。那些遇到这些时刻的人,那些紧紧保持这些时刻的人,决不会被彻底欺骗或挫败,甚至生命最差的运气或不合时宜的缩短时都不会如此。尽管是间接地,不能导向这样的时刻的并且突出其拯救者的一种教育或普遍的生命模式会达不到人类的需要。

6. 忏悔和重新确定

我们现在准备去理解犹太人和基督徒对于恶的本质的洞察的重要性,尤其是它对一种事实的觉察,即假设人类本质上是善的或他可能成为善的,或者通过完全相信科学思想和技术创造而避免恶的任何传染,都是幻想。恶就像熵一样,是人类存在的一部分,或者是对能量的耗尽,在一种意义上,正是人类作为熵和机遇的相似物,毁坏了组织、方向和目标。在这个方面,希腊哲学家们即使在否定真理的确定性或实证科学的有用性时,都以他们自己的善感到自豪,而且18世纪的人文主义哲学家们相信人类生来是善的,只是被外在的体制和狡诈的权威腐蚀了,他们都没能指出问题的本质。

不幸的是,认为人类天生就是善的并且能够任意避免恶的观念对于人类的发展是个很大的障碍,就像是认为人类天生就是恶的并且通过自己的任何努力都不能达到善的哲学是一样的。这两种观点都将人类的本性置于静止的状态,不能够通过试错法或者对自己的真实本性的反观内省获得智慧。在社会解体的时刻,所有这些关于善与恶的动态互动的解释不仅仅有所交叉,即它们阻碍了个人的行为和社会的计划的必要转型。恶是生命中永远存在的要素这个事实并不意味着一个人必须要顺从它,但是它意味着,如果一个人想要更加充分地利用它,就必须要承认它,而且最重要的是必须为它感到懊悔,要有正式的懊悔感去改变自己的态度并且拒绝恶。

为了防止改变自己,现代人倾向于远离恶这个词本身,首先他们将不会承认他们有作恶的能力,而且他们将一种罪恶感视作一种不幸的精神困扰,需要尽可能早地被心理分析学家革除掉。这些无可指摘的人们大多数都很安宁并且自满,他们如今很可能比

大多数的残忍的暴君更加阻碍了生命的更新,后者的恶毒的计划通常激起反对和抗争,由此产生了变化。正是无可指摘的政治家们过于理性而无法考虑一种罪的信念,布鲁姆(Blums)、贝内瑟(Beneses)、张伯伦(Chamberlains)此类人带领着他们的同胞进行绥靖和投降。正是一个善良正直的人、一个典范市民亨利·L. 斯提蒙森(Henry L. Stimson)确定他的决定没有被恶玷污,他不仅批准了毁灭性轰炸的使用,甚至在反思的时间之后还继续论证这个臭名昭著的政策。

这些无可指摘的人们并不懊悔,他们处于自我辩解的亢奋状态,继续着他们的愚蠢并且继续放大自己的愚蠢。这种自以为是的感觉不能够坦白它犯下的恶并且结束这种行径,或许就是行将灭亡的文明的主要标志。如果它能够承认这种可能性,即它正处在错误的路上,并且所有额外的努力只是促进了毁灭的到来,它将能够改变自己的方向。这些无可指摘的人们不希望变成另外的样子,他们过于自恋,不能够想象出真实的替代,即被赦免了罪行、不再愚蠢而且能够更新的另一种自我。

我们最严重的罪或许更多的是惰性的罪而非暴力的罪,这个事实在我们的时代已经煽动了这种不受指责的感觉。过去在世界上或许从未有过如此大量的人们过着不受指责的生活,人们有规律地做着自己的工作,体面大方地养家糊口,对那些与他们有关的人显示出合适程度的和善,忍受阴霾的生活,到死时都没对任何一个人主动施加过恶行。这样的人的存在平淡无奇,就像少量的海水一样没有颜色,却隐藏了他们的行为的共同的肮脏。因为这种罪包含在从更加严格的机会中退出时,包含在对一个人的更高的能力的否定中。在懒惰、冷漠、自满、消极中,比更加骇人的罪和错误对生命更加致命。充满激情的凶手可能懊悔,不忠诚的朋友可能对其不忠而悔恨,从而完善对友谊的义务,但是吝啬世俗的人遵从原则、一丝不苟地填写好所有的法律文件,可能对其本身感到光荣,这就是个更严重的不幸了,因为正是在他的名字中,通过他的纵容,正是由于他认为没有必要改变自己的想法或修正自己的方式,从而我们的社会从不幸沦落到危

机,从危机沦落到灾难。难怪但丁在其《炼狱》(Inferno)中将这些无可指摘的人都放逐了,这些人既不赞成善,也不反对善。我们时代的地狱一定会被他们充满。

在这个问题上,基督教神学或许比其他的宗教或哲学展现了一种更加深奥的洞察,尽管核心的原则涉及恶、罪、懊悔和更新,在今天的教会中常常被弃置不问,根据是它们与现代人格格不入,因为后者为其中立、科学、无罪的世界而自豪,这些洞察构成了基督教的鲜活的核心,每一种更加充分的综合都必须采用它们。事实是我们必须承认生命的每个阶段、每个时刻都不断可能出现罪,片面、视野狭隘、追逐私利、严峻、误算、顽固的骄傲,不幸地涉及恶从而裹挟着人经过惊涛骇浪,正如一个无辜的人可能被发现在一群杀人暴徒中间,所有这些都使我们被它们控制。在我们的文明中,决定了我们大多数人的命运的非个人的力量几乎自动地将我们所有人都牵涉进有罪的行为当中。不管我们是否意识到它们,犯人们被不公正地对待,疯子被忽视,穷人被不管不问直到饿死,杀人凶器被生产,还有一千种其他的恶行被做出,这些都在我们的默许之下。我们被牵涉进这些罪中,只有当我们承认我们牵涉其中并且亲自担起改正它们的责任时,才能改正它们。

如果在关键的十年中错误地引导了法国并最终使法国向希特勒投降的人能够有勇气公开忏悔和懊悔,他们本来可以带回来普遍的能力去以一种更加英雄的方式思考和行动。如果 1945 年以后错误地引导了美国的人交出投放原子弹的关键秘密,以及承认对于灭亡性的原子的和细菌的武器产生错误的信任,承认不能将我们所有的力量和权威都放在联合国后面,以及承认跟随了针对苏维埃俄国完全负面的"遏制策略",这样的话本来会承认他们的罪,任何时候我们都可以在一个本来可以使这个世界变得相互协作仍然不可思议的基础之上重新开始。确实,他们通过命令制造氢弹,夸大了自己的军事错误和自己的伦理负罪感的程度,他们甚至缺乏一种维护自我的生命感。

如果对这样一种内在的转型的反对继续下去,我们的整个文明就会以一种模式继续僵化,就会使仁慈的力量持续的事物瘫痪,使我们不能逃脱世界性的灾难。只有人们足够强大到承认他们不断犯错和有罪的倾向,才能够找到新的道路,只有那些坦承自己的罪的人才会被足够地重新激励去实现一种转型,这种转型现在必须在所有的体制中、在所有的群体中、在每个人身上出现。

但是这个变化的负面还不够,因为没有人会真正放弃恶,除非他对善有一些正面的看法。跟懊悔同时的还有经常被忽视的一个过程,即对美德和善的重新确认。善和恶一样都会被视作理所当然的。人们不能坚持任何善并希望它会像一笔被掩埋的财富一样保持完美无缺,最好的传统、最幸福的国家将会耗尽、消失,除非人们不断回顾它、补充它、重新确认它。我们通过惯例和习惯所做的都不能避免腐败。为了使老的真理保持下来,我们必须重新思考它们,年复一年、一代又一代,通过更多的经验检测它们,改变我们表达所用的概念和词语,从而确定我们的思想仍然活跃,并且在面对现实。为了使好的制度保持运转,我们必须再次使我们对它们全力以赴,改正不断出现在他们的作品中的错误时间,甚至有意地破坏即将阐明会抵制人类介入的地方的规则和传统。

没有对生命的善的强烈意识,没有一些仅存一日的美丽、一些温柔的表达、一些点燃的激情、一些开怀大笑、一些快速的音乐节奏,我们的人性就会不安全。为了激发勇气承担每天的任务,尤其是在混乱时代,那时没有牺牲是没法达到目标的,我们必须每日有意识地提醒自己我们想要的和认同的善。这种努力或许使祈祷者的心理的关键,而且对于善的所有的具体的表达,不管是通过一首歌还是一支交响曲,一首诗还是一个热情的拥抱,都有祈祷者所有的那种质量。最后,除了在爱的情绪中,是没有创造的,如果我们没有了爱的能力,仅仅对我们的罪的重新计算就会化为乌有。

确实,在过我们的生活的过程中,一种更加有利于成长和更新的新的模式可能被设计出来,我们将不只是重新评价,而是重新拯救所有生命的各种善,充分利用它们,不再是怀着一种痛心的意识或个人不足的感觉和积极的逃避去夺和偷它们。因为懊悔和确定的最后努力就是对生活的崭新期待,所有要禁食、节制、自制的哭丧女都必须必要地领先于它。再生的痛苦将会到时变成一种喜悦的呼叫。那些经历了更新的人的团体将会被写在他们的脸上,以一种耐心的好性情和温柔,也以一种内在的欢笑缓和的外在决定。

第七章 人的满足

1. 系统的谬论

大多数伦理哲学都试图将生命的善分离和标准化,并且产生一套或其他的最高目标。他们已经考虑了喜悦或社会效率或责任,考虑了沉着冷静或理性或自我毁灭,将其作为一种遵守纪律的和有教养的精神的主要目标。这种努力想要将有价值的行为减少到某一种持续的原则和理想的结局,并没有尽量利用生命的本质,以及它的悖论、它的复杂的过程、它的内在的矛盾、它的有时候无法解决的困境。

为了将生命简化成一种简单清楚的智力上的持续的模式,有一种体系往往忽视各种各样的因素,这些因素由于其复杂的有机体的需要及其永远发展着的目标而属于生命,的确,每一种历史的伦理体系,不管是理性的、实用主义的还是抽象先验的,都温和地忽视了被对立的体系所遮盖的生命的诸方面,在实践中它们都将指责对方,认为在常识幸运地介入要将这个体系从失败中拯救出来的时候,就这那些关键时刻对方却恰恰不能坚持。这种导致普遍失败的理由在所有的严格界定的体系中都遇到了各种生命的多样、矛盾的情况。享乐主义(Hedonism)在船只失事时是起不到作用的。正如《传道书》对我们的提醒:有笑的时候,也有哭的时候。但是,悲观主义者忘记了前一句,而乐观主义者则忘记了后一句。

体系的谬误是一个非常普遍的现象,而且我们或许能够在教育中获得其最好的伦理的结果。道德变得同样的普通,不管我们是否考虑到了一种想象的还是自传的叙述。例如,人们会想起梅瑞迪斯(Meredith)的《理查·弗维莱尔的苦难》(The Ordeal of Richard Feverel)中的奥斯丁·弗维莱尔爵士的体系。奥斯丁爵士对他所处的文化中的寻常的教育程序充满了有理由的鄙视,他创造了一种警戒的私人体系,设计用来防止当前的错误和为了产生一种生机勃勃的、有完好的智力的、完全觉醒了的、遵守秩序的年轻人。但是这个体系创造者并没有考虑到一个事实,即一个年轻人被如此规训以后,可能正如教育的例证一样,陷入了与一个年轻姑娘的爱河,从而在这个体系中没法得到合适的解释,他最终会与她一道私奔结婚。而且当这个体系为了实现其自身的目标而涉入这场婚姻时,它会带来一种更加让人苦恼的悲剧,比任何纯粹的传统教育方式所产生的更严重,而后者对其高级目标的信心更缺乏,也更少地设定其特殊目标。

或者举一个更好的例子,对于真实的而言一点也不差,即玛丽·艾弗雷斯特的童年时代,这位不同凡响的女性最终成为伟大的逻辑学家乔治·布尔(George Boole)的妻子和助手。玛丽的父亲是顺势疗法的哲学家赫尼曼(Hahnemann)的一名优秀的学生,他将赫尼曼的宗旨不仅应用到疾病中去,还应用到生命的整个养生之道中。他严格地遵循导师的信念,即洗冷水澡、早餐前长时间散步,这个创建了一个体系的创始人在他的孩子身上实践一种每日的折磨,推动着玛丽·艾弗雷斯特进入到一种空白无感情和没法产生回应的状态。她在这种严格的乏味生活中痛恨所有的东西,她作为一个年轻女孩与其父母之间的所有情感的和感受的生活都被这种方式扭曲了。她对这种僵硬专断地违背天性的方式的痛恨在她老年时的叙述中的确非常明显。

玛丽·艾弗雷斯特的父亲盲目相信这个体系,从不注意到他亲爱的孩子实际生活中发生了什么,因为坚持原则的缘故,他盲目地不顾生活中的证据,不注意他的孩子的行为和健康的信号,这本应该使他警醒认识到他正在酿成错误。对于涉入一种体系的概念及其应用中时由于过度简化而出现的谬误,如果他对其进行反思的话,或者至少他的孩子能够证明的话,所有智力上觉醒了的父母将心理学和教育学中流行于过去三十年的一种或其他的相对立的体系应用时能够证明他自己的经历。生活不能被简化成一个体系,最高的智慧当被简化成某一套显眼的注释时,就会变成一种刺耳的声音,的确,一个人越是顽固地坚持一种体系,对生活的态度就会更加粗暴。

幸运的是,真实的历史性机制已经被反常、断裂、矛盾、妥协改变了,它们越是久远,这种有机体的合成就越丰富。保留在社会土壤中的所有这些各种各样的营养物都被系统的信奉者所极其蔑视地看待,就像旧式的化学肥料的倡导者,他不知道使土壤变得可用而且有营养的正是保留下来的有机垃圾。在大多数历史性机制中,正是它们的脆弱性成为它们保留下来的力量。例如,俄罗斯在19世纪的沙皇(Czarism)是一种恐怖的统治形式,它是暴君式的、任性的、内在统一的,除了其本身的悖论以为是严厉地镇压一切的。但是,正如亚历山大·赫尔岑(Alexander Herzen)在其回忆录中所展示的,这个体系被两个事件所影响,虽然可以容易,但不是它的合法的或合逻辑的一部分,一方面是贿赂和腐败,这使它有可能绕过规定和减轻惩罚,另一方面是出自内心的怀疑主义,这使其许多官员都不能够坚持信念,因而使任务变得严酷。相反的是,人们可以注意到过渡,苏维埃俄罗斯体制当前的相对"纯洁性"有利于夯实其不人性的方面。

这种朝向散漫、腐败、无序的倾向是唯一能使一种体系逃离自我窒息的东西,因为一个体系实际上是努力使人仅仅呼吸二氧化碳或氧气而不是空气中其他成分,其影响要么是暂时使人兴奋的或使人催眠的,但是在最后一定是致命的,因为尽管这些气体中每一种对于生命都是必要的,使人存活的空气却是各种气体根据合适的比例的混合。因此,并不是东正教准则的纯洁性维持着东方的和西方的教会,并使它们即使在一种科学的时代里也能够繁荣,但恰恰是相反,即非体系的因素从其他的文化和从生活的相反的经验中渗透出来,它转变了异端,后者给予基督教信条一种关键的能力,似乎使原则缺失的部分更加紧凑。

在过去两个世纪中,排外的体系的谬误已经变得尤其普通,它们的错误实际上从未比我们自己的时代证明得更加邪恶。

从 17 世纪开始,我们已经生活在一个体系制造者的时代,更差的是,这是一个体系应用者的时代。这个世界已经首先被分成了两个大的部分,即保守派和激进派,或者如孔德(Comte)对它们的称谓,是秩序党和进步党,正如秩序和变化、稳定和多样、持续和创新,并不都是生命的同样关键的属性。人们有意识地寻求使他们的生命符合一种体系,即一种有限的、部分的、排外的原则。他们试图根据一种浪漫的体系或一种实用主义的体系进行生活,或者成为完全的理想主义者,或者成为完全的现实主义者。如果他们是严厉的资本家,在美国他们会立即忘记他们所支持的自由的公共教育实际上只是一种共产主义的体制,或者如果他们相信共产主义,就像奥奈达(Oneida)共同体的创立者,他们顽固地试图将他们的共产主义应用到性关系中去,就像应用到工业中去一样。

简言之,兜售体系的人想要将整个共同体相应地按照一些有限制的原则进行排列,并且根据体系组织其所有生活,正如这样的总体限制能够充分利用人类的状态。实际上,到 19 世纪中叶,这样的事已经变得寻常,即大多数自信的体系,如资本主义,最初作为对静止的特权和封建的惰性的一个健康的挑战,如果不被其他的社会性考虑所改变的话,就会使生命窒息,每天 14 个小时在一个新的工厂里劳动会残害年轻人和无辜者,而成年人为了服从残忍的市场竞争法则而在一个躁狂抑郁的商业圈中工作则会疲惫不堪。作为一个纯粹的体系,资本主义对人性是不容忍的,正是采纳了社会主义这个异端才使其幸免没有被暴力地推翻,社会主义是一种公共的企业和社会的保障,给予资本主义越来越多的平衡和稳定。

如今一个体系作为一种概念工具,有特定的现实的有用性,因为一个体系的构成产生了智力上的澄清,因而产生一种决定和行动的特定的清洁的动力。科学之前的抽象

178

时代,正如孔德最初对它的特征的描述那样,大体上是一个解开结扣的时期,构成整个社会网络的纬线经线的众多的线条到那时就被分离和解开了。当很多红线被打成一个结时,绿线、蓝色的和紫色的等也都分别被打成结,它们的真正的单个的织物和颜色脱颖而出,比起它们如果被置于其最初的复杂的历史结构中混织在一起的话要更加清晰。人们通过分析的思考顺着线条,不顾总体的模式,生命中的体系生产的影响就是摧毁对其复杂性和任何总体模式的感觉的赞赏。

对体系进行这样的整理,相应地将其分成数个部分,毫无疑问,使其稍微更加容易引进不同样式或颜色的新线条到社会这台织机上,它也促进了一种想象,即一种令人满意的社会织物会被单独一种颜色和纤维织在一起。不幸的是,组织一个整体的共同体的努力,或者任何一套正在起作用的关系,在使生命的每个部分都彻底变红、彻底变蓝、或者彻底变绿的基础上,实际上就犯了一个极端的错误。例如,人人都根据浪漫主义的哲学而居住在里面的一个共同体,会没有稳定性,没有延续性,绝不可能节约地做一千种必须要在生活中每一天被重复的事情,许多重要的功能都被留给了自发的冲动,会根本就不能起作用。通过自发的欲望,垃圾会被收集起来,或者灰尘会被清除掉吗? 必要性、社会推动力、统一性在现实生活中起到一种作用,这是烂漫主义和无政府主义没有考虑过的。

相似的是,根据这个极端的原则发展的共同体将其与自己的过去隔离,并且完全关注将来,它将留下尽可能丰富的历史遗产,正如约翰·斯图亚特·密尔(John Stuart Mill)的父亲给他的教育一般,通过割裂记忆,它甚至会摧毁希望。因此,一个彻底的马克思主义的共同体,除了那些由国家根据自己所订立的规则提供的生活以外没有任何生活,会失去创立一种自治的和均衡的的人类的可能性,因此它会放弃所有马克思自己的最高贵的梦想的核心部分,就像苏维埃俄国实际上已经放弃了的那样。

简言之,为了有一个单独的指导性理想,就像个人主义或集体主义、斯多噶主义(stoicism)或享乐主义(hedonism)、贵族制或民主制一样,以及为了试图追随这根线条直到生命的所有机会,就失去了线条本身的意义,它的功能是增加生命的总体模式的复杂性和乐趣。如今"或者"(either-or)的谬误到处要弄我们,当生命的本质就是拥抱和克服其所有的对立物时,不是通过将它们排除出去,而是通过将它们纳入到一个更加具有包容性的统一体中。没有哪个共同体、社会、个人能够被缩减成一个体系,或者被一个体系有效地管理着。内在的指引或外在的指引,分离或遵从,绝不应当变得如此排外,以至于在实践中它们会从一种不可能转向另一种不可能。

既有的哲学门类、当前的科学或宗教过程、关于社会行为的大众教条中,没有一个包括这里所展现的方法和观点。个人主义、人性主义(humanism)、唯物主义、理想主义、存在主义(existentialism)、自然主义、马克思的共产主义、爱默生的个人主义(Emersonian individualism)都不能以生命的名义理解这个总体的观点,我已经在这几页中提出了这个问题。当前的哲学的精髓,就是被任何一种单一的体系所必然拒斥的许多因素对于发展生命的最高的创造潜力是非常关键的;而且通过扭转一种或其他的体系,一定会暂时性地导致公平对待生命不断多样化的需要和机会。

180

那些理解了生命本质的人将不会像恩格斯(Engels)、杜威(Dewey)、怀特(Whyte)那样将现实只放在变化的框架中看待,并且将凝固不动的事物当做没有用的忽略掉,他们也不会像许多希腊和印度的哲学家那样将流动、运动、时间视作不真实的或者虚幻的,并且只在不可变动的事物中寻求真理。这种整体的哲学面对生命的实际事务,并不过度估量财产或生产的任何单个的体系,正因为亚里士多德和美国宪法的制定者们明智地倾向于一种混合的政府体系,他们将会乐意接受一种混合式经济,当面临企业导致不公或经济衰退时,不畏惧采用社会主义的方法,或者当私人垄断或政府组织在懒散的安全和不流动的官僚主义中停滞不前时,将会赞成竞争和个人主动性。这就是开放性综合的哲学,为了确保它保持开放,我将抵制任何给予它一个名字的尝试。那些根据其精神思考和行动的人或许可能被视作没有被贴上标签。

对体系的怀疑主义是本书的基本论点,但是它已经有了另一个名字:有机的生活的确定。如果没有一个单个的宗旨产生一种和谐的和平衡的存在,那么不管对于个人还是对于社会,和谐和平衡或许要求一定程度的包容性和完整性,足够到滋养每一种本性、在统一体中创造充分的多样性、公正对待每一个机会。那种和谐一定要包括和解决争端,对于异端的和一致的都要保留一席之地,对于反抗和调整也是一样。那么这种平衡就一定要保持自己不被突然地猛推和冲击,它就像活着的有机体一样,必须对其命令有所保留,在任何需要保持一种动态均衡的地方能够迅速被调动起来。

2. 平衡的理由

现代人致力于机器的意识形态,成功地创造了一个不平等的世界,它有利于人格中长期被压抑的某些方面,但是同样也压抑了不适合其主导性的机械模式的任何方面。为了克服这些19世纪在社会中被道德去价值化的普遍过程制造出来的紧张和扭曲的所有努力,必须将彻底恢复人性作为自己的目标。

181

所有的生命都主要依靠两种相对的状态的调和,即稳定和变化、安全与冒险、必然与自由;因为没有规则和延续,在任何的过程中就没有足够的持续性使人们认识变化本身,更别提识别它的好坏,以及将其判断是促进生命的还是毁灭生命的。正如麦尔维尔在《大白鲸》中关于织席子的章节中漂亮描述的,被决定的事情的固定结构就是绞船索,在其上自由的梭子会织不同颜色和厚度的线,将构成生命的织物和模式。内在稳定的性情独立于外部世界的各种变化,是一种更高级的脊椎动物的特征;由于人类处于脊椎动物中的哺乳类的顶端,他具有任何有机体的最广阔的反应能力,同样也需要额外的机械主义,这是他在头脑中和文化中发展起来的,为了在自身中创造一种平衡,这对于生存和生长都是关键的。为了达到平衡而又不阻碍生长,以及为了促进生长而又不永久性地打破平衡,是有机体教育的两个主要目标。

没有平衡的话就没有生命的缺点,如果对于那种失败如果需要任何证据的话,我们文明中的神经衰弱症的增加就足够了,即使还不算心态失衡和虚弱得被送到医院和精神病院的人。我们已经创造出一种朝向自动化的工业秩序,其中不管是天生的还是后天产生的意志薄弱对于工厂里的驯化生产都是必要的,而且在另一端还产生了一种渗透性的精神衰弱症,作为无意义的生活的最后赠礼。我们的生命越来越被专家们所控制,他们对于他们专业以外的东西所知甚少,从而没法对这些东西了解得足够多,这些不平衡的人们以他们的方式制造了疯癫。我们的生命就像医学本身,由于废除了普遍的实践者而被遭受痛苦,能够进行审慎的选择、评价和行动,指涉的是作为整体的有机体或社会的健康。我们询问自己是什么构成了一个完整的人,我们的生命计划中是通过什么样的改变使我们能创造他,现在不正是询问的合适时刻吗?

如今,对于将人类的身体看成最值得崇拜的,以及在裸体的状态下是美丽的观念,这种平衡的观念显得简单而自然,这也是古希腊人提出的,并且在他们的雕塑中予以实现。那种裸体的美似乎从一开始就存在。但是当我们观察到其他文化时,我们看到了极其简单的赤裸身体在各个地方都有所发展,没有变形、没有遮掩,实际上正是一种正面的成就。在希腊人之前和之后,人类都没有花费丝毫努力用于遮掩人类的身体,用于用衣服装饰它,用于毁坏它或牺牲它,用于对其描绘或幻想般地涂鸦,用于像秘鲁人(Peruvians)那样改变头脑的自然形状,或像中国人那样给女性缠小脚,用于雕刻脸部或像乌班吉(非洲萨拉族)人那样创造出惊人的像鸭子一样的嘴唇,用于像埃及人或18世纪的欧洲人那样用假发套在头上,用于夸大鼻子、耳朵或臀部。

总而言之,希腊人的观念是让身体达到充分成长,不需扭曲和隐藏,在其可见的和谐和内在的适当中发现美,这是一个革命性的观念。从人类的身体中获得愉悦而不以为耻,享受它而不耽于其中,这不仅仅是人的特权,但是它只出现在一种高级文化的顶端。

因此在社会和个人中都有这样一种有机体的平衡的观念。在文明的漫长发展史上,平衡的人格甚至作为一种理想都相似地罕见。或许这种罕见的理由出自文明的特殊属性上,这个事实就是从一开始它就基于劳动的分工和强迫性的工作上,这两种途径促进了生产的效率,增强了统治阶级的权力,都是以牺牲生命作为代价,因此几乎所有人都回首看更早的平衡时代,将那时的更加初级的水平作为自己的真正的黄金时代。一个均衡的人即一个完整的人,其概念或许首先是由中国人提出的,在孔夫子的人格和教诲中,他们树立了这样一种形象,并且被其深深地影响。

但是公元前5世纪的希腊人对平衡的人进行了充分的表达,首先是在生命中,其次是在反思中。见证了鲜活的例子,诸如索福克勒斯(Sophocles)的人,在身体上是美丽的,在灵魂上是伟大的,能够带领一支军队,能够写出悲剧,时刻准备经历人类的各种体验,使其生命的各个部分都保持互动,这就是得到最充分发展的平衡的人,雅典人的文化中产生出这样的人,也在两个世纪中产生了更多的这样的人,比任何其他地方过去产生的都要多。

生命的平衡和完整并没有被长期坚持。正如柏拉图在《共和国》(The Republic)中所承认的,即使是雅典人在其最强大的时候也从未在生命的计划中为另一半人口,即女性提供地位,浪漫的同性之恋和家内的异性之爱之间的内在冲突,产生了一道裂痕,削弱了整个社会。从柏拉图和伊壁鸠鲁(Epicurus)到保罗,从早期的神话宗教到基督教,所有想要更新社会的努力都试图给予女性一个地位,这是公元前5世纪的雅典人所否定她的,但是当这个目标实现的时候,公元前5世纪时的那种非常有利于平衡的人格的环境却被破坏了,从定义上来看,混乱时代就是一个失衡的和扭曲的时代。

但是同样还有很好的理由从其最初的形式排斥平衡的经典的宗旨,也就是说,它的早期形成是静止的。从我们对于宇宙整体过程的透视来看,从我们对于生命体的所有知识来看,我们知道我们寻求的这种稳定并不是一种封闭的体系,它已经形成了一种固定的和最终的形态,就像水晶的稳定性一样,并且可能保持原样达一万年之久。所有生命体都是开放的体系,都不断地获得能量,并将其转化为"工作",耗尽它,然后重新充实,因此在人体中真正可能的和想要得到的唯一的平衡形式就是动态的平衡,像喷泉一样,不断地变化着,尽管是以保持其形状的变化模式中进行变化。即使喷泉的形状也不足以描绘有机体的形态,因为动态的平衡本身通过记忆的累积的影响,通过实践、新鲜事件、对于成熟和生长的新目标的不断影响而经历转型和变化。

就像行走一样,人们达到生命的平衡是通过一系列向前的动作,这些反过来又被其他的向前动作所补充,为了平衡地实现这种运动,就会停止生长的可能性,即在生命体内部继续存在的平衡本身的条件。在现实生活中最扰乱人格的平衡的事件,如疾病、不幸、错误、罪恶、悲伤,能产生刺激精神成长和超越的影响,远比从罪恶会产生的轻松和自由的任何条件都更加积极,这些事件会使任何体系失去静止的完美,正如一阵捶打会改观一尊大理石雕塑。生命的温室效应、"最可能的条件"的结果,或许有一种苍白的美和自由,表面上看不完美,却是生长在空地、受到风和天气的影响、会被虫蛀和枯萎的果实所不具有的。但是后者有着更精致的香味,而且至少在人格中,是最有趣的,也标志着最显著的生长印记。

平衡的经典观念没有给生命的负面活动一席之地,它梦想着一种无时间性的完美,并不利用时间本身,不利用成熟的过程,不利用试错法,也不利用罪恶和懊悔,这就是说,它否定了成长的过程,这颠覆了扩大美丽的和重要的领域的行为中的静止的完美的可能性。在这方面,基督徒对于生命的极端不完美的理解为人类的关键的生物的、个人的本性提供了一种比经典的解释更好的解释。平衡对于生长而言是有价值的,也是有帮助的,它并不是生长的目标。

但是平衡的理想却过于处在中央,从而没法彻底消失。它局部地再现于本笃派(Benedictine)修道院中,其生活主要就是工作、学习和祈祷,这种生活对于手工艺术的关注纠正了对早期的闲暇阶层的计划的偏见。在文艺复兴时期,部分由于受到柏拉图思想的影响,理想再次出现在绅士和艺术家的双重观念中。在所有这些人格中,都有一种努力想要公正对待所有人,即战士、教士、哲学家、运动员、手工业者都结合起来,以一种不分专业的形式作为一个单独的人类有机体出现,那就是绅士(gentleman)。阿尔伯特(Alberti)、列奥纳多·达芬奇(Leonardo da Vinci)、米开朗基罗(Michelangelo)在思想、感受、情感和行动的领域都得到了发展,西斯廷礼拜堂的绘画并不只是一种有想象力的工作,而是一种要求大胆和魄力的体育运动。在文艺复兴时期的贵族中,妇女比她们在希腊时扮演了一种更加充分角色,因此社会的平衡更加有效。但不管是在希腊施行的奴隶制,还是在 15 世纪盛行于西欧的封建主义和早期资本主义的结合体,都不能够将平衡的理想扩展到社会的每个成员身上,因此在平衡和统一于这个时期的伟大人格中变得可见的时刻,一种破坏性的专业化和劳动分工大量出现在社会中,它使手工业者失去了自治和平衡,甚至也使农民失去了他们在日常生活的低级阶段时曾经拥有的东西。而且,绅士的理想在思想和身体的所有禀赋都得到充分的培养,依然保留到 19 世纪,在歌德(Goethe)和杰弗逊(Jefferson)这样的人身上还有一些文艺复兴式的灵巧和完美;

这也以更加民主的形式被具体到梭罗（Thoreau）、麦尔维尔和惠特曼这样的人身上，他 *185*
们拥有了园艺家、勘探者、伐木者、农民、画家、木匠、水手以及作家的能力。

机器文化的成长通过缩小单个工人的领域，通过增加和完善专业化的特殊形式，通过减少个人任务的重要性，在过去三个世纪中确定了种姓分割和专业化的更早的习惯。那些将要寻求某种完整、平衡、自治的人被驱赶到西方社会的荒野，唯有先驱者保持着完美的人的素质，尽管他要被迫牺牲一个富裕的历史环境中的许多善来实现。总而言之，劳动分化的观念被从工厂带到所有其他的人类活动领域。

接受了这种功能区分及其对单个狭隘的技巧的过度重视，人们就不仅满足于成为碎片的人，还要成为碎片的碎片，物理学家不再将身体作为一个整体和查看单独的器官，甚至在奥利弗·文德尔·福尔摩斯（Dr Oliver Wendell Holmes）的时代，他的确对专门医治右腿疾病的医生有所评价，认为他不会医治左腿。相似的是，每个人都倾向于充实自己，用的不是使其成为一个完整的人的东西，而是用使其区别于其他人的东西，思想上的纹身和伦理上的牺牲被认为既有高度的装饰价值，也有无限的实用性。这样的人对生命的最充分的可能性兴奋地进行讨价还价，是为了增强其思考、创造、命令的权力。

结果，平衡的人这个表面上简单的概念，就像赤裸的身体这个概念一样，对称地生长和和谐地发展起来，没有对任何器官的过分强调或扭曲，一个人不是严格僵硬的，而是柔软的并且能够对新的情况、意想不到的要求、突然出现的机会做出最充分的回应，几乎是超脱了他的存在，这种情况在生命中被压抑，在思想上被排斥。即使曾经拥护贵族的理想，即过一种充实的圆满的生活的群体和阶层，也羞愧地放弃了他们以往的期望，使其自己成为专家，即被尼采富于想象地称之为颠倒的瘸子的那些人，他们变瘸并不是因为失去了某一个器官，而是因为他们对其过度放大了。在古老的圣经中，有关于建立一座巴别塔以统一口音的做法，人类社会倾向于变成一个秘密社会，其中没有人会 *186*
作为一个得到充分发展的人，能够猜测其他同样没有得到发展的人的想法、感受和预谋。这自然是一种夸大，然而它几乎还不能公正对待为交流和沟通而用的工具的失去，而这的确已经发生了。只有人本身才能够理解其他人的需要、欲望和理想。

从历史上看，高度有活力的时代，如公元前 5 世纪的雅典、13 世纪的佛罗伦萨、16 世纪的伦敦、19 世纪早期的康科德（Concord），都是大多数人能够变得完整的时期，是社会找到支持和推进其完整性的时期。在这样的文化中，器官、能力和潜力被非常普遍地发展，以至于每个人在某种程度上能够与任何其他人改变地位，还能够继续完成自己的生活和工作，总体的生命效率已经充分地补充了从狭窄的集中中脱胎而出的特殊能力。

我认为没有理由认为培根(Bacon)能写出莎士比亚的戏剧,但是人类的潜能在这个时期被如此均衡地发展,以至于这个假设并不完全是荒谬的,同样假设莎士比亚可以写出《新亚特兰蒂斯》(The New Atlantis)或《学习的进步》(The Advancement of Learning)也不是荒谬的。在那些平衡和完整的时代,其中完整是一个平衡的人的关键特征,黑格尔(Hegel)对一个受过教育的人的定义仍然得到公认,即"是那些能够做任何其他人都能做的事情的人"。

人类发展的这种观点与现代文明的中心教条相左,那种专业化在这里指的是"停止"。进一步而言,专业化的渗透的程度被当做不可避免的事物接受,与它们密切相连的文明注定失败。我们对于有机体、社会、个体的需要了解的加深正好支持了相反的结论,即专业化是对生命有害的,因为非专业化的有机体处在生长的过程中,而且只有通过抑制朝向专业化的趋势,社会或者个人才能克服僵硬,后者导致了效率低下,普遍不能满足生命的新需要。我们的过度专业化的懒惰要考虑蚂蚁,在六千万年的蚂蚁社会的发展中,没有经历变化,蚂蚁的经验没有带来进一步的发展,正是由于适应性专业化的神话为蚂蚁带来了完美和稳定,从而关上了所有通往变化和改善的道路。

187 如今在生命的更新中,最主要的努力一定是带来完整和平衡的可能性,并不是作为物品本身,而是作为更新、生长、自我超越的条件。我们必须打破功能和行动的分隔,既要在个人身上,也要在整个社会里面,因此伦理评价和决定一定不能断断续续的行为,而是持续进行的行为,其主要目标是维持一种已部分实现了的平衡,并有助于那些进一步的发展,通过打破平衡,推动生长和增加生命的完整性。

为了这个目的,我们的贫瘠的机器文化一定要遭受一种比更早期的浪漫主义所敢于想象的更加彻底的感情的浸润。不重建一种能力以强烈地表达、拥有性冲动和爱、感情上充沛和愉悦,我们也会不能建立限制和控制,这为逃离自动化和进一步推动自动化的活动所需,因为这些限制被强加给已经被夯实和否定了的生命,几乎就是一种死刑的宣判。只有那些已经对生命接受的人才会有勇气在需要的时刻拒绝。那些挨饿的人即使对垃圾也会接受,即流行的报纸、广播、电视的垃圾,因为他们还没有享受过食物。

如今人格中平衡的观念本身是一个多面体。从理论上说,它主要出自对有机体的密切研究,在内部被生理学者研究,在外部和社会方面被生态学者研究。克劳德·伯纳德(Claude Bernard)第一个科学地确立一种观点,即内部环境的一种动态均衡对于人类更高级功能的行使具有关键意义,他也证实了非常少量的化学变化能够破坏这种平衡,并且损害更高级的功能。但是一个人对有机体和有机体的群体研究得越深入,这些先驱性的思想就应用得越广泛,例如,在日常饮食中,即使很少量的铜或碘可能对于整体功能的正常行使有关键意义。换言之,平衡既是数量的也是质量的,有效的生活的这种普遍的条件适用于所有的人类活动。及时的平衡同样很重要,它不是通过重复而是通过有韵律的变换而被建立起来的,正如白天和黑夜,努力和休息,表达和抑制,韵律的小的变化在这里可能被证明对于有机体的整体功能的重要性,等同于每日饮食中的微量元素一样,而且日常工作中如果忽视了韵律和变化的需要,可能会导致混乱、功能的削弱、生产上的低效率。

188

我现在想要在外在的和内在的之间,在个人和群体之间,在自动的功能和集体的功能之间,在暂时的和持久的之间,最终,在当地的、部落的和都市的、普世的之间进一步发展平衡的思想。通过我们今天对平衡的系统的科学的观察,我们能够比更早的希腊人或文艺复兴时期的灵感所能实现的更进一步地推动整个过程向前发展。但是这里我要强调平衡的一个特别方面,它对好的生活有一种深入的支撑,更是因为它是我们这一代人中被普遍忽视的一个方面,必须要在表达的、维持生命的时刻和否定的、限制的、反对的时刻之间坚持这种平衡。

在对封建主义的令人生畏的严峻的反应中,现代人试图移除所有的分界线,去除所有的限制。布莱克(Blake)的格言"酒越陈越好,水越鲜越好"(Damn braces, bless relaxes)可能已经起到了现实的引导的作用。这样的自由主要是逃避现实的,是避免任意的强制、迟钝的责任、使人筋疲力尽的义务的自由。但是"自由于……"即使被合适地论证后,一定要有一种正面的"为了……而自由"的理想,这在本质上包含一种新的限制,即对于自我施加的目标的坚持。被宠坏了的儿童的自由,如果他拥有所有他希望拥有的东西,只是缺失希望的权力或者等到其愿望实现的耐心,那他就是最惨的奴隶。例如,爱中的自由要求一种内在的陷入爱河的意愿,要求有对承诺和持续的自由,而不是只为了再次进行性冒险的自由。卡萨诺瓦(Casanova)从一个爱人处突然跑到另一个爱人处,这种不持续性使他失去了成熟的爱的其中一种品质,即尽管有激情的波动,但总体上对于长期继续的结合存在向往和需要。不存在漫游的自由,除非一个人同样也有待在家里的自由。因此在生命的其他阶段,限制对于自由和平衡都是非常关键的。放松和绷紧、表达和限制,都在有韵律地相互影响。这是平衡的首要秘密。

这里我不能继续评论那个明智的妇女玛丽(Mary Everest Boole),她说道:"男人通常将身体上的节制作为牺牲小的愉悦换取大的愉悦的过程,他并不理解节制的韵律尤其应当被控制在他所谓的最大愉悦上。相反,真正的先知会认识到,除了韵律的更替外没有一样是好的。他在思想上同在身体上一样,都不再是饕餮者,他不再渴望一种被称作实现了上帝存在的持续愉悦,也不再无限度地索求白兰地,他不再向往耶稣与圣母相

189

逢时的那种持续的狂喜的天堂,也不再向往日益可爱的瓦尔基里(北欧神话中的女战神)的陪伴下持续地饮酒的瓦尔哈拉(北欧神话中的主神奥丁神的殿堂)。他渴求的是他的身体的每一个纤维,他的大脑的每一个卷绕,是他之后可能获取的所有工具,任何一个都可能是一种偶尔的启示的手段……他不再渴望他的孩子不断地健康或兴旺,也不再渴望他的葡萄树有一种统一的温度。"

事实上,有机体与环境之间的失衡,或者更具体地说,在个人与社会之间的失衡,当我们做二者中的一个时,即增加来自外部的刺激和压力,或减少来自内部的冲击和控制的数量时,它就变得越来越重要。为了达到平衡,需要对两个方面都有数量上的控制,而且我们所掌握的方式越大时,节制、规范、持续选择的需要就变得越大。因此,数量控制的观念非常确定地甚至进入到心理平衡的观念中,因为它坚持积极的伦理的任何计划:持续和节制,最大可能地减少到最适宜的可通话的程度。当我们增加兴趣的范围和操作的领域时,我们自动增加了打击和刺激的数量,这些可以使个人失去平衡,因此我们必须针对这种趋势建立起防护性的抑制性的反应,采取延长感情反应的过程以及减慢生活总体节奏的方式。

但是要记住,平衡的理想在社会中的应用一定要在它在个人的生命中充分有效之前。没有警惕性的自我规训能够创造出必要的条件用于在个人的生命或被隔离的群体中实现平衡和增长,这就是所有短暂的和隔离的美德的谬论。即使斯多噶夸口的"没有什么能够伤害我"是一句自我欺骗的话。每种伦理或宗教准则的体系将所有的变化都置于单个的个人之上,它这样做是通过使其生命中起作用的现实的影响和压力达到最小化,也是通过取消其大部分的重要性。深刻的转型可能也确实首先在个人上发生,但是它们必须迅速结束,除非通过扩大社会基础而坚持一种更加稳定、平衡的条件。

生命静止的平衡完全集中在其本身,也是为了其本身而如此,自我吸收的和自我封闭的神秘主义者和瑜伽行者(yogin)的平衡在某种意义上过于容易而无法实现,这就像是在放在地上的一块板上稳妥行走,而精神成长所需的动态平衡就像是在一块单独的支撑物上穿过一条裂缝而实现的。它的风险和成就都是有赖于里里外外不断地运用力量,行者头晕眼花的想象投射到空间中,他有潜在的放弃的倾向,在支撑物上的软弱,重力的拉扯,踩到他脚后跟的其他人的出现,所有这些都给予这个过程意义,这个过程本来会失去紧张和愉快的。如果一个隐士的生活不比这个更空虚,那是因为他将社会的许多压力都内化了,在幻想中,他仍然是一个社会的动物,被欲望所诱惑,而这并不一定要外在的存在才能有效果的。

那么,当这个人从社会中出现的时候,他正是在社会中生活和起作用的,也正是为了与其他人分享价值观和意义,有道德的生活才变成不仅仅是在一个私人剧院中的孤独的走钢丝。根据保罗的严格意思,不仅仅是我们,还有其他人;但是平衡和目标需要他们养活一个社会,其行为和体制都是为了这个目标而运转的……没有那种持续的支持,没有个人与群体之间的那种相互影响,只有一种低劣的和半睡半醒的生活才能成为可能。部分是由于从其他人的眼中,一个人才看到一个人真实形象,部分是通过其他人的例子和支持,一个人才能探测得到一个人自己的潜力,正是朝向这个目标,我们才越来越分享,不仅是同我们身边的伙伴,也与所有人,以及尚未出生的所有人,如此我们才作为人达到我们最高的程度。

即使在专业化尚未达到其现在的高度时,19世纪的许多思想家就认识到了这些事实,正如我在《人类的状况》(The Condition of Man)中指出的:这的确是一种共同的要素,将不同的思想家和艺术家带到一起来,既有斯宾塞(Spencer)、马克思,也有克鲁泡特金(Kropotkin),既有尼采、罗斯金(Ruskin),也有惠特曼(Walt Whitman)、莫里斯(William Morris)。尽管平衡的人这个理想在过去半个世纪里很少被提及,但是可以发现,在后来的思想家的著作中,正如帕特里克·盖迪斯(Patrick Geddes)、哈佛洛克·埃利斯(Havelock Ellis)、A. N. 怀特海(A. N. Whitehead)和卡尔·曼海姆(Karl Mannheim)这些人在他们的哲学中,再次只提到了死亡。在美国,平衡的人格的理想已经被F. S. C. 诺斯罗普(F. S. C. Northrop)教授所提出,他试图将东方的和西方的思想结合起来,同样重要的是,作为克服我们时代的腐蚀和荒废的主要条件,它被一个严格的心理学家爱德华·托尔曼(Edward Tolman)在其《驱动战争》(Drives Toward War)的论文中重申。

在探讨过去西方文化中占统治地位的人格形象,即中世纪的精神上的人(Spiritual Man)、启蒙时期的知识的人(Intellectual Man)、维多利亚时代的经济的人(Economic Man)之后,托尔曼继续说道:"现在这篇论文的支撑论点将会仍然是一个第五神话(或者,你也可以将它称作第五意识形态),现在就要出现了,它必然会出现。我将称之为心理调整的人(Psychologically-adjusted Man)。它将会是一个神话,一个概念,即只有当人类的总体的心理被理解了,而且其所有绝对必要的心理需要有了平衡的满足,一个社会才会相对地被允许实现普世的幸福和福祉,战争才会被取消。正是由于这个神话(或者说,我大胆地希望这是最为真实的概念),从社会的意义上来说,人类不是一种精神的、知识的、经济的或英雄的存在,而是一种整合了的混合物,如果总体的幸福和福祉要出现的话,他的心理属性的完整性一定要被理解。"

我自己的分析中引导我去实现的主要变化,在托尔曼的陈述中会增加说它对于理解人类的复杂整体而言不仅是必要的,而且对于创造一种能通过它进行表达的积极渠道而言是一种推动理解的行为。制止这个成就的路障之一就是,我们不能通过在他们当前的专业化的形式中通过连结起人与体制的既有样式实现整体,不管是知识的还是个人的。这样一种百科全书似对于专业性的集合,即 H. G. 威尔斯(H. G. Wells)不懈地倡导的,将不会产生思想上的综合,在一个社会里任何超越专门的功能的混合以外都会产生一个整体的和平衡的社会。这样的机械的结合,不管是被国家任意推动还是通过更加私人的动力,只能够产生出一种抑制的状态,这不应当与动态的整合的状态混淆起来。对于我们的时代而言,接受这个事实可能很困难,不准备好牺牲任何特殊的有价值的功能的过度发展,以及不准备好将其附属于整体的动态的善,我们就不能再次变得充分觉醒。在几乎所有的活动中,这都意味着生产性的降低,但令人高兴的是,这种降低最终会被生命的完整性的增加弥补。例如,在面对日常的机械工人的生活时,如果必要的话,我们必须准备好拆除组装线,为了重新组装人类的人格。为了创造更好的市民,更好的爱人和父亲,更好的人,我们可能必须要减少由工厂生产的机动车或电冰箱的数量,通过更高级地产出人来弥补这个损失。

这个同样的原则将应用到几乎所有的专业化的设备中去。因此重视整体、培养调查其属下的能力,将触角伸向相关的领域,这样的学者将不能在产量上与其前任的工作相匹敌,其前任仅仅满足于狭窄的部分。在每个例子中,一定要牺牲某些事物,如果不是人本身,那么就是机械技巧、细节的完善、速度、人均或一辈子的产出。尽管产量可能减少,产品的耐用性将提高。我们的思想中有了新标准,很明显,过去两个世纪在所有的城市、体制、书本中的大部分生产都将被重新生产,也将被正确地生产。

3. 种类和性情

我们时代的最迫切的问题之一就是为我们的普世的文化创造一种人性的基础,如果所有的人在其构成和功能上都根本性地相似,那么就会容易解决,假设一个人会关注人类的相似处而不顾他们的差异,这的确是激发了基督教传教事业的信仰之一,并且使18 世纪的理性主义的哲学家们变得稍微有些乐观。

然而,到现在为止,由于大量的科学数据在生理学和人类学中积累起来,我们几乎都倾向于过度重视人类的差异,这并不同于人们总是通过肤色上的差异来识别不同的主要族群,我们发现了血型以及各种其他的身体构成部分的差别,我们甚至以极高程度的可能性进行假设,没有两对指印是一样的。我们也不再期望发现人在本性上的普世性,他不是一个自然的有机体,而是一个理想的类型,是一种努力和文化的产物,这是在他存在的程度上而言;这个类型覆盖了生物学意义上的、地区性的、职业上的、文化上的差异。

193

就平衡而言,我们遇到了与我们在普世性的案例中所做的有同样根源的困难。如果不是更早的话,从希腊人时代开始,人类的学生就认识到确定的生理上的和性情上的类型。在我们的时代,对暴躁的和乐观的、镇静的和忧郁的经典划分已经通过我们对激素的功能及其对身体结构、功能反应和性格的影响方面的知识的增加而被重新发现和重新评价了。在个人的表达中,另一种分割揭示了本身,那种被荣格(Jung)在其对外向的和内向的描述中被命名的,前者是向外的、积极的、主导的、外在化的,后者是向内的、被动的、退缩的、内在化的。或许没有什么比一种性格特征的分布或内在和外在之间的良好的、精确的维持更罕见。

如果这四种性格的划分是明确的,正如对体形和性格的一些更粗泛的描述,就会没有多少可能建立起平衡的人格,至多人们要为每一种特定的性格匹配一种哲学和适用于它的伦理符号,甚至没有威廉·詹姆斯(William James)对在坚强的人和软弱的人之间找到一些实用的中间道路的希望。幸运的是,威廉·H. 谢尔顿(Dr William H. Sheldon)博士已经在所有这个领域中进行了极端的调整,他找到一种更加基本的结构性划分,比更早的调查所发现的更加基本,跟这相关的划分在发展中的萌芽状态中进行,这时囊胚的三层,即外胚层、中胚叶、内胚叶,都被分化到它们的各自的器官中:神经系统、骨骼和肌肉结构、内脏器官。显然,每个人都包含所有者三种要素——谢尔顿的特别贡献是他为每种构成部分贴上了计量水平的标签。这个工具使他能够描述人格,不仅仅通过主导的特征(这有时会产生误导,而且总是不完整的),还通过混合物的比例。

谢尔顿博士将其人格的种类称为大脑的、内脏的、肌肉的种类。第一个倾向于在整个生命中思考其方式,第二个倾向于感受其方式,第三个倾向于为其方式而斗争。后退和内在聚焦与大脑的种类一道,由于思考的缘故,他将身体的愉悦降低到最小,并从行动中退缩。社交交往和强烈的身体欲望与内脏种类一道,而肌肉练习与有组织的行为与肌肉种类一道。第一个的方式是一种困难的、孤独的攀登,有着稀少的配置和一种不可靠的立脚点,主要是为了当其攀登到顶点时享受那种视野。第二个在生命中以迅捷的感觉和"暴风骤雨般的"脚步跳着酒神的舞蹈,到高山之巅,到低谷之底,时刻准备着停下来享受葡萄酒和美食、性快感和睡眠,尤其是做梦。第三个种类在生命中前进,通常以小组和团体的方式,肌肉紧张、眼睛紧紧盯着敌人,从不停下来休息片刻或感受一

194

番,就像黛莉拉(Delilah,参孙的情妇)搂着的参孙(Samson),一旦他放松下来去感受生命的话,很容易就会意志消沉。

在由奥古斯特·孔德(Auguste Comte)首次发展出来的社会学的术语中,大脑理想般地变成了知识分子,即神学家、哲学家、科学家、制造符号的人和创造体系的人,内脏成为"女人",或者如盖迪斯(Geddes)和布兰福德(Branford)对它们的命名,即动感情的和擅表现的艺术家、诗人、爱人,表达出他们的感受,富于图像和声音,他们的思想由他们的性生活孕育和滋养,而肌肉的种类是首领、领袖和组织者,是行动的人,怀疑一切思想或感情,担心这些会削弱他们的斗争能力或将他们从现实的目标中扭转。通过这些根本的态度的各种各样的组合,人们获得了几乎用之不竭的财富,达到了人类社会的多样性,其中纯粹的种类是不可能的,相对纯粹的种类是少见的,任何一种人格中这三个因素之间的不平衡或许成为更加非凡的。

关于与性格和人类潜力相关的身体种类,没有一个是深奥的或学术的,它更广泛地由普遍的观察所确定。哈尔王子(Prince Hal)与法尔斯塔夫(Falstaff)之间、堂吉诃德(Don Quixote)与桑丘(Sancho Panza)之间的外表和能力的差异在我们的脑子中被适当地与它们各自的身体情况联系在一起。同样,希腊人在其对女性的理想化中,在有着柔软肌肉的女猎人阿尔特弥斯(Artemis)、从宙斯(Jove)的眉间出生的智慧的雅典娜(Athene),以及内脏的阿芙洛狄特(Aphrodite)之间也有区分,后者本来应当沉湎于爱情及其产生的抚育儿女,如果她的肌肉在追猎中被增强和变紧,或者如果智力的集中使其性反应变得麻木了,那么作为知识女性的诅咒,就不能够顺从其身体,或者降低其大脑活动的补偿性的运动。头脑和精神在身体中并且通过身体起作用,甚至当它们超越了它,它们被其存在所塑造。如果男人的生命只是神的头脑中的一个转瞬即逝的想法,那么这个想法就会不得不囊括男人的身体特征,是为了激起任何能够被当做男人的东西。这就是为什么偶然地在最终审判日时身体的复活这种原始基督教理念中,比精神没什么需要的诺斯替(gnostic)派的幻象有更大的合理性。为了被从身体的牢笼中解放出来,人们必须将社会方式和其他的身体种类及特征的精神创造变得相似。

如果男人只根据其自身的本性生活,他仍然会像一个动物般存在,服从于他的本能冲动和他的激素,人类社会的历史因此就是对本性、对自我,以及对超我(super-ego over id)的控制和影响不断增长的故事。在某种程度上,每个个人都必须尊重他的生物的天赋,并且与其协调一致,在危机时刻,在肖(Shaw)的《安德鲁克里斯与狮子》(Androcles and the Lion)中,巨人费罗维乌斯(Ferrovius)发现他不是温顺的基督徒,而是充满愤怒和攻击性的人,如果他没能留心到这种召唤的话,他就会死于挫败或羞辱。但是更加彻底地理解一个人的本性的理由之一是不再自动做一个受到压迫和索取的牺牲者,正是因为他是人类,在他体内存在所有这三种成分,一个人可能通过教育和慎重的文化扭转其最初的平衡,从而抵消构成和性格方面的偏好。

不管是生理方面还是社会方面,每种以一个人的普通人性为代价增强种类的关于种类的理论都必须最终证明是对增长有对抗性的。这实际上正是每种种姓体系的诅咒,同样也是功能与过程之间所有静止的区分的诅咒,它假设唯一被部分使用的人应当与这种区分一致。如果没有其他的理由寻求平衡和普遍性,为人类的增长和发展移去障碍的需要就足以证明它了。

对于普世性宗教没能完成它们给自己设定的广阔而又包括一切的使命,原因之一或许是给予这种宗教影响的理想的人仍然是一种单个的生物种类,而且过于普通,即作为思考的人。如今人类为了保证其自身的生存,并且进一步推动其发展,必须创造出一种普世的社会,使其能够将所有人作为兄弟一样包括进来,必须对其主导性人格一种面具,需要适应每一张脸,而且要有一个目标,许诺在某个点上将所有的特殊的生活模式都带来。有这样一种理想的平衡主宰着,我们将抵消弱点,更正偏心,为互助和相互理解奠定一个基础。正如性别之间的劳动分工被它们共同结合带来的一种新人类所证明,因此三种人格种类之间的劳动分工也将被它们产生出的一种新人类所证明,这种新人类能够生活在一个统一了的世界中,适应各种地区环境,将每种样子的人和文化都囊括进来。

4. 作为理想类型的完整的人

在针对部落性的反应中,对于初级部落的生命事实上保存和推动并且必须以某种形式进入其最理想的表达的质量,通常被经典宗教所低估。对于这种概括最重要的历史性的例外似乎是孔子思想和奥林匹亚山的希腊文化,尽管耶稣接受了旧约的律法,并且将其作为新约的基础,但后者也超越了前者,耶稣也对人的最初的本性和部落文化给予了公正的对待。这些当中每一个事实上都纳入了非常多的本能的人的本性,对于其他宗教的追随者而言,似乎最关键的就是其普世性,或者无论如何都不能够关心普世的和神圣的东西。

在分析根本的宗教态度时,人们发现他们广泛地回应看待世界的三种主要方式,即攻击、坚持、后退。在本世纪初,这些态度被英国学者 D. S. 迈克科尔(Dr D. S. MacColl)

博士分别归纳为提坦神(Titan)的方式、奥林匹亚(Olympian)的方式、朝圣者(Pilgrim)的方式,分别代表着抗争、主宰、退却。最近这三种态度被莫里斯(Charles Morris)在一本名为《生活的途径》(The Paths of Life)的书中进一步分化和描述。莫里斯教授在这里追随谢尔顿,在所有的宗教中区分出普罗米修斯式(promethean)、狄奥尼索斯式(dionysian)和佛陀式(buddhist)三种成分。

从我们熟悉的基督教的例子来看,佛教的因素对于大多数人来说尤其像是宗教的,即脱离现世生活的态度,导向隐退、拒斥、限制。这个因素与肯定生活的狄奥尼索斯的因素是对立的,它将大量地展现动物般的活力,抬高所有性兴奋和激情的时刻,其中对内脏的强调正如在各种希腊式的对巴库斯(Bacchus)的表征中,甚至将神的形象转变成妄想女性(feminoid)的形式,有着突起的胸、光滑的肌肉、浑圆的臀和柔和的脸庞。第三种构成是普罗米修斯式的,与生活的环境进行了勇敢的斗争,他在我们的时代会使出所有的能力进行机器创造和政治组织,但是他最初被当作了为了改善世间的人的命运而从神那里偷取火种的神化英雄。

如果谢尔顿博士对于本质上的一套的分析被证明是正确的话,那么莫里斯试图描述意识上的兴趣和总体上生活的反应的努力,在信仰者的生理学的类型的方面来说同样是完美的,尽管只是在内在混合的同样的术语中谢尔顿才确立了身体和人格。在宗教最初形成和演化中的一种或另外的主宰性的态度,往往被用于在不小的规模上解释在后一个阶段发生了什么,这时它采纳了信仰者的越来越难以形容的和非选择性的身体。这时,每种普世性的信条都必须找到为人们的参与提供的一种方式,其有机构成提供了与进入到初期直觉和教条的自然需要和兴趣的不同结合。

所有这些补偿性的现象对于宗教信仰者而言似乎是退步的和背离的,可以被用于一种更加容易理解的心理的方式进行解释。是谁努力重建一种有机的平衡,并被一种过于单方面地坚持单独的需要和回应所破坏? 在每一种宗教的某些时刻,被选中的理想类型必然会碰到它所漏掉而没有叙述的人格部分,它必须面对本性的事实,并且将它们囊括进其最终的理想的范围内。

莫里斯巧妙地解释的理想类型能够进一步产生相关性,即在时间中的相关性。从平衡的哲学的视角来看,这增强了它们的价值。回到迈克科尔的区分,人格的这三个阶段可能同样在他的关于生命的三个主要阶段的体系中相互关联。奥林匹斯的或狄奥尼索斯的因素产生于活力和健康,往往会有玩世不恭的表达和享乐,其感觉的膨胀和性行为的无度,除了是青春的阶段外这还是什么? 在疾病、家庭责任、职业上的受挫或者削弱了活力的身体残疾之前,存在着正常的人类的潜力。奥林匹斯山上的神也没有满足、耗尽或者有可能死的时候,在每一个新的黎明到来时,他们又恢复了青春。

对于普罗米修斯式的类型,迈克科尔将其称作提坦神式的,有着高级的有目的的活动,有创造性和系统性的努力,工作时全神贯注,接受艰巨的任务和责任,不断地斗争和挣扎,限制感官生活,倾向于过高评价其职业技能,甚至达到接受身体畸形的程度,就像铁匠手上的老茧、教授的驼背一样,这必然是中世纪的人的理想化,被破坏和保护,就像狡猾的奥德赛(Odysseus)在中年时进行长久漫游一样。普罗米修斯式的人完全不顾青春,鄙视狄奥尼索斯式的因素,就像19世纪功利主义的自私善于算计的人鄙视英国贵族的无所事事的懒汉和另一种秩序的残存的奥林匹斯式的人一样,前者在孩子甚至都没有机会玩耍的地方建造了伯明翰(Birminghams)和曼彻斯特(Manchesters)。

奉献和承诺是鲜血、汗水和泪水,这就是普罗米修斯的方式,改造世界的工作是由那些准备牺牲自身甚至自己的温暖的家庭关系以试图将其完成的人所推动的。如果没有坚强和准则将生活的体育模式或多或少地施加于中世纪的人身上,组织者和士兵、殖民者和行政者、工程师和企业家的任务就只会被完成一半。诸如中国、印度这样的国家被理智类型所主导,知识水平成为行政部门的主要标准,如今在试图创造一种更加均衡的文明时受到挫折,这是由于它们缺乏一种普罗米修斯式的人物,这样的人能够承受负担和打击,能够享受与耐熔物质或有敌意的人的斗争,也对佛教或狄奥尼索斯式的诱惑不屑一顾。

最后,当最初的生命动力开始摇晃时,黑暗的时刻降临了,当青春和中世纪的动物活力消退时,当人们最好的努力终止于部分的失败时,当事故、疾病、职业病造成不良后果时,当不能再抵挡得住食物或床笫之乐时,或实际上似乎有些幼稚,或许是因为感觉开始变得迟钝了,或许是因为人们过多地重复这些行为,当能力和力量减弱时,个人几乎被推到无能者的水平,为了能有一个充分的回应,人们必须减少可能的机会、警惕的时刻、积蓄的活力的数量,从而能够使生命朝前发展一小步。

做一个朝圣者,即不再汲汲于功名,而是解脱和超然,将工作的重负让给他人,甚至像一个印度教的圣人那样远游他方。做到了这一点,只要由于其他的表达方式都逐渐被关闭,就能够在头脑中充分地享受生命。这也正可以被看作白居易(Po Chü-i)在《白云期·黄石岩下作》(On Being Sixty)中所颂扬的时期,他认为,人在30岁和40岁之间被五欲(Five Lusts)所缠绕,70岁和80岁之间又被各种疾病所困扰,但是50岁和60岁之间弃绝了利禄功名,只有一种爱好和欲望,那就是"正是退闲时"。

在这种向下的生命周期中,所有人如果意识到自己的命运的话,都会变成一个"佛教徒"。因为现在死亡已经初露端倪,不再是人们在远处挥手的陌生路人,也绝不是期望在家中碰到的事件,而是人们始终都无法摆脱的紧步跟随的伴侣。到这个时候,在正常的生命阶段,朋友、亲人、伴侣的死亡都加强了人们自己体内正在发生的生命萎缩:眼花、掉发、皮肤起皱和松弛,以及曾经轻松解决的任务都变得愈加沉重。随着这种萎缩,对外部世界的兴趣更加减少:老年人本身变聋变瞎,其严重性通常超过了器官遭受的任何实际损害。为了充分利用剩下的岁月,人们必须不顾生命的充实,这时需要减少摄食,抑制过量运动,不过度沉湎于回忆、反思,应当有一个更加快乐的灵魂,这时要有更加充实的内心生活,就像提香(Titian)和雷诺阿(Renoir),在他们 80 岁的时候仍然充满激情地作画。

从年轻时的外向开朗,到老年时的内敛孤僻,从婴幼儿时期的发育,到成熟时期的强壮,再到老年时期的理智,这就是生命的轨迹。然而由于在每个阶段身体的三个组成部分都以某种比例存在,因此时间的三个组成部分也同样都存在于每个时期。生命作为整体对它进入的每个阶段都施加一种决定性的影响,在时间上过于分离,以至于既导致不平衡,也在功能和行为方面导致彻底的分离。生命的每个部分就其本身而言是好的,然而其意义的一部分在于其对其他阶段的贡献。教育在过去试图将尚未成熟的儿童转变成成年人,但是如今有一种倾向,要将儿童隔离,只允许他们在自己有限的角色内做有趣的或有道理的活动。平衡的准则同样也应用于时间:每个阶段应当在其内部支撑缺失的整体的一些部分,或者作为经验,或者作为象征。青年时代就是肤浅的,并不是通过期待的梦就能够达到成熟阶段的;到了成熟阶段,如果还不能做到超然地自我批判,就还是不充分的;到了老年阶段,如果没有青年时的那种轻率的勇往直前,就会空虚而无味。

那么,如果将生命的所有阶段都包含在伟大的宗教中,或者进一步而言,所有这些阶段都为其自己要求被描述成巨大的苍穹的一部分,甚至还倾向于将排外的权利给予生命的那个部分,从而代表整体,这会是一个异想天开的事情吗? 但是历史上没有哪个宗教能够将生命维持在充分、整体的程度。

在宗教各阶段与个人的构成以及生命的周期的这种联系当中,还能注意到另一点。由于所有这些过程、所有这些种类都属于得到充分发展的生命,就会也有一种感觉,它们在其中会相互改变。年轻人参加战争,每天面对着残疾和死亡,当他们返回后,即使他们身体上没有变的残疾,也会比外在看上去的要老得多;老年人如果表现出与其年龄不符的耐心和顺从,通常被恐惧的回忆所诅咒,他们过于软弱而不敢直视,更无法承受。相似的是,早年的一次严重的疾病、一次使身体致残的事故(参见海瑟薇(Katharine Butler Hathaway)在《小锁匠》(The Little Locksmith)中的保存良好的人的档案),将会使其在最年幼时就表现出少年老成的态度。

但是在当前美国这样的一种文化中,恰好会发生相反的变化。由于我们过分地致力于普罗米修斯式的(promethean)生活方式,会加入一种狄奥尼索斯式的(dionysian)补充因素,即以吸烟形式表现出来的孩童般的口头快感,或者表现在过度摄入糖果、圣代冰淇淋以及诸如此类的甜食的同样孩童般的感官享受。这样的仪式立刻推动了商业的进一步发展,在一种较低的层次上弥补了集中于机器的影响。同样,这种被抑制的狄奥尼索斯式的因素甚至会将老年人拉入到对性欲的利用当中,而这不再适应他们的年轻,也与其应当有的生活经验不符。注意到这种文化中的老妇人是如何在健身和化妆方面进行不断的努力,从而极度伪造了本应其女儿才会拥有的活力。

对个体有效的,也同样对整个文明有效,因为尽管个人是从群体中产生出来的,这种关系却是相互依赖和相互影响的。面对14世纪黑死病所产生的对生命的残酷剥夺,对死亡的第一反应就是退缩。即使像薄伽丘(Boccaccio)这样的如此世故的作家,也不再写流行的情色故事,而是转向书写最有节制的宗教小册子,正如托尔斯泰(Tolstoy),在面对老年和死亡时,也抛弃了他最伟大的小说。但是16世纪时再度转移的重点在当前又从老年转向青年:随着增强的活力,像普罗米修斯般聚焦于机器,也如狄奥尼索斯般对性的表达产生兴趣,在达到比罗马于4世纪末所达到的物质消耗更低的程度之后,这两种运动导致了西方文明的恢复和扩张。

那么,在生命的每个阶段,我们能够挑出肯定的吸收的时刻,也能够挑出否定和超脱的时刻:欢欣和投入的时刻,凄凉和淡出的时刻,在它们之间有着激烈的斗争,而增加和减少的标志都可以被附加在其上。换言之,狄奥尼索斯、佛陀、普罗米修斯式的人物总是与我们在一起的:确实,正如我们有理由去思考的,如果他们的根基在身体本身的构成上,就可能很难是另外的样子。但是只有作为概念时,这些形式才能表现出一种纯粹的状态:生命嘲弄纯粹的逻辑划分。例如,佛教本身似乎会超脱于任何通过技术应用改造环境的理想倾向,然而一种普罗米修斯式的因素却悄悄进入这种宗教的内在核心,在祈祷者本身是通过创造祈祷者的运转,这是一种通过大量生产祈祷者而确保救赎的方式。

因此,在西方文化中,随着对其本身所有的圣三一(Holy Trinity)、尚武精神(Militarism)、重视机器(Mechanism)、金钱(Money)的虔诚信仰,也有一种强烈的否定生命的因素持续着。甚至在今天,当然更是在19世纪时的资本主义时期,工厂和办公场所的折磨人的按部就班、刺耳的钻头声、军队的纪律,都将有机的存在的迫切性和愉悦性降至最少。阅读早期发明家和企业家的传记,尤其是那些致力于艰难的、非人性的雄

202　心壮志的工人们的故事,你会读到一种禁欲和自我鞭笞的故事,这符合中世纪的圣徒传中的各种情节。造纸工人盖尔(Robert Gair)放弃了蜜月,是为了签订一个有利可图的商业生意。这个故事能够以一百种不同的版本重复讲述。

　　新教(Protestantism)在其灵魂中找到的世俗的罪和惩罚的感觉,毫无疑问被自我惩罚的这种新形式所减轻,尽管它充满矛盾地起着作用,因为那些悭吝地放弃当前愉悦的人在经济上会获得很大的回报。更确切地说,摈弃生命的理智因素进入了科学家的主导态度,这正是伽利略之后(post-Galilean)的方法论的核心。对于这个被伽利略、牛顿、笛卡尔所设想的世界而言,是一个被剥夺了所有狄奥尼索斯式的品质的世界,除了在数学的量上,这个世界的颜色、形式、格局、声音都是无意义的,其中感情、欲望和想象也是为人所不齿的。

　　将基督徒对生命的否定转变成一种更加广泛和难以逃避的拒斥系统和思想上的自律,正是从中世纪像现代秩序的转变中伴随发生的文化上的灵活性的特征之一。或许现在坚持科学的一些精神上的权威源自这样一个事实,即科学家们是现代的真正的圣徒。从哥白尼(Copernicus)到帕斯卡尔(Pascal),从法拉第(Faraday)和亨利(Henry)到爱因斯坦(Einstein),他们奠定了一种高级精神投入的榜样,不被邪恶的世界的浮华和欲望所玷污。这给他们的思考模式赋予了一种真正的宗教的印记,从而影响到了普罗大众。

　　至于普罗米修斯式的宗教意识形态,是与行动的、有能量的、强大的类型的努力联系在一起的,从而将自己身体上的英勇率先转变成对其他人的直接的统治和奴化。波斯人、斯巴达人、挪威人(Norsemen)、穆斯林阿拉伯人(Moslem Arabs)、突厥人都将生存看成斗争,将困境和惩罚看作一种对所有行为的自然的伴随。在其他人的目标中遇到挫折,这些群体会强化他们自身的攻击性的和虐待性的(sadistic)的反应,用鞭子与棍棒、用火与剑、用瘟疫和饥荒、用他们以及他们的神试图控制自己的同胞。在过去三个世纪中,这个世界被普罗米修斯式的人殖民了,他们对待自然就像对待自然中的人一样无情,如今这个星球上生命的存在受到他们的病态的单方面的堕落的威胁,由于西方对原

203　子能的控制、在俄罗斯等建立了大规模的民族主义的军事机器,他们致力于毁灭性的过程,如今已经严重到超过了任何理智层面。

　　普罗米修斯式的宗教形式,尤其是俄罗斯式的共产主义,在我们这个时代是对将斗争作为生命的构成因素这种过度夸大其价值的一种表达,马克思和恩格斯赞扬达尔文的"物竞天择"(struggle for existence),将其当做辩证唯物主义的核心构成部分,并不是平白无故的。这种普罗米修斯主义对于成熟和生长的缓慢过程是用处不大的,进一步

讲,它必须否定缓慢的有机程序,从而肯定其本身的信念,即自然力量如果被无情地应用的话,能够避免更加复杂的和相互协作的变化方式的需要,即互助。尽管普罗米修斯式的目标是力量,它们也会狂暴地惩罚自己,就像惩罚他们的被征服者们一样狂暴,在帝国鼎盛时期的不列颠的公学中的严酷的纪律训练就是例子,普鲁士军官阶层的整个训练和纪律,包括其学生成员身上和脸上留下的被军刀割伤的痕迹令他们引以为豪,也可以视作一例。

在一个被普罗米修斯式的价值观主导的社会中,主要的执拗的因素是女性,因为如果不放弃其自身的生物角色的话,她就不能彻底摆脱世俗的愉悦和生育这种有机体的完善,针对相对的异化的和毁坏性的男性,她自己的身体宣扬消费和生长,宣扬热爱生活和享受果实。普罗米修斯式的男性如果不部分地否定其本身狭隘的关注的有效性,就不能够认真地对待女性的角色,从而将其变成一种玩物。即使在这里,普罗米修斯式的男性通常是其偏执型的雄心和其强迫性的方式的受害者,他以一种创造纪录般的暴君式的方式,失去了感性的统一方面的相投合的愉悦。

我们可以看到,经典宗教中的每一种都表现了人的人格中的理想维度,并在一定程度上对其予以压抑。在这些宗教形成的当时的历史情况的压力下,它们没能包括人类的所有生活,将其纳入自己有机的多样性中。不管经典宗教的信仰有多正统或普世,它们都略去了相当多的叙述,以至于在原则上和在行为中将其包括都是很重要的,因此种族的智慧不仅被包含在圣书中,还被包含在与这些圣书同时发展起来的无限世俗的作品中。在达到一种平衡的人格和一种普世的文化的努力中,我们必须抵消这些过高评价某种人格结构类型和某种生活方式的趋势。

204

在这一点上,帕特里克·盖迪斯(Patrick Geddes)的话肯定了拉玛克里斯纳(Sri Ramakrishna)的直觉和行为,他尝试通过将其准则和信条试验性地用于实践,理解不同于自己的宗教的其他宗教形式。每种宗教都试图将其自身看成最高的真理和最完善的启示,高到可以忽视其他真理,完善到可以排除这些启示,这些洞察对于这种趋势是一种有益的挑战。盖迪斯断言:"所有这些福音都是生命的不同视角,就它们本身而言,所有都是真实的。所有的神话也都是真实的。自从达尔文提出'你的意思是指你相信圣经'的问题时惊吓到了牧师之后,当人们在几乎变得科学的人们那里听到充满恐惧的话语时,就是令人惋惜的胡说了。当然,我相信圣经……也相信古兰经,也相信所有人的所有圣经,不管是野蛮人的还是佛教徒的,不管是凯尔特人的还是基督徒的。人们为过去的智慧的那些宝库做出了自己的贡献。通过看到生命变得比过去想得更广阔、更奇妙,我制造了我的圣经;而且,即使所有的福音都堆到一起,也不能将其所有囊括。"

正如在即将来临的世界政府中,没有哪个部落或地区一定要被忽视或排斥,或被允许不管何时想要表达愿望时都被保持在于其余人的对话和合作之外,因此人类的构成中没有哪个部分可以在我们达到普世性的努力中被忽视,我们甚至必须为非理性和攻击性提供无害的发泄口,从而我们可以不被它们的压抑和不时的爆发所伤害。每种人格都有个人独特性的印记,在所有的维度上都是不可替代的,在自己的指印的螺旋环中叶是可以辨别的。每种人格也都有其所属类型、其生物类型、其社会类型、其阶级状况及其总体文化状况的印记,因此其独特性仍然可以分成许多可辨别的类型和类别。最终,每种人格都有普世性的印记,这在所有的形势下都是变化的,可以被转换成所有的预言,不仅是因为它出自普遍的人类命运,而是因为它为创建和参与一种普遍的命运指出了一种解决方案。当人类忽视这种普世的方面时,他整体的生命就崩溃了,作为补偿,他将会试图使部落或自我封闭的自我的一些统一体的局部形式取代整体的位置。

205   每种统一体的形式由于抑制而损坏了它承诺要达到的目标,只有包含在一种扩张的和永远未完成的整体构成的统一体中,才能够尽量利用人类本性的独特性和无穷无尽性。

我们现在已经达到了人类历史上的一个转折点,在我们对人类的本性和命运的意识形态方面和宗教方面的概念中,我们必须有意识地包括目前已经分别试图寻求排他性控制的三种基本构成部分。每种世界观、每种生命体系,都必须为其基本准则准确地增添这些缺失的要素:这些要素如果缺失的话,就像在科学的意识形态的例子中,有时会愚蠢地引以为豪。生命经验的每种基本类型都必须使自己被思想和价值的新的综合所代表,每种都必须能够在某种程度上涉及对生命的态度和期望,涉及希望、梦想和行动,这对其他的类型来说都是自然而然的。只有能够经受重新转向的这种宗教才能够产生一种创造性的作用,构成普世的社会和平衡的人类。为了这个目标,许多其他的行为都必须要被放在次要位置。

5. 平衡的体现

没有哪种哲学体系、宗教制度、社会运动已经完整地展现了总体、自治、普世的特征,这些特征当被放入我们的日常实践中时,将足以将人类从现在正发展中的毁灭性力量中拯救出来。

与这个延长的危机的要求一道的,是我们的思维似乎没有反应,我们的情感似乎被以利益计算,我们的行动似乎没有明确性和脆弱不堪,赫尔曼·布罗奇(Hermann

Broch)用的词语:梦游者(Sleepwalkers)将领导者和被领导者的特征准确地描述了出来。通过家庭机器人,我们正在准备毁灭我们自身,而且通过紧迫的非情感的行为,我们甚至加速了这个结果。在过去的半个世纪中,我们当中谁能够宣称他至少一部分的生命没有完全处于几乎昏昏沉沉当中,没有意识到已经威胁并且仍然在威胁他自己和其同伴的罪恶?在这一方面,最恶劣的侵犯者很可能是我们的文明最崇敬的,即其纯粹的科学家们。因为很难破坏好的习惯,比破坏坏的习惯更难。甚至我现在要将其人生当成一个榜样的人或许会选择更容易的方式,而不是正确的方式,尽管他对正在产生威胁的世界灾难的程度有所觉察,但是在第一次世界大战之后再次离开欧洲返回到非洲从事他的使命。

　　然而,我们的社会中处处都有单个的男性和女性会以其生命和行为预示必须要发生的集体转型,他们就像艾赛尼派(Essenes)、医治者派(Therapeutae)和神秘的仪式一样,欢呼基督教的到来。有时他们是彻头彻尾的谦逊的人,通过某一个行为显示他们比我们社会中实际的领导人对于态度上的急剧转变了解的更多,我们如果要为更好的生活奠定一个基础就需要这种态度转变。这样的人是纽约一个仓储公司的所有人,詹姆士·奥奈尔(James J. O'Neill)先生。当联合国需要将其卷帙浩繁的记录和家具转移到另一个建筑物时,他分文不收就承担了这项成本巨大的活计,他并不是为了出名,也不是为了间接获得好处,而是谦逊地、平静地表现出他对这个机构的信心,因此只是在联合国的官员适当地对其进行公开感谢时,他的行为才得以为人所知。

　　这项个体行为由于对利益的拒斥、牺牲掉最低程度的正常补偿,从而将建立起来的商业活动的模式归零,证明了对一种世界统一体的理想的毫无条件的追求。这样的人还有美国画家哈罗德·维斯顿(Harold Weston)先生,在第二次世界大战初期当美国政府中的大多数官员仅仅忙于备战时,他构想了一个准备战后物资的国际组织,用于救助和维持那些房屋被摧毁、土地被践踏了的穷困潦倒者。他不是将这个想法仅仅当作一种不现实的梦想,或者将其作为来自于一个艺术家的爱管闲事的建议,这个人一直对华盛顿的官方"纠缠不休"。那些掌权的人一开始固执地反对这样一个"不合时宜的"建议,甚至几乎被其震惊。幸运的是,维斯顿先生通过纯粹的道德信念和决心,不仅使人们接受了这个理想,还最终使其真正成为现实,这就是后来被称作联合国善后救济总署(United Nations Relief and Rehabilitation Administration)的组织。

　　同样表现出积极的个人责任感的还有R. L. 亨伯先生(R. L. Humber),他是《利于世界政府的亨伯解决方案》(Humber resolution in favor of World Government)的作者,被美国许多州立法机构(State Legislatures)所传阅。这个来自北卡罗莱纳州的有远见的建议者并不满足于等待国家的行动,而是在一个又一个的州采取个人的行动,说服他的立法者同僚为了其当地社区的利益,也为了世界的利益,必须从充满忌妒的主权国家当前不完善的统一体中,推动和加强创建一个有效的世界联邦的进程。这个方法就像其目标一样令人景仰,因为亨伯先生知道世界主义如果不将其根基和约束置于本地社区的话就不能成为现实。通过理由充分的论证和平静的坚持努力,这个人以一己之力开启了一场具有很大潜力的运动,尽管从那时起这场运动受到过恐惧的屈从者和怀疑的保守者的阻挠。但是只要有十几个人,同样都有这种理想,同样准备着行动,同样具有自我牺牲的个人努力,共和党(the Republican)和民主党(the Democratic)都不能很快陷入到缺乏远见的斗争或怯懦的孤立中,这都基于一种对原子弹的强大威力的肤浅信仰之上。

就我所知,在数千个事例中,恰好只有少数几个在每个国家中都有,都同样的具备英雄气概和决定性。通过这种想要与过去的舒适的下意识行为决裂和参与到世界统一和整合的行为的意愿中,一种新的态度将会从这些领导者传递给我们社会中的其他成员,每种个人的选择、每种单个的承诺都将肯定一种新的意识形态,并将其置于有效行动的检验之下。另一方面,没有一种理想的目标的支撑,并体现在一种有意识的哲学中,即使最非个人化的和自我牺牲的行为,就像为了联合国而在韩国进行作战的士兵一样,也不能够达到充分的效果。

在我们这个时代,通过许多可能的证据,我将提到一个人,他长期的职业生涯提供了一个更新和整合的经典例子。我选择了阿尔伯特·施维茨(Albert Schweitzer),因为他的人生大体上已经为许多读者所熟知,而且因为他的著作正是他的哲学的有意识的表达,被翻译成了许多语言。但是我将集中于其人生而非其著作,因为他的行动已经超越了他的思想。施维茨的有意识的哲学,在我看来,有时是自相矛盾和不充分的,公平地说,在观念的世界里,他并不能跻身于名流。但是他的直觉比他的理性更好地成为一个整体,而且施维茨的生命和著作中产生的转型比他已经形成的最好的思想都更深刻,也有着更广泛的意义。通过他的行动,人们可以推断出一种更完整的哲学,这超过了有意识地引导他的哲学。而且通过他的大师般的例子,规划的任务变得更加容易。

观察一下阿尔伯特·施维茨的生命轨迹。他最开始是一个致力于基督教神学的哲学系学生,在二十几岁时他所选择的职业生涯非常辉煌,如果他满足于作为一个牧师和神学家,荣誉和名声就会迅速纷至沓来。在神学的世界中,他只是众多奥林匹亚运动员中的一个,他可能在这个职业中一直做下去,直到人生尽头,就像许多其他的教会人员一样,宣传一种宗教的准则,而他对此从未通过任何的主要行动检验过或实践过,他会是外在的形式和仪式的积极遵循者,也是世俗的礼节和荣誉的幸福的接受者。

幸运的是,施维茨早期的学习任务之一是对耶稣的生平进行个人内心的检验,他通过对历史学方法的更加严格的使用,将耶稣从流行的抨击者和贬低者那里拯救了出来,而这种方法则是被用来诋毁他的。这将其产生了一种信念,即在 20 世纪,对耶稣的真正信仰者必须亲自举着十字架,做一些牺牲的救赎工作。这样的工作不会带来名声和荣誉,而是更加可能带来否定、疾病甚至死亡,也可能带来傲慢和遗忘。许多邪恶通常需要被减轻,西方社会所做出的许多罪恶也需要弥补。施维茨警惕地捡起了一个经典的例子:落后的人通过帝国主义剥削而被降低档次,其本身通过对自己无知、肤浅、残暴地危害人类精神达到落后的生活的顶端。

因此施维茨就像许多其他热诚的基督徒一样,决定成为一个传教士。但是由于没有什么能够比担负起救赎过于被疾病所折磨而不能成为整体的人类更加有英雄气概,施维茨再次模仿了耶稣的榜样,他在将福音带给病人的同时也治好了他们的病,这种治愈应该也属于福音本身的相当大的部分。带有这种决心,这个新手将神学家的荣誉扔到一旁,决定作为一个医学院的学生而接受严格的纪律,"佛教徒"让位给了普罗米修斯。

在学习医学的四年中,其本身的困难对一个人文学科的、在像斯特拉斯堡大学这样一个欧洲大学的严格学术环境培养出来的好学生而言毫无疑问非常大,但是它们要求更强地集中注意力,因为施维茨并不是放弃了所有其他的生活渠道,而是通过其作为一个风琴演奏者对乐感的培养,使其情感和感觉保持着敏锐状态。通过对约翰·塞巴斯提安·巴赫(Johann Sebastian Bach)的专门知识,施维茨将已经被彻底忽视的许多珍贵的乐谱再次传播开来。作为风琴演奏者,作为音乐学者,尤其是作为一个音乐爱好者,施维茨既服务于狄奥尼索斯也服务于基督,在他辛苦劳累的一生中,对音乐持续不断的关注使他的完整和平衡成为一个榜样。

在哲学或神学中,在医学或音乐中,施维茨的才华都足以使其有一个卓越的职业,作为他那个时代的优秀的专家,在任何这些领域中,只要他使自己完全专心于某一种活动,他的成功都是迅速而有利可图的。但是为了使自己作为一个完整的人,施维茨为即将到来的时代做出了典型的牺牲:他有意地减少在任何一个领域的持久的耕耘,是为了使其生命作为一个整体而增加内容和意义。毫无疑问,这种谦逊使其能够受益于这样一种牺牲,它直接来自于对基督的笃信,然而这种牺牲的结果并不是对其生命的否定,而是最充分的实现,因为即使在非洲的潮湿丛林中,他最终将自己的家安在了那里,他保持着对音乐的高度钻研的兴趣,并不仅仅将其乐器带在身边,而是在缺乏一般的学术参考书的时候,还仍然抽时间撰写一部巴赫的传记。

在其作为医学传教士的工作中和作为音乐演奏家的公众身份中,施维茨出身德国,却实现了另一种有象征性的重要性,这个行为在 1914 年以前的国际社会中比在我们这个时代或许更加容易,也更加自然。因为施维茨的职业生涯很少在其出生的祖国,不是在那些说着他更加熟练的语言的人们当中,而是在其敌对方法国,这在当时是其主要敌人,在这个意义上,他是另一个约翰·克里斯多夫(Jean-Christophe)。因此正是在法国西非一个枯燥的殖民地那里,在赤道的丛林当中,他将其变成了一块为之做出努力的领域。在那里,除了偶尔到国外讲学和演奏的间断,也包括他作为法国战俘被关押在圣雷米医院(另一个模仿耶稣的人梵高也被禁闭在这里)带来的间断之外,他都是在这里生活,他所侍奉的上帝是不分白人和黑人的,也不分法国人和德国人。

没有这种对民族主义的否定,就没有这个现在能够被值得建立起来名誉的人生。那些作为完全的美国人或俄罗斯人、德国人或法国人、欧洲人或非洲人、亚洲人的人,只是仅仅成就了一半的人,他人格中的世界主义的部分仍然没有出现,而这对于他成为一个人而言同等重要。减轻对民族的自私心和强调人类整体性的每一种行为,都为我们必须在现在建立起来的新世界增添了另一块基石。

我们时代的所有伟大的灵魂都跟施维茨一样,否定了民族主义,并降低了国家之间的藩篱。维韦卡南达(Vivekananda)破坏了婆罗门教对于海外旅行的规定,参加了美国的宗教大会,也将其教义带到了欧洲;盖迪斯(Patrick Geddes)花费了生命中最好的十年待在印度,探索城市中的有活力的来源和规划,并与其自己的生活模式相符合;甘地(Gandhi)冲破了种姓制度,这比国家的疆界要更加不可违背和具有强迫性;航海家南森(Nansen)加入了一个世界性的救援探险中,因此国家联盟(League of Nations)给予的世界护照和第一个世界公民都是以其名字命名的,所有这些人都冲破了带有憎恨的自我和攻击性的骄傲筑成的壁垒,这道壁垒分开了人们,同时也将文化的花粉传播到各处,他们发展了一种文化上的混合,这正是弗林德斯·佩特里(Flinders Petrie)很久以前所评价的,是与文明的形成同等重要的。

作为同样的象征,俄罗斯的共产主义者表现出来的强烈的隔离和仇外损害了他们的宗旨最初表现出来的普世性,也正如美国革命的后代们,虽然影响不如前者那么大,但也损害了早期美国革命表现出来的普世性的宗旨。俄罗斯式的共产主义现在否定"世界大同主义",不仅没能宣传,甚至还拒绝在理论上制裁任何思想和一种普世性特征的力量,这样一个事实实际上比任何其他的都更能非常确切地证明,俄罗斯式的共产主义并非开放时代的信条,而正是它的急切的反对者、有可能的破坏者。一种革命产生的反动的和压抑的后代,即苏维埃的统治者们,以及他们的在美国的精神上的同行,同样作为另一场革命的反动的和有可能的压抑的后代,他们所表达的对于世界主义的态度中的关键特征中,有一些是非常滑稽可笑的。针对这种歪曲和喧嚣,施维茨的使命所表现出来的世界大同主义显得卓尔不群。

施维茨作为一名医生传教士,他的艰苦卓绝的工作使其长时间都显得相对的默默无闻。但是同时这也使他对西方的生活产生了一种能够决定其未来思考方向的视角,正是这样一种与世界脱离的行为,产生了一种更加具有包容性的人类视野和命运,这是任何与当前问题的更密切的涉及所能给予的都达不到的。结果,施维茨的两卷本对于我们的混乱时代的诊断被看作是最早推动了对我们的文明的充分的自我分析,这不同于更早的如布克哈特(Burckhardt)和亨利·亚当斯(Henry Adams)所做出的预测,因为施维茨就像一个很好的物理学家,将其预测并不是当成一种死亡诊断,而是当成对理性行为的一种推动。

211

在斯宾格勒(Spengler)的《西方的衰落》(Decline of the West)出版几年之后,施维茨的研究以《文明的哲学》(The Philosophy of Civilization)作为总书名,被普遍地当做独立于斯宾格勒的著作看待,并且被认为不受后者的影响而写出来的,尽管它们也像斯宾格勒曾经大量做的那样,描绘出已经能被看到在起作用的分解性力量。人类价值和伦理宗旨的缺失,在我们的实证的、机器至上的文明中,在斯宾格勒的诊断中就是引起我们的问题的最严重的原因。施维茨并不像斯宾格勒那样,促使人们向野蛮主义的过程投降,将其作为我们时代的西方人的不可避免的命运,他促使人们回到18世纪的慷慨的世界大同的人文主义。

这里标明的是施维茨的凭借直觉获得的认识。尽管他本人按照耶稣的方式生活,但他承认耶稣的思想中的最根本的局限性,即这是一种地区主义的、自我为中心的文化的产物,受到民族被弥赛亚这个中介拯救的神话的迷惑,而正如施维茨所表明的,耶稣本人将这种世界末日的临近错误地当成了人类行为的决定性因素。施维茨看到一个世界性社会的伦理基础并不是由耶稣奠定的,甚至也不是由基督教会奠定的,而是由伟大的中国哲人孔夫子、孟子、墨翟(Mo-Ti)奠定的,对他们的思想的翻译,甚至通过瓷器、丝绸、造纸术一道被间接地传入欧洲,对18世纪的一些最伟大的思想产生了积极的影响,并且对其伦理以及花园或茶桌造成了中国式的影响,虽然它起源于中国,但是在范围上确实对整个人类都有帮助。

施维茨来自基督教世界,作为一个积极地奉献如同正式结婚一般的人,他的宗旨体现了其思想的深度;为了反对神学的形式主义,他发现18世纪实际上已经进入到一个基督教原则通常会放弃形式,或许就像在中世纪时一样活跃于现实生活的时代,它使人们在行为上变得混乱狂野,就像在战争当中,使人们实现相互理解和求同存异的容忍,也使人们从事一种世界主义的事业,使世界变成一个整体。这个世纪当中产生了国际性的慈善家,如约翰・霍华德(John Howard)和世界性的赞助人,如托马斯・佩纳(Thomas Paine)。

像霍华德和佩纳一样的人毫无疑问低估了一个封闭的社会的力量,就像18世纪新出现的共济会(Order of Free Masonry)一样;他们对最初出现的群体对内部的自我满足没能正确对待,或许甚至在某种程度上推动了民族主义的反应,这在思想体系上开始于卢梭(Rousseau)和赫尔德(Herder),在实际操作上开始于法国大革命。但是对普世性的标准和普世性的目标的可能性的信仰被应用于人类的行动中,因为他们拥有共同的人性,这是一种健康的人性;而且施维茨也认识到了这个事实。请注意,第二部分的标题不是《宗教和文明》,而是《伦理和文明》。

在美国的神学家当中,流行将伦理不夹杂宗教地仅仅当做一种插瓶花进行谈论,也不涉及现实生活的土壤,这虽然美丽,但是注定会衰败。但是细心的历史学分析显示出,其反面就是真理;因为伦理学存在于生命的一般土地上,有着根基一直延伸到我们在原始祖先那里,而宗教尽管将我们带到了山峰之巅,为我们展现了远远超过我们日常生活范围的视野,仅仅由于其稳固地基于一种更旧的伦理秩序而产生出更广泛的伦理要求来。在动物的忠实和爱的基础之上,更高级的价值如神圣的制裁都成为可能。

施维茨对于18世纪普世大同主义、自由主义、乐观主义的肯定,与莱因霍尔德・尼布尔(Reinhold Niebuhr)对于同一个时代的消极的阐释正好相反。尽管尼布尔看到了18世纪哲学的肤浅和空洞,只是对后世矫饰的一种有利的修正,施维茨对于已经丢失了的或当前散落的有价值的思想的尊崇,在我看来是同样相关的。在我们的时代里达到这种普世主义有多困难,施维茨自己的著作充分地予以了展现,因为尽管他在写作中对印度的哲学和宗教进行了广泛的批评,甚至他有时候过度地强调了基督教与佛教在对爱的宗旨方面的差异,将前者看成是比实践中表现得更加促进生命发展,将后者看成是完全是负面的和否定生命的、以怜悯取代爱并且放弃暴力而进行积极的救助。

施维茨认识到印度教文明的稳定的特性,他甚至忽视了转世轮回(reincarnation)这种流行信仰的积极方面,没能解释其真正的有进取性的特征,也没能看到它提供了一种回报和惩罚的体系,比基督教对于赎罪的概念更加富有逻辑性;因为它使天堂与一个人的荒漠相称。就其所有的研究而言,这种对基督教启示的偏重削弱了施维茨对印度教解释的洞察力,他在某种程度上缺乏大主教索德布鲁姆(Archbishop Soderblom)对于存在的上帝(The Living God)的解释中的天主教和仁慈。尽管如此,施维茨从印度教和中国哲学都有较大受益,因为施维茨正是从印度教而不是基督教那里有意或无意地产生了他的核心的伦理原则,即对生命的敬畏。

施维茨在其个人身上明显体现出来的对已有的价值的重新评估只是部分地实现了他的哲学,他的思想缺乏其生命的有机整体性。这是由于他不再试图达到一幅能够囊括自然和人类的世界图景,尽管他将其对非人类世界的解释勇敢地基于对真理的系统性的追求,他将其伦理体系建立在这以外的事物上,即生存意志。

从根本上说,施维茨的伦理原则只是将叔本华(Schopenhauer)的伦理原则颠覆了,他没有宣称生存意志是一种诅咒,而是将其视作一种赐福。但是通过将伦理与更广泛的进化过程分离开来,施维茨对生命的敬畏最后必须要面对这种最终的悖论:如果同样推动了成功的所有生命形式会带来生命的终结,那么在这发生以前,更高级的形式也会消亡。没有哪种选择能够明智地与生存意志相符,也不会与对生命的不当尊崇衍生出来的准则相符。

幸运的是,对施维茨的哲学的批评并没有将其作为一名教师而减去任何价值,因为他作为教师通过对宣称的目的的论证而达到了一个特殊的巅峰,这在其实际的著作中大量地得到实现,追逐真理一直到其最终的目标,并且坚持其发现成果。注意到这个目的,并且考虑其应用:它与许多科学家的态度呈现出正面的对立,后者通过真理指的只是他们的真理体系,并且甚至拒绝消极地看待这些事实,这可能在其自己的假设中强迫产生一种极端的修正。

这个时代及其带来的挑战试图将人类通过一种私有的真理体系一起来,即古杰夫和斯坦纳的和平(pace Gurdjiev and Steiner),还没有哪种整合能够与其相称。不管科学和集体研究在建立一种稳固的生命智慧中有多脆弱,部分地由于科学和哲学中的进一步探索,以及同样的在我们还远远未知的领域中对于"不能简化的固定事实"的尊重,我们能够更正这些失败。在人的最高级类型中,我们能够创造今天,精密的思考同仁爱(human-heartedness)一样都是一个卓越的标记,对于能够证实的真理的无条件的奉献正好展现了它们的正当性。只有通过对人类的最高级功能及其思想的引导,才能够充分表达对其生命其余部分的要求。

如果施维茨的自觉的哲学不足以表达所有存在于其鲜明的例子当中的东西,他的生命幸运地包含的也正是在大多数哲学中缺失的部分或者符号,即在其生命的戏剧中,他的地位的哲学的意蕴变得非常透明可见。施维茨作为一个神学家、医生、音乐家,也作为一名思考者、行动中的人、圣人,他已经接受了我们的时代中最艰难的要求,并且以令人景仰的方式履行了相应的义务。他通过经验了解到平衡能够通过牺牲达到，这方面他超过了所有其他人，然而这种平衡本身却由于强化和扩展了生命的可能性而又抵消了牺牲。施维茨在伦理上的伟大源于他显示了它不放弃现代科学的方法和视角的话，就有可能达到当前的科学、哲学、宗教所还没有充分教诲的程度，即有可能成就一个完整的人，并且甚至在充满敌对的环境中过一种完整的生活。

在每一个有意识的行为中，施维茨都以典型的迅速、简单和直接进行了更新过程，这对其生命计划的完美性是个进一步的证明。施维茨医院的护士之一见证了这位擅长简单化的天才。她写道："我以前从未见到过这样个人化的机构，我也从未见过一个机构中会有如此辛苦、手工的因素。在每件事被安排的方式中有着独创性和简单性。被加以强调的永远都是最实用的东西。"人们可能会这样推论，但是这个证明仍然是宝贵的。受到其复杂性的困惑，我们的文明对于这样的直接的行动、这样的连续的行为、这样的理性的简化有着特别的需求。

阿尔伯特·施维茨的生命因此是一种信号和保证。他的生命比任何他写的书都更好地表明了，我们的生活不管从我们的文明的消极崩溃或积极毁坏中受到多深的伤害，仍然可以基于更加稳固的基础建立一种生命的计划，并且将其导向更高级的目标：这是一种更有组织性的结构、更加个人性的表达，而不再是专门化、虚无主义和机械至上主义的牺牲品。

这个变化并不能被想当然地认为是受到了直接的影响，任何缺乏英雄主义的努力和广泛被参加的事务都是不足以导致出现这种变化的。或许不管我们的理解有多坚决，我们中都很少人能够达到我们的部分的均衡发展，或者是施维茨个人所达到的包括一切的和谐。我们也不需要拔高施维茨的个人的胜利，从而使这个目标看上去更加让人向往，由于施维茨只是一个人，因此我们必须假设他的生命中也有脆弱、矛盾和失败，在某种程度上，他也是不完整的、不平衡的、没有得到充分实现的。在我们使自己的新的部分得到完美的实现以前，我们所有人都必须生活和行动，因为只有通过行动，我们才能变得更加完美。因此，我们最大的努力将达不到的地方，一定是事物的本质。

但是这些保留绝没有减少施维茨的例子所要求的爱与敬畏，它们的确保证了他在我们面前设置的理想不是一种不可到达的理想，反而只是足以超越了我们通常的习惯和力量，使我们所有的行为都产生了一种有益的紧张。在这种真实的个人中，生命的泉水开始再次流动，当前在山的一侧的一百条相似的源泉中，其他的泉水也开始注入了水，一种神奇的小河将开始在西面的山谷之中开辟出一条新的渠道出来。这种新的类型的人在平衡方面与雅典人或文艺复兴时期的绅士全然不同，显示了有可能重新导向我们的文明的力量,在我们的力量和我们的目标之间创造一种新的起作用的统一体,这将利用到所有被压抑或多样化的人类潜力。

　　超过我们人类的控制能力的外部事件在某些时候可能会使这种增长失败,这在以前发生过,也可能会再次发生。但是如果西方文明逃离这种邪恶的命运,即它对于机械主义和自动化的过分依赖、它对人类价值和目标的全部否定如今正在威胁它的命运,如果它克服原子能的威力带来的妄想,以及其在精神上对于自杀或大屠杀的推动,那么生命将要采取的形式以及将要孕育它的人格的类型,就会是阿尔伯特·施维茨所表现出的那种形式和类型。在这样一种基础上,生命的更新变得可能。

第八章 更新这场戏剧

1. 对病理状态的乐观

文化中的每种构成性活动如果深刻到可以开始一种新的发展循环,似乎就开始作为对社会内部损耗的一种反应,这正是穆莱(Gilbert Murray)所称的"神经的失去"。几乎一夜之间,人们所熟悉的生活方式就变得毫无意义:尽管他们每天都按部就班,居住在熟悉了的建筑物中,崇拜着他们通常崇拜的神灵,他们的整个生活都立刻变得空洞。在一个发展着的文化中,即使存在的最为琐碎的细节也通过其与整体的联系而变得有意义。在一解体的文化中,即使伟大的理想和计划也似乎毫不起眼,因为对于整体的一种活着的感觉已经消失了。这时候,言语变成了哒哒(da-da),曾经有活力的领导变成了随风飘摇的木偶,生活本身立刻变得让人泄气,随着一声不屑的"哼",就像一个玩具气球被针突然扎破。

自此以后,一种文化可能在数个世纪中不断地重复旧的活动和仪式模式,它可能甚至会回复到旧的模式,从而可以克服一种让人气馁的发现,即这个模式正在变得不显著,而生活本身却被证明更加空虚。但是这种危机可以引起一种决定性的反应。如果生命的力量重新集结的话,那么一种新的运动也要开始:旧的理想被从不能再被利用的模式去中心化和解放,围绕着一种新的组织理想被重构,这种解体发展得越远,新的思想能够引以为养料的领域的范围就越宽广。当这种汇合和综合的过程能够在基督教的历史中被以经典的清晰进行探索的话,就或多或少会出现在每一种伟大的转型中。当一种文明开始围绕着这样一种思想发展时,就有可能被拯救,这就是说,这个社会中的失去的成员被重新构成,他们的失去是由于他们被社会排斥或找不到共同的目标,这种重构被新的意识形态所支持,它们设计出一种新的情节,有着新的道具,建造起新的布

景,涉及一种新的戏剧。通常而言是被排斥的部分,即绅士或野蛮人、无产阶级、被剥夺了的少数派,他们在这个转型中担任领导角色。

在这种整体的过程中,有一种特定的"对病理状态的乐观",正如医生通常称呼它的那样,也就是说,在条件似乎最差的地方,就像在危机爆发之前的充满兴奋的狂热中,它们通常有一种更大的机会变得更好。只是解体的特定的痛苦被经历之后,似乎灵魂才准备采取本来不能被支撑的负担,创造一种新的生命形式。如果社会的危机没有带来死亡的话,它可能会推动新的增长,就像一棵树的树叶已经被甲壳虫剥了皮,甚至在这个季节较晚的时刻,还可以长出新的树叶。通常而言,一个文化中的创造性时期是从一种艰难的,甚至致命的挑战中反弹出来的时刻,这正是在波斯战争之后的雅典人、逃离了埃及之后的犹太人所做的。

在我们的时代,不止一种百科全书式的历史哲学家全力以赴地去理解一种文化或文明的循环如何以及为何发展、兴盛、结束。斯宾格勒使用最简单但又最靠不住的类比,指出所有的文化都有如季节般的循环周期,如果他认真地对待他的数据,就会忘记他本来可以解释文化能够被置于地区中,而不会再冷与热、增长与冬眠之间有任何明显的季度间的对立。汤因比(Toynbee)在斯宾格勒的基础之上,竭尽全力地进入到增长、停滞、解体的各个方面,却比斯宾格勒有着更加具体的细节,也更加大方地允许产生对立和差异。不幸的是,正如我预见到的那样,最终汤因比提出建议,认为文化在最终阶段的使命就是产生出一种衰败、痛苦、不可医治的状态,从而使人们放弃所有在人世间实现的希望。这导致发展出一种以天堂为中心的社会的新形式,看上去对整体和健康是不可思议的,它朝向永恒和起到作用的"超越时间"。在索罗金(Sorokin)对文化的解释之上,有观念的类型和感觉的类型之间的波动,第一个是神秘的、向内的、超世俗的,第二个是现实的、向外的、实证的,尽管支撑这种解释的学术资源很充裕,但这个观点似乎将斯宾格勒和汤因比的薄弱点都结合了起来,尽管它努力避免第一个的傲慢和独断和第二个的反历史的超世俗。

现在在所有三种解释中都有真理的被压碎和分离的碎片,我会主动地利用它们,通常这些碎片分裂得很深。然而我自己的解释是基于一种假设,即人类重复地改变其生命原型的生物性的计划,通过在其文化中创造一种社会仪式和一种戏剧,这是通过其自身的特殊需要形成的,并且与其自身出现的目标相一致。这种新的戏剧或许是不断扩大的劳动分工的自然结果,因为有了这种分工,就有角色的多样化,因此在这样的社会的成员面前就出现了选择,并不是完全以其祖先的模式而给予的。在一个发展中的社会里面,在旧的稳定的部落自我和在其上新投射的性格之间出现新的紧张,冲突随之而来。这种戏剧性的冲突抬高了生命的价值,在追求它的时候,人类离开遵循习俗的村庄,进入到城市,为了城市而生活,逐渐脱离了自身作为人的多样性,除了重复和仪式以

218

外还提供了一种新的统一模式,这是一种戏剧主题的统一。这个主题被不断出现的集体的选择决定和改变。

戏剧是在文化本身将固定的模式改造成预料之外的戏剧行为时才在舞台上成形的,它不断作为一种文化的一种符合而出现,有着对于生命的大量新的可能性。由于更高级文化的戏剧提供一种普遍的指导性主题、一种包括社会各个方面和使每个演员都涉及与他本来面貌截然不同的角色的情节,或者对社会仪式的设定的指示。这样出现和发展起来的社会目标充分利用了习惯和习俗,诱引人类努力发展出本来不被使用的出售关键能量的杂货店。在这种关于一种文化的戏剧中,人类在解释的过程中向前迈出了一大步,这开始于他在艺术中对戏剧的使用和他对语言的创造。通过戏剧中的扮演,包括了人类的地位、工作、亲人、场景、行动、线索以及情节,他解释了范围很广的现象,超过他通过任何有限的观察体系所能够做到的,他将其摄入戏剧,并不仅仅是作为旁观者,还作为一个参与者,即作为剧作家、导演、场景布置者。这种多功能的角色包括了生命的每个方面,产生出对于存在的、人类的本性和命运的可能性的更进一步的知识,这超过了任何更狭隘的方式所能实现的,因为它激发起更广泛类型的合作,带来每种可能的倾向和功能的利用。

219　　对情节的构思和对文化的主要主题的建构是宗教的主要功能之一。那些使人在其戏剧的角色中比在他实际的角色中做出不同行为的事实上正是其宗教,不管他们会给予它什么样的称呼。因此罗马人的主要宗教并不是虔诚地信仰本地神灵,而是为建构罗马帝国而形成的崇拜;美国先驱者的宗教也并不是清教(Protestantism),而是对自然的征服和对边疆的胜利。正是为了这些理想,人类奋斗、牺牲、主动死去。这些戏剧在不断的场景和行动中的细节发生正处于人类历史的核心处。位于集体的戏剧以外的属于历史的木质房间,或者属于剧场的加热和管道系统,对于产生出戏剧来说都是必需的要素,但是并没有特别指涉真正发生在舞台上的。如果所有发生的都是一系列的戏剧变化和新鲜的灯光作用,那么谁会去为了他们自己的缘故而去看戏呢?人类会很容易就被自然强迫他所做的所有准备活动变得不耐烦,他的戏剧正是生命对他而言是有趣的地方。

　　文明的兴起从这种视角来看的话,是与一种占主导性地位的统一的主题的形成以及一种将英雄作为中心角色的创造联系起来的,是与为了支持演员表而设置的附属性角色联系起来的。但是戏剧的进一步发展,需要的不止这些,如建造一种特殊的舞台,涉及新鲜的剧情和内容,将会为演出和进一步地角色造型提供一种标志性的背景,因此这个共同体中的每个成员将会演出一个重要的部分。同时,演出倾向于将最初的中心角色转向支撑起这个角色的整个社会。

一般而言,这个戏剧的线索是没有被写出来的,戏剧本身充满了计划以外的不确定的惊奇,错置的高潮,连篇累牍的插曲,演出中的不相关的断裂,从喜剧到悲剧惊人的过渡,最好的是一种喜剧作品(commedia dell'arte),其中演员按照情节不断的发展创造一些线索,并且通过他们新的解释产生一些要点和意义。每种文化都产生出一种戏剧,其本身也是戏剧,它解释生活,同时本身也是生活。受到恢复到人类动物般过去的威胁,或者回到部落仪式的控制,人类通过创造戏剧逃脱这些限制,在戏剧中他通过树立起一种可能性的情节,放弃了动物社会了解的完美,以及部落社会所达到的稳定,这就是选择他的道具、他的场景、他的线索,为了给予人类的生活一种新的意义和目标。在文化的戏剧中,人类既为自然抬起一面镜子,也发现了本能够处于主导地位和始终如一的潜在的自我。

对于人类文化的这种戏剧性的解释并不是想要代替其他解释,如经济的、宗教的、心理的、地理的解释,它的好处就是包括了所有这些解释,显示了将任何表演的方面作为唯一重要的部分挑出来的努力的片面性。如果这实际上就是对文化发展的一种提示的话,同样或许也是对其衰落的一个关键因素。当一种文化开始解体时,它表现出了这种状况,并不是因为季节变化了,而是因为它变得衰老破旧了,甚至也不是因为它遇到了一种外在的伤害或冲击,而是因为它的引导性主题将其所有部分都放到一起,政治活动、经济活动以及艺术、哲学等的活动都被消耗殆尽:进展性的自我启示和自我理解的行为对于它们被指定的目标而言起到作用。同时涉及到每种制度起作用的原因就是意义的崩溃:不是某个部分,而是总体模式的解体。只要这发生,旧的模式就不再相关了;这个阶段被堆满无用的属性,它们本身阻碍了新的行为的发生:这不再是被其情节所驱动,这种文化缺乏选择,甚至当体现在它们面前时,其领导也不能够做出新的决定。

因此,在文明发展的一开始,将传统的仪式推进到激进的斗争、制造和接受挑战、实现或破坏目标,这些都落入了温和流畅、肮脏病态的寻常轨迹。是的,旧的词语被过多地用到,旧的姿势也变成了一种强迫性的抽搐痉挛,生命充满了重复,激发起人们去完成他们的职责的紧张和雄心甚至也不再满足于作为一种仪式。戏剧的关键是作为一个重要的角色进行表演和努力,通过自由的选择一直达到一种未曾预设的高潮。当这种紧张感消除时,结局本身也消失了,表演的所有意义也就此而终结了。如果当时候到来时演员却并不想离开舞台,那么就会背诵一段冗长的收场白,或许要弄得足够有趣,从而挽留住观众,正如公元前1200年以前的埃及或宋代以后的中国的戏剧。在这个时候,演员们曾经致力于各自的表演,也摆脱了他们的日常角色,扮演更高级的角色,他们

拒绝严肃地对待他们的工作,尤其是如果表演要求一些紧张和努力时。他们或者是要
221 逗笑,或者是要回归到他们平常离开舞台时的自我。这种庸俗的自然主义的阶段时所
有艺术的结局,生活的艺术也是如此。

如今从历史上看,这种向"自然的自我"的滑落通常被伴以活力的爆发,并不是文化
的有意义的活力,而是野蛮人原始的、空虚的活力,正如维科(Vico)对其的称呼,是退化
的"文明的野蛮主义"。本我的力量曾经被戏剧的要求限制,也随之在不受限制的欲望
和进攻、贪婪和暴力的爆发中表达了自己。由于人类如果没有一些意识形态的掩盖形
式,就不能做成任何事,如果不是支持的话,这种对超我的废弃,对自我的贬低,对本我
的夸大,也被伴以对最初的婴幼儿时期的刻意崇拜。这时候,所有更成熟和更重要的生
命形式就被忽略了,也遭到鄙视,正如一种虚伪的面具和空洞的表现。对意义和秩序的
积极否定,无需努力和不用目的就变成对公共成功和肯定的资格,存在的主要原因成为
对任何存在的原因的否定。先是恶心,接着是呕吐,不仅几乎变成了精神生活的一种主
要症状,而且呕吐本身也被作为生命的关键产品而受到珍视:最终的现实正是其所有敌
对的否定。

缺乏这种对生活的最终拒斥,除了生理上的感觉外,每种器官都寻求其对各自的满
足,正如这个正在解体中的社会每个成员都寻求各自的暂时安全感,保护自己的财产,
或者尽可能地"摆脱"其财产。如果他们仍然完成了工作的动机,只是使他们的放荡消
遣、骄奢淫逸成为可能。在这样一个社会中引导和压抑都不会留下,其唯一的抑制和压
抑形式就是与更高级别的功能相对立而行使的。这样一个社会的情节就是一种颠倒了
的戏剧:它开始于对英雄的谋杀,然后相继出现残害肢体、折磨或者根除所有附属的特
征。现代人列队前面进、吹嘘其斩首,就像达利(Dali)笔下的人物形象,在一种枯萎的景
观中踢着他前面滚动着的自己的头。原初的自我就像未经筛选过的能源一样,对于具
体是什么样的人而言非常重要:新的野蛮人甚至没有一种动物的生活计划指导自己,必
须贬低其动物性的功能。因此希特勒及其同谋发明了损毁人类肢体的方式,为了更加
有效地玷污他们的精神。地狱这个概念是一种永久的折磨,是这样一种解体中的社会
的从属性的副产品。

222 爱默生(Emerson)估计人类的一半是为了表达,如果人们认识到这主要是一种戏剧
性的表达,那么就会更加真实,的确,他的所有历史从根本上说是一种心理剧,或者更准
确地说是一系列这样的戏剧总和。当人类正扮演一个角色时,当他正在将生命的原材
料转变成为艺术时,是绝不会如此地愚弄自己的。同样,当人类已经到达了一种戏剧的
结尾并发现自己没有任何角色可以扮演时,绝不是这样可怜的动物:他们都是一群没有

目标的失去了工作的人们当中的每个普通成员。在这样一个国家中,只有一件事可以拯救迷失了的个人或其社会,那就是新戏剧。当他们不想将自己投入这项任务中时,他们会寻求朝向单维度的拯救的替代品,即通过正确的饮食、通过正确的姿势、通过戏剧分析或者通过性高潮获得拯救。

西方文明如今只是到了一个节点,那里所有我已经抽象地描述了的解体过程和野蛮主义都可以被充分地看到:没有脸和没有心的人类、匪徒、擅长暴力的人(他们贬低所有与生活相关的事物,除了用于丑化的工具)、发明了集中营的人、任意性暴力的实施者和可能的行使者(他们发明了氢弹和用于大屠杀的生物武器):所有这些人都不仅存在于我们当中,他们还包括了我们社会中应当有荣誉感和智慧的成员们,他们是我们最极端贬损的最终证明。他们使否定的程序开启,威胁损害我们的文明中剩余的部分,将毁灭扩展到更广阔的区域,并且前所未有地更加有效地加快它们的速度,这正是由于我们已经将科学概念化的所有最高级能力置于伦理低能者和疯子们的手中。机器的戏剧按照这种方式会由此结束,如果要有更多的场景,在舞台上甚至就不会留下尸体。

但是历史上已经发生的可能会再次发生,在解体之后还会有重生。如果不是这样的话,浪费人们的时间去思考如何替代这种已经临近我们的灾难就太愚蠢了。"每个时代都是正在逝去的梦,也是即将诞生的梦。"如果一种世界性的集中营的恶臭现在都可能弥散在整个星球上,一种新的生命戏剧可能也会出现。我们可能不会免遭解体的最后一幕,即全都被戴上手铐,机器人和自我都会到达他们的最终宿命。但是为一出新的戏剧而写的剧本或者是大纲已经被写下来了,新的舞台布景和支撑物已经被搭建起来。我们现在就像生存下来的工具和实现进一步发展的前奏,将我们自己投掷到一个新的梦中,其中人类人格的要素已经被更旧的体制所压抑或毁坏,将会形成一种新的综合的关键。

针对机器的主宰,我们要将新鲜的能源恢复到词语和梦,我们将产生理想的规划、计划、戏剧,与整个人格关联起来,并且与支撑它和增强它的共同体关联起来。当机器时代的标志就是人类的非人化时,新的时代将会首先考虑到人,因此伦理和人文艺术将会控制政治和技术。许多这些变化和转型早已经在进行中了。我们当前的任务就是识别出初现的要素,找到一种对我们所有人公开的方法,从而将所有人召集到一起来。在这个过程中,大量还只是新的事物必须要准备好拒斥,大量旧的事物要仍然被证明有用。

2. 整体的准则

如果当前的诊断是正确的话,现代文明不足以改进到通过现在仍然流行的科学、政治和宗教的形式逃脱解体,在所有这些领域中,一种新的导向必须要被构思出来,更加积极的行为方式要被提供出来。在人群和种族的划分之外,我们必须创造统一性;在阶级和文化的分离之外,我们必须创造将要统一它们的目标,而不允许任何永久性的主导和劣势的状态;在智力的专业化之外,我们必须创造综合;最后,通过克服主观世界和客观世界之间长期维持的断裂,我们必须创造一种新人,他能够与本性、一种新的本性的概念相一致,对人类有充分的公正。

有现在正在使用中的洞察和方法,这样一种在生命所有部分中都出现的深刻的有机体转型就是不可想象的,除了通过缓慢的逐渐的改变。不幸的是,这样的改变即使它们在同一个目标上发生了汇集,对于解决当前的世界危机而言也是过于片面和过于缓慢。西方文明需要的,正如社会主义者相信的那样,不仅仅是对私有资本主义和掠夺式的致富的激进的修正;而是一种如世界联邦主义者所相信的那样,不仅仅是广泛地创造有责任感的代议制政府,在一个世界政府中协作;是一种如许多心理学家和社会学家相信的那样,不仅仅是将科学系统性地运用到社会事务中去;是一种各种派别的有信仰的人们长期相信的那样,不仅仅是对信仰和伦理的重建。这些变化每种都可能对其本身有帮助;但是更加急切的是,所有变化都应当发生在一种有机的相互关系中。用于转型的领域并不是这种或那种特定的体制,而是我们的整个社会;这就是为什么只有整体的准则依靠积极地干涉这个过程中每个阶段的个体人类,将能够对其进行引导。

这种变化如果缓慢进行的话就是不可能的;的确也是不可想象的;因此如果足够诚实的话,那些不知道其他解决方法的人被愤世和绝望所腐蚀。但是那些通过这样有限期待超越他们的达到了我们现在的失序的人,就像美国海军在其与日本发生冲突的早期阶段中的令人同情地坐在扶手椅上的舰队司令们:这些人预料到,日本的征服至少会花费十年时间,因为他们不能够想出其他的实现方法,只能从加洛林群岛(Caroline Islands)开始一个一个地征服每个岛屿基地。确实,只要我们坚持当前的缓慢进攻方法,我们的问题将大部分都没法解决,除非我们允许这样一段时间能够解决我们现在面临的不会受到影响的危机。

我们的社会已经变得不能够控制它已经启动了的自动进程,但是这些原因之一是它最潜在的和最可靠的思维方法基本上而言是错误的。原始人错误地将物当做人对待;但是现代人将人当做物对待;这或许是一种更加危险的迷信。原始人的思维习惯至少公正地对待了生命潜力,甚至在更缺乏组织性的形式中也实际地拥有的事物。但是现代的偏见将更高级的功能降至更低级的功能,将整合和发展的过程仅仅当做外在的事件进行错误的解释,对于一种有机的转型的本质不提供任何线索,这使整体在那个时刻渗透了在部分中带来关键的变化。

直到今天,西方思想家最大程度地贴近一种整体的哲学,能够对马克思主义的辩证唯物主义的准则中的有机物、社会、人类的人格的本质给予公正对待,尤其是当这个准则被弗雷德里克·恩格斯(Friedrich Engels)表达出来时。在这个概念中重要的当然不是马克思的庸俗唯物主义,重要的是最初的黑格尔对于持续进化和转型中的自然和社会进程的有机统一。这个统一甚至强调了社会主导性力量之间的冲突,因为论题和反论题的每种解决办法都依次产生出一种综合,将它们的要求在一种新兴的模式中调和。马克思主义在这个世界上实际达到的胜利只是部分地归因于将这样一种统一的可能性给予信仰者的同一种思想的信心和决心,在这个方面,它就像一种宗教准则一样与伊斯兰敌对。

不幸的是,马克思主义压制了其遗产中的黑格尔主义部分,强调的是其主观性的力量和理念,从而产生了极大的扭曲,就像牛顿之后的科学中的生命过程的非组织性、渐进零散的视角。此外,辩证的过程本身的概念过于有限,不能够构成变化的所有类型:马克思主义没有公正地对待非辩证的变化,譬如成熟,它没有考虑到再次建构和解构的过程,通常不能产生出在相反方向上的任何有针对性的变化,总之,它没有为自由预留位置,这也是人格的关键特征,因为马克思在许多文章中将自由限制为“对必要性的有意识的承认”。因此马克思主义没有任何理论可以解释其自身的腐败,尽管在苏维埃俄国的这种腐败的恶臭是今日马克思主义的最为显著的表现。

即使人们将黑格尔式的理想主义加到马克思的唯物主义上,从而构成一个理论的整体,马克思主义都会是一种不完整的准则;因为它将历史的进程外在于人类的选择和计划,并且将个人埋葬在社会里面。马克思主义没有理解个人是社群中出现的更高级形式,而是将社群个人化,只赋予了其领导真正的人格特征,这实际上是退回到了埃及法老时期的理论,因为后者的个人魅力要求整个社会为其服务和受奴役。在斯大林70岁大寿时受到的吹捧实际上将其赋予了上帝的所有特征。同时,辩证唯物主义在苏联被转变成了一种极权主义强迫的体系,其中统治阶级通过坚持他们已经达到了完美的和最终的真理保护自己不受挑战和竞争,而这些挑战和竞争都是辩证的过程所固有的。

225

这个"真理"当然会年复一年地变化,就像一种权宜之计;但是斯大林式的马克思主义者否定了任何敌对的形式的有效性,专制的命令在这里取代了合作的证实和纠正。

这种辩证的系统远远没有创造出动态的统一和综合,尽管恩格斯最初努力使其变得有组织性,创造一种稳定的、整体的教条,不受敌对思想的批评和挑战。更差的是它创造出一种二元的理论,有一个特别的神"共产主义"和一个新的魔鬼资本主义。这个理论变得越来越离奇古怪,因为共产主义已经在一代人当中被转变成一种完全的法西斯系统,其标志就是单个政党的绝对控制,通过将强迫和恐怖作为正常的政府协助方式,通过对领袖的厚颜无耻的崇拜,通过偏执的隔离主义,同时在几乎所有国家,资本主义已经被一种社会主义措施的引入而逐步改造,从而将财富平等化,将权力分配给工人,保证经济上的稳定,推动人类的福祉,简言之就是提供了共产主义许诺的许多可触及的福利,却没有取缔政治的和知识上的自由。

因此,已经到一种更加深入进行转变的时刻了,要超过革命能够展望的纯粹的唯物主义的构想。当前的批评要求在我们的整个思想体系中以及在基于它之上的社会秩序中进行一种轴向的变化。我有意地使用了"轴向的"这个词,有双重意思,首先意味着一定要有一种价值上的变化,然后再进行一种很关键的变化,所有其他围绕着这个轴展开的活动都将受到它的影响。这样一种变化一定要基于对人类生活的一种更加全面的理解,在所有层面都超过浪漫主义和社会主义的幼稚的哲学,也要超过任何其他能够引起兴趣的乌托邦主义的形式。新的哲学将从物理世界的可持续的结构到对神性的最简短的体现,将人类体验的所有部分都当做一种内在关联的和不断整合的整体的一个方面。它将恢复有机的功能的正常等级,让部分服务于整体,让较低的功能受到较高功能的控制,因此它将再次建立起个人的优先性,将人类本身的功能当做使其存在的力量的解释者和引导者,而不是消极的反映者和最终的牺牲品。

3. 论达到奇点

到目前为止,对历史中创造性因素的最好的洞察来自于一位伟大的物理学家的几乎被遗忘的回忆录,他就是詹姆斯·克拉克·马克斯韦尔(James Clerk Maxwell)。在这本书中,他遵循首先被巴巴杰和布尔(Babbage and Boole)探索的一个数学提示,提出了他对于奇点(Singular Points)的准则。马克斯韦尔观察到,科学被组织起来用于研究持续性和稳定性,并且优先选择这些属性占主导地位的领域。但是他补充道,即使是在物理世界中,也有意想不到的时候,一小股力量产生的可能不是与其相称的小的结果,而是一个极大极恢弘的结果⋯⋯"星星之火可以燃烧巨大的森林,寥寥几句可以使全世界为之战斗,小的顾忌会阻碍人随心所欲地行事。"

马克斯韦尔继续说:"每种超过某种级别的存在都有奇点,级别越高,奇点就越多。在这些点上,影响过小而不被有限的存在注意恶物理重要性可能会产生出有着巨大重要性的结果。由人类的努力产生的所有重大结果都取决于当它们出现时利用这些单个的状态。"马克斯韦尔继续引用莎士比亚借朱利乌斯·凯撒(Julius Caesar)之口所说的一段著名的话,即关于人类事务中的潮流在洪水来临时会引向幸运。在这样的时刻,不可能进行任何的常识性的计算,可能仅仅会变得可以思考,但是不能行动,同时,基于规范、持续、稳定之上的预测也在同一个社会中可以观察到,并且通常足以对其进行描述,会被证明具有误导性,就像引导朝向决定性的行动,或者朝向幸运的趋势的暗示。至迟到公元 2 世纪,是什么让罗马人观察到的本可以让其相信他的伟大帝国会被一个籍籍无名的、受过教育者连其名字都不知道的加利利人先知(Galilean prophet,意指耶稣)完全取代?

从这个准则中会得出什么呢? 马克斯韦尔注意到影响社会的千种惯常功能的所有因素,以及其群众运动和群众组织,他的评述仍然对于它们的历史的更大部分仍然是不起作用的,即使是要保持最小的社群日复一日地运转,也需要大量群众进行重复的努力,在危险的趋势时启用安全闸,加速医治的行为,产生细致的改革和改进。奇点的准则不赞成停止所有日常需要和完善,不是要延迟众多的为了维持社群的生命力所需的具体任务,不是消极地等待伟大的时刻以产生一些不同的力量的集合。的确,马克斯韦尔的准则假设了这些规范和持续的存在。

但是马克斯韦尔对于社会变迁和任何社会的生命都增加了一些科学描述,这些也许可以这样被描述。因为他指出在间隔期,在危机的关键时刻,引起变化的补充办法可以使一个决定性的办法,尤其是如果其重要性被承认,这个时刻自身的本性被正确地解释。在这样的关口,人类的人格可能会对其物理力量产生一种不合比例的影响,就像一个微小的晶种,被浸透在溶液中,可能会使所有大众采取一种相似的如水晶般清澈的形式。这样及时地涉入一种"过小而不被有限的实体关注的物理重要性"可能会产生一种影响,等同于一种累积性的和广泛的变化,被一种更大的努力通过社会变迁的正常渠道实现。

这个准则解释了人格在历史中的主要作用,它同样也解释了这些时刻的稀有性。甚至当这样一个变化产生时,它却必须要被肯定,由每日通过制度起作用的同样的力量

228

推动。(就我们的社会性逻辑的计划而言,个人的形成和化身的过程必须通过合并和具体化的社会过程加以实现)在所有的例子中,我们处理的都是在历史中发生的自然事件:一方面是通过小的变化的累积进行,另一方面是通过单个的变化起作用并改造整个社会。

马克斯韦尔的准则如今被物理研究所证实,对于新的人格类型的产生有着积极的意义,这些人格类型包括孔夫子的、佛陀的、基督徒的、穆罕默德的、马克思的,为其自身集聚了足够的力量,从而超越平常的抵抗,达到所有的社会展现的整体的变化。在通往解体或发展分裂的危机时刻,就像在一个分水岭上一样,单个的决定性的人格或者一小群有信息和有目的的人可能通过微弱的推动决定方向和运动,这本来是冲突的社会力量所不能控制的。在这样的时刻,涉入变化的不是单个的制度或群体,而是整个社会,这个变化也远远超过了用于适应的惯常能力,然而这个转型中的动态媒介,即"燃烧整片森林的星星之火"将会是单个的人,因为正是这个单个的人猛然推动了社会秩序的变化,他首先是通过推动其内部的力量和理想目标的深刻重组。在这样的时刻,人类的整

数代表了整体,反过来也对整体产生影响。只有在个人的领域内,才能在单独一代人的时间内产生一个整体的变化,足以产生对整个文明的必要影响,就像水晶一样,他将部分的新秩序推到了整体上。

观察的点正是科学所称的"自然"或"外部世界"部分称为对人类人格的一种投射,被其能力、需要和文化形式所塑造。我们不是要以本性开始,并尽可能地阐明人格的作用,而是必须要以人类的人格开始,将其当做最具包容性和完整性的所有可以观察得到的现象,因为所有其他种类的力量和事件都能够在其中被其反映和解释,而且我们必须要特别关注那些不专门属于本性的更加稳定和重复性的循环中的事件类型。

我在采取这一立场时,会回忆起威廉·詹姆斯(William James)的某些清晰的想法,但不幸的是他从未在其自己的哲学中将其充分发展。他说:"科学的精神和原则只是方法的事件,在它们当中没有任何需要抑制科学不成功地处理一个世界,在这个世界中个人力量成为新影响的起始点。我们直接面对的事物的唯一形式、我们具体拥有的唯一的经验,就是我们的个人生命。我们的哲学教授告诉我们,我们的思考的唯一完整的领域就是关于人格的领域,所有其他领域都是这个领域的抽象因素。在科学的立场上将人格如此系统地否定为事件的条件,这种严格的信仰在其自己的关键的和最内在的本性中,我们的世界是一个严格的非个人化的世界,可能会随着时间的流转,证明正是由于这个缺点,我们的后代将会对我们所吹嘘的科学非常惊讶,在他们看来,这种疏漏将会很容易使其看似没有视角和短视。"(《信仰的意愿》The Will to Believe)

时间过去在流转,现在仍然在流转。在人类的意识形态的基础上,我们必须采取一个全新的开始。

我们不是要采取中世纪以后的世界的自我谦逊的视角,这将外在的本性置于主导的地位,我们现在要有限考虑历史上的人,及其价值、目标、理想、目标。只要我们将这种解释接受为唯一能够公正对待人类经验所有方面,连结起内在的和外在的、私人的和公共的、主观的和客观的,我们就对人类经验的全部范围有一个稳固的把握,因为在其他事物当中,我们能够给予非重复性的事件和单独的时刻应有的重视。

在过去半个世纪的科学中发生了太多,从而使这种变化变得可能。弗洛伊德同样重要的观察还有对单个事件的发现,如发生在早期童年的创伤或伤害会对人格留下印记,会在影响上超过一生的习惯。尽管弗洛伊德可能最初过于强调了发生在儿童时期隔离的伤害的广泛影响,毫无疑问,这样的事件在儿童时期和在后来都可能深刻地重塑了人格。不仅是创伤,一种温和的事件可能会有如此不协调的影响,如在课堂上老师不经意间宣布的判断,英雄的、大方的、牺牲的单个事件可能甚至不知不觉地就在记忆中留存下来,对表面起到作用,并且对后来的许多事件产生了决定性的影响。

由于过去的科学对其有限的解释方法没有给予重视,我们就要忽视这些情况吗?由于它们在数量上不重要,或者由于它们是以一种非重复性的和不可预测的方式发生的,我们就要否定它们的重要性吗?不,因为对于个人是真实的,同样对于群体和社群也是真实的,在某些方面,个人在每个层次上都起到作用。正如我们知道,无限小的化学印记如铜或硼可能对有机体的发展至关重要,因此人格的印记就会改变历史事件的模式。

在过去四个世纪中,人类已经对自身进行了规训,从而达到对外部世界的一种看法,他自己的希望、愿望和想望在描绘结果时应当起到尽可能小的作用。在这种对个人替换的结果中,他已经通过大量的外在存在实现了法律和秩序,规范和预测,这是一种极好的实现,反弹到人类自身的利益。但是现在,为了充分地考虑到生命的各个方面,并且考虑恢复在实现这种秩序的努力中被压抑的部分经验,人类必须客观地补充这种收获,通过创造一种主观性的形式来实现,这种形式将不会对科学的秩序以任意的形式侵犯,而是会公正地对待仍然位于其前方的力量和潜力。

它不仅使人理解人,还使人必须使用人格的范畴去理解已经参与到个人当中来的更低级的生命形式。对这些主观性因素的释放现在可能甚至成为生存的必要,因为只有通过伦理和道德感受的恢复,我们才能逃脱残酷性,对非个人的崇拜已经理所当然地被强行当做了一种情况。

在任何一代人当中,只有少数人达到一种程度,使他们能够作为解释者或行动者应付出现的力量和历史上的某个时刻,如布克哈特(Burckhardt)、亨利·亚当斯(Henry Adams)、克鲁泡特金(Kropotkin)、帕特里克·盖迪斯(Patrick Geddes),他们在较近的时代里在理论方面显示了与甘地(Gandhi)、威尔逊(Wilson)、列宁(Lenin)和丘吉尔(Churchill)在行动中所表现出的力量。如果去个人化的过程不定期地进行,现代人会放弃引导和控制与其相伴的破坏性的下意识行为的所有可能性。即使在现在,在一种人类创造的灾难之前的无处不在的无助感,已经导致许多西方人在其火山喷发式的爆发前退回到一种原始部落的肤浅水平,他们甚至过于惊恐而无法逃离现场。罗德里克·赛尔登伯格(Roderick Seidenberg)先生对于这种情况的分析如果是正确的话,就没有解决之道了。

这种分析将我们当前否定生命的趋势投射到一种不确定的未来,我绝没有接受这种分析,而是期待一种相反的回应,它将使人类的人格回复到过去四个世纪当中主动抛弃的部分。新的人格的标志将不是中立的和单方面客观性的,也不是非个人化的和僵硬的。那些特征一旦被刻意变成"科学的",实际上就已经过时了:它们或许在纳粹的集中营里达到了否定生命和贬低生命的最终极限,在那里曾经有名望的物理学家在科学上有很大的建树,却使自己成为不断创新的牺牲品,受到伪科学的折磨。新的人格将用对同情和移情的最充分表达,用对所有存在形式最细致的回应,使非个人的准则丰满起来;它准备好将生命置于其统一性和完整性当中,也置于其独特性、自由和不断的创新性当中。

西方文明今天可能处在一种关键的转型的边缘,很可能还不是确定地。某一个时刻可能产生不计其数的实际的结果,实际上可能即将就要发生;或许在世界上某些更偏僻的角落已经发生了,却没有被报道;因为很可能直到那个时刻过去很久以后,我们才有能力核实其存在,实际上直到某一个时刻,才会出现负面的结果,带给我们最后的灾难。

但是如果我们理解人格的本质,以及它在历史上起作用的方式,即稳定地增加,间杂着可能出现的断裂,那我们就会准备好在这个奇点发生时对其充分利用。在马克斯韦尔的格言中甚至有一种特别的鼓励,即存在的级别越高,奇点出现的频率就越高。

可能毫无疑问人类在第二次世界大战结束时达到了这样一个奇点。那时在美国的支配下出现了人格的苏醒,有着足够的勇气和广阔的视野使这个国家毫无条件地树立起一个负责任的世界政府的准则,它受到更加广泛的救助和协作行动的支持,超过了联合国善后救济总署(UNRRA)和马歇尔计划所设想的,可能已经领导全人类走向了积极的和平。这种努力通过其内在的动力挑战和推翻了法西斯主义和克里姆林宫的可怖的隔离主义。这样一个点可能现在还会再次出现,比对可能性的任何计算所期待的都要更早。如果我们不能充分利用这第二次时机,我们剩下的旅程实际上可能就会"陷于肤浅的悲惨境遇"。

4. 一个有机的汇合

将会使我们的文明发生转型的思想和理想将主动权归还到个人手中,并将我们从自动化更加致命的运转中拯救出来,它们已经存在了,我要强调一下这个事实。的确,当某一个时刻出现时,将会做出关键决定的这些人似乎很可能已经存在了,甚至可能一个决定性的变化已经在发生了,尽管对于我们而言是完全隐藏起来的,就像基督教的未来对于彼拉丢(Pontius Pilate)而言。如果不是这样的话,外表就会是黑色的;因为没有什么变化能够在一夜之间就产生影响,这种变化能够使我们的文明在一个新的动态的循环中彻底开始。

正如建构和解构的力量在社会中持续进行着,对"浮士德式的(Faustian)人"的现在已过时的雄心的补偿有必要性的许多思想和机制早已存在。因为至少在两个世纪中,一系列新的价值和目标已经被投射到这个社会中。尽管它们没能极大地改变事件的过程,它们已经帮助修改了一些错误,这些错误是由对摩罗和玛蒙(Moloch and Mammon,希腊神话中的恶灵)的单方面的承诺所引发的,这对神灵本来会将生命牺牲用于获取力量、声望和利益。

这些补偿性的影响有一些来自于尚存的传统和习俗,以及类似于完整的人的文明的碎片,其他的代表着新的社会突变,几乎不能在既有的秩序中存在,但是完全能够变成一种新的文明中的有组织性的核心。这些思想和理想出现,围绕着均衡的人、自治的群体、普世的共同体的概念重新进行分配,这是进行汇合的第一步,也是一种新的普遍的生命模式的思想中的先驱。

我们对过去的世纪中占主导地位的文化所代表的要素进行一次简单的讨论,因为它们很可能会在未来的世纪中占主导地位,而目前为止达到最大程度的力量如机械化和计量化将会被融入新的社会,或者作为倒退,或者作为继续,并没有完全被丢失或忽略,我们希望它们仍然隶属于更具活力的目标。

从18世纪开始,对于机器的主要挑战来自浪漫主义,因为到这个时候中世纪的文化处于一种高级的衰退的状态,新教的重生运动反过来也屈从于资本主义。在抵抗对传统价值观的侵蚀时,以卢梭(Jean-Jacques Rousseau)为首的浪漫主义者试图损害关于人类进步的整个机械式的设想,卢梭在其第一部论文中很明显地宣称艺术和科学本身倾向于损害伦理,正如奥古斯丁(Augustine)在很久以前说过的那样。浪漫主义寻求进行一次新的开始,与维科和卢梭一道返回到一种神秘的原始主义。

为了恢复人类的被压抑的活力,浪漫主义者们不顾文化地去寻求无污点的、未受影响的本性,这是卢梭的本性,而非牛顿的本性。但是他们称之为本性的东西实际上只是更加简单的社会的艺术、政治和伦理,科西嘉(Corsica)就像波利西尼亚(Polynesia)一样起着作用。他们在民间的民谣艺术中,在村庄共同体的政治中,在农民的家庭和村庄的伦理和维持生活的行为中发现了他们的新理想,这被格雷和歌德斯密斯(Gray and Goldsmith)哀悼般地记录下来,受到了卢梭、赫尔德、斯科特(Scott)及其 19 世纪的追随者们的极力支持。

234   浪漫主义因此可以被看成是对历史延续的回归,已经被暴君和集权化组织的新的有力的意识形态所打破;它也被看成是对实用主义者这种新的理想类型的反对;它恢复了生命中的一些因素,这也是机械主义的意识形态所遗留的,即自发性、推动、自由、爱;这些实践不再重复,而是打破了常规。

总之,浪漫主义对一种更加有组织性的人类生命的设想做出了许多贡献。它到处将嬉戏性和自发性的因素引入一种文明,其中资本主义的机械的准则被增加到制度形成主义的更早的约束中;它在穿着上朝着更加质朴简单的方向发展,在烹饪上就像农民家里所做的那样朴实,在举止上要浑然天成,最主要的是尊重受教育儿童的天真,以及尊重婚姻中的爱人的爱意。即使在艺术和手工业中,浪漫主义对个人的强调也产生了一种对卓越的手艺活动的恢复,这时旧的方法和过程处于被彻底抛弃的危险中。幼儿园和花园郊区是浪漫主义准则的最高级体现。

· 不幸的是,浪漫主义者缺乏一种对于整体总体的准则,因为浪漫主义者过于急切地渴望自由,这使其在一个专制的社会中能够感觉像在家一样。但是浪漫主义的先知们,从卢梭到罗斯金(Ruskin),从赫尔德到雨果,从斯科特和福禄培尔(Froebel)到沃尔特·惠特曼(Walt Whitman)和威廉·莫里斯(William Morris),都给西方文化带回了许多重要的要素,过去这些都是在迅速的变迁中被抛进机器中的。浪漫主义是工业主义的荒漠中的一片绿洲,通过流行的野餐和暑假,它改变了机器文明的节奏。它的更加积极的、非保守的理想,它对其同道教(Taoism)分享的对自发性的欣赏,它对感觉、情感和感受的强调,它对有机体的尊重,它对想象的艺术的肯定,这些对于一种均衡的文化而言都是珍贵的、永久性的礼物。

　　浪漫主义者的重大贡献之一是努力让生命回归到最核心的部分，这种趋势只是在历史上的宗教中进一步发展了一种附属性的运动。尽管科学的影响之一是使人们的思想不再关注宗教，另一个影响时给予宗教一种补充性的作用；这就像浪漫主义运动本身一样导致了努力建立朝向更古老和更深刻的过去的延续。

　　这种运动首先是在基督教中和针对 13 世纪的资本主义的反应中形成的；韦尔多教派(Waldensians)和罗拉德教派(Lollards)旨在对教会的物理符号和仪式进行去物质化。这通过全面的否定、通过积极的否定、通过朋友协会(Society of Friends)达到了一个高潮。加尔文主义(Calvinism)同时也回归到人群，即一群个人，它有着单方面由皇帝组织的普世性教会中丢失掉的主动性；关于民主的一般性政治概念，相对于曾经有过民主的自我封闭的行会，应当更要归功于从 16 世纪开始在英语国家兴盛的自治教会，而行会成为了寡头腐败和衰退的中心。我们已经在服装方面所达到的民主式的简单应当归功于贵格派(Quakers)，诸如风格上的直率，诸如没有空洞的仪式，诸如我们在集体的审议中所显示出来的温和和友好。这种遗风几乎还有一种突变的活力，这对新人格的产生有着关键的作用。

235

　　在其他的历史性宗教中，也有相似的运动已经产生，尤其是圣雄甘地(Mahatma Gandhi)所进行的对印度教的纯净。甘地将宗教信仰转变成起作用的政治信条，它基于托尔斯泰式的(Tolstoyan)非暴力的准则和手工劳动的义务，它在现代人被怂恿降低了人格的影响和过度夸大组织的价值时，宣布了个人的优先性。这也将是对新的整合的正式贡献的一种；因为没有甘地等其他领导人所显示的直接行动的能力，我们就会像小人国(Lilliput)中的格列佛(Gulliver)那样被绑在地上。

5. 乌托邦主义和普世主义

　　与更新的浪漫主义和宗教的渊源一道，出现了必须被较低估价的第三次运动，因为它现在在西方文明的大部分地区中，即使没有占据主导性地位，也构成了一种积极的倒退。这一种可以被称作乌托邦主义(eutopianism)；它是对更新社会的可能性的信仰，通过将理性和社会创造应用到政治和经济体制中去。

　　乌托邦主义的核心主题首先被托马斯·莫尔在其《乌托邦》(Utopia，1516 年)中所表达；它们包括了乌托邦主义的各个方面，从为了平衡权力和推动民主进程的政府宪政

236

改革,到通过所有意愿和成员对每年的产品和共同体积累的财富的公正分配。在其对创造的信仰中,在其对大众生产的集中上,这最终意味着对产品最广泛的分配,即使现代资本主义也显示了一种有益的乌托邦面貌;从而它有可能使带有乌托邦思想的人,如贝拉米(Edward Bellamy)的《回首》(Looking Backward)中通过普选希望达到乌托邦,这会改变工业的控制,既不会完全改变过程也不会改变产品。

如今我们的世界是一个星球,其中人口的绝大部分仍然缺乏生活的必需品,即使是在最富裕的国家,也有将近三分之一的人口,将近 5000 万生活在温饱水平的边缘,生活在拥挤的危房中,食物非常贫乏,没有足够的医药,也没有充分的机会接受教育和精神上的发展。因此可以说乌托邦运动强调了许多被忽略的功能的重要性,不仅是通过私人资本主义,还通过浪漫主义和宗教,仍然在生命的复兴中行使一个关键的作用。那些躲避这个事实的人,通过将更新局限于一种内在的变化,正如更高级的功能能够在更低级的功能被毁坏时变得兴盛,它忽视了它们自己的安全和舒适的不同寻常的本质,我们有着更具有机性的哲学,不能分享这样不负责任的、以自我为中心的完美主义。

我们决不能退回到共产主义,因为当前的极权主义就是对其最初的改进生活的目标的曲解,我们必须清楚地理解,每个国家不管名义上是农业的、资本主义的还是社会主义的,为了支持一种更加充分的生活,是必须要为其所有成员寻求一种机会和产品方面的激进的平等主义。托克维尔(De Tocqueville)是个坚定的保守主义者,他在一个世纪以前就正确地评论道,这种朝向平等主义的运动是西方文明过去七百年当中的指导性宗旨,这实际上是强调其他可能性的民主形式的关键性民主。基督教承认天堂里人们之间的根本性平等;乌托邦主义将这种承认扩展到地上。在每个公民根据权益在生活必需品中拥有基本份额,并将其作为起始来判断他的特殊才能或努力能为其带来什么之前,社会主义的计划即使在大不列颠、挪威或瑞典这样的先进国家里,仍然有相当长的路要走。我们要承认,这种运动并不是没有危险的,如极权主义、自动化、没有目标的唯物主义、心理上的"过分保护"。由于其不符合要求的胜利,可能创造出一种普世的松鼠笼子,装着喂得很好的松鼠,过于肥胖和无聊,甚至蹬起了轮子以保证自己继续存活下去。但是那些危险尽管已经被强加到我们的过分组织的技术社会,会在一种恢复到个人的私密性的意识形态和生活模式中被减少。

如今在当前的文明中最大量的被压抑的部分,我将其归结到最后一个,即普世主义(universalism)。在 19 世纪,普世主义被以觉醒了的对抗和抵抗的形式表达的,它们存在于能够被深刻感知的世界上的那些地方。从宗教上说,普世主义在基督教传教士活动的不断扩展中稳定下来,继续由使徒们(Apostles)最初开始的发展,这在 13 世纪时被方济各(Francis of Assisi)再次进行了更新。从政治上说,普世主义以一种甚至更加单方面的和骄傲的帝国主义形式表达了自己,即为了国内的投资者和海外殖民地的新统治者阶级的利益而剥削遥远的土地和人民。从技术上说,普世主义指的是标准化和一致性,首先是在生产工具方面,最后是在生活的所有方式上,最终也是在成品上。

　　普世主义的所有这些形式都存在严重的人类的缺点,首先是对它所压制的和取代的价值视而不见,不想要承认多样性和自治性。如果宗教任务自视甚高地只给予不获取,那么商人和殖民者就只残酷地夺取而不给予,在扩散西方文明的真正成果时,这些代表共同使其自己的美德变得令人作呕。大航海和殖民的时代、蒸汽机船和大洋电报的时代为一个世界共同体奠定了坚实的基础,但是它满足于在这些基础上树立一种单薄的铁皮仓库,这是个用于在被船只运回家之前储存原材料的暂时性结构。技术上的普世主义提供了和平、秩序和协调的基本条件,但是由于缺乏对涉及到它的更高级准则的洞察,它现在消失于“黑暗的心”(Heart of Darkness),这就是约瑟夫·康拉德(Joseph Conrad)的深刻的启发性的寓言。

　　尽管有这些失败,普世主义仍然在一种新整合后的生命中占据中心位置,19世纪的建筑工人所损伤的石块现在一定要通过新鲜真实的表面进行重切。或许在过去三个世纪中科学和技术发展中最重要的部分就是其普世性的副产品,即关于重量和度量的普世性标准,是一种科学观察和试验的普世性方法,是基于思想和流通自由以及民主形式下自愿依附的普世性结社宗旨。19世纪关于科学、学术和宗教的国际大会的发展是朝向一种世界议会的第一步,在1900年的巴黎世博会上,有120个国际会议召开。

　　同时,一种改进旅行、交通和交流的机械方法的发明在历史上首次创造了一种包括一切的社群。随着20世纪电话和收音机以及电视机的进一步发展,这个世界上的所有人在理论上都能够由远程交流联系起来,近得就像一个村子里的居民。的确,尽管丝毫都不可行,但是假如一个如拿撒勒的耶稣(Jesus of Nazareth)那样臭名昭著的煽动者能够被允许进入主要受商业广告或极权政府的利益控制的播音室,并且被允许不用提交一份准备好了的发言草稿就能宣讲的话,那么可以想象登山宝训(Sermon on the Mount)现在能够立刻就被传播到人类的绝大部分中间。

　　直到1914年的这些普世性的媒介如此强大,西方人受到这些恩泽的程度如此彻底,以至于随后立刻发生的倒退,即通过战争、民族主义、隔离主义则给他们带来了几乎难以想象的情况。但是那些相信普世主义的人丝毫没有意识到傲慢和片面,这些是其对这个世界的未成熟的征服的标志:其法律和秩序的区域性,人性甚至没能在那些专门宣传人性的福音的人那里留下印记。更糟糕的是普世主义的技术和经济形式被推动得

238

更快,超过了本会支持一种世界性社群的社会习惯:除了像皮钦英语(pidgin English,即洋泾浜英语)那样的来自本地的自发努力,很少有正式的努力要去创造一种真正普世性的语言用于世界性交流的实际任务,这是一种有逻辑的、固定的和简短的预言,就像基本英语(Basic English)一样,但是没有奥格登和理查德(Messrs Ogden and Richards)的创造所表现出来的无意识的区域性,他们保留了英语的单词和音调,甚至也保持了英语的拼写。世界语只是稍微更好一些而已,它保持了一种自然语言的瑕疵,却没有达到中文或夏威夷的简单谐音那样在语法上的简单。由于缺乏这样一种普世的语言,这个时代已经能够借助技术手段将任何一个地方的短波传播到地球上的任何其他地方,将我们强大的机器的效率降低至其可能达到的最大程度的很小一部分。这种深刻的内在矛盾表现在我们所有的普世性机器工具上,比既有事实更奇怪的唯一的事实就是,很少有人似乎意识到其荒谬性。

在技术中有效的同样也在政治中有效。尽管 19 世纪末在海牙大会上首次开始试图创造一种世界法律的形式,以及一种能够制造它和行使它的政府,帝国主义和民族主义却朝着相反的方向发展,即分别朝向战争、征服和朝向分离、非合作、隔离。这种普遍的政治倒退在经济的专制方面达到了顶峰,在 20 世纪 30 年代由纳粹德国和美国的新政积极地进行着,在分离和隔离方面则由苏维埃俄国和今日的南非令人惊骇地进行着。相反,19 世纪的旧形式的帝国主义则在一种较高的程度上被加入了启蒙和人性,它之所以更加充满人性,是因为它更多地剥削其兄弟,而不是否认它想获得其关注。没有创造出一种能够建立秩序和法律的世界政府,没能在人与人的关系中取代暴力和恐惧,这使19 世纪的自发的普世主义走到了穷途末路。因此,从结果上来说,开始于 1914 年的战争还没有结束。

被科学和技术所表达的普世主义的幼稚形式就像被传教活动和帝国主义所表达的一样,本身是一种片面的运动。技术普世主义需要纠正乌托邦主义,它是一种正面的法律和互助的概念,取代了"白人的负担"的位置,以及对其他文化形式的产品的接受持开放态度,就像他们通过商人和学者、探险家和科学家的努力渗透到世界上的其他地方。即使在技术的领域中,普世主义过于简单地忘记了自己对与己不同的其他生命形式的过失,例如有这样一个事实,即如今世界上或许有一半的农作物食物来自于原始的文化,后者在其漫长的驯化植物时期与西方没有关联。没有这些农作物的话,这个世界就差不多陷入饥馑了,没有亚马逊土著居民种植的橡胶,我们就要失去一半数量的轮胎。

19 世纪夭折的普世主义仍然是一个可喜的开始,未来时代的任务将会是为其提供人性的因素,这是它所缺乏的发现的视角或创造的勇气,它是一种普世性的伦理,正如一种友好的政治互动的基础,它是一种普世的语言,在所有的学校中被当做第二语言教给所有孩子,从而使这个世界的交流成为可能,它是一种世界政府,在每个大陆上有一个世界性首都,改变国家的斗争和冲突,将会以某种形式继续存在,成为法律和秩序、限制和积极的协作的习惯,它对于这个世界上的每个人而言是一种世界性的市民,越来越多的能量和时间被用于世界范围的旅行和交流、地区之间的劳动者和学生的交换,而这些地区由于相互隔离而变得向内、多疑、敌对。为了在一种仅仅机械的一致性和时空的物质藩篱被打破的基础上提供一种普世主义,我们必须创造一种基于精神财富和人类多样性的普世主义,它们的多元统一由为了共同的目标而一起劳动来实现。在充分的时间内,这可能会产生一种真正的普世的宗教。

通过这种世界性的统一,人类的人格如今被它所创造的媒介和组织所压制和改造,将会开始在其所有维度中展开和扩展,人类将进入一个更高的发展平台。这是一种新的天堂和新的地球,对着处于启示录般的混乱时代的我们召唤。但是只有完整的人,在脱离了本能的和理性的组织的自动行为,被整合进其所有的功能之后,才会有关键的能量参加到这个戏剧当中去。通过为这样一种结构建造基础,我们的一代将会使下个时代的工作充满目标感和重要性。

6. 新的转变

对既有的信条、意识形态和方法论的再次极化现在在交叉目标上起到作用,只是在一种情况下才能发生,那就是通过一种关于时空、宇宙演进和人类发展的新观念的出现。

思想的这种转变实际上已经在上个世纪发生了,尤其是在上一代人当中。人们将这种占主导地位的观念与对有机物和生物生态过程的本性的新洞察联系起来,随着对人类活动中理性以前的、无意识的和自我决定的要素进行探索,使其能够在我们对于人类的本性和命运的完整理解中包括艺术和宗教。最终,人们将这种新观念与一种社会学和一种哲学的出现联系起来,它们能够对人类生命的各个方面,包括内在的和外在的、个别的和联系的、象征的和实际的方面做出公正对待,这对重复的过程和单个的时刻、因果过程和目标行为都有理解。

如今新的极化的因素是关于个人的观念,它是有机的世界和人类社群的发展的最后一个期限。我们的思想没有将注入物质世界这样一种衍生的观念当做根本的,它现

241

在开始于一种媒介,通过其历史和发展,这样一种观念成为可能。换言之,我们开始于人类本身,在其自身发展的最充分的时刻,他以人的形式出现;这里将人当做自然事件的解释者,当作生命的意义、价值和模式的保护者,当做自然的改造者,最终当做新的目标、命运的计划者和规划者,人类并不是在本性中超越其对进一步的创造力的创造性。即使在物质的宇宙本身中,新的宇航员和物理学家告诉我们,创造可以是一种持续的过程,或许是一种初始的过程,而我们曾经视作"真实的"世界由于其稳定性和规范性,可能只是一种相对有惰性的残余,即这种创造性过程的碎片。

在所有的事件中,只有当我们从人类开始时,我们才能填补我们理解中的空白部分,这是由科学的纯粹的因果解释所造成的。因果解释试图通过简单的方式理解复杂的事物,它将整体打破去处理部分,将所有事物都当做被决定了的结果来对待,就像它们一旦发生就实际上成为的那样。目的论的解释试图以目的的术语理解过程,以模式的术语理解线性,以与整体的动态联系的术语理解部分。因此,它也用将来解释过去,将必然性与可能性联系起来,将实然的被当做或然中的进行展示。从这样一种新的观点看来,我们认识到这些事实不再比价值更具重要性,机械的秩序也不再比模式和目标更具根本性,而且我们也没有充分地认识这个宇宙,除非我们对人的所有维度(即可见的和隐藏的、实际的和可能的)都予以探索之后。

242   就像我们现在所设想的,人类的世界在时间和空间上都是一种多维度的世界。为了对其进行充分的记述,我们必须将其主观方面和客观方面都包括在内,不能丢下质量、模式或目的,因为当我们希望测量一块下落的石头的速度或一个星球的运动时,它们是不相关的。机器、组织和社会进入到个人,而创造性、神性也出自个人。为了解释整体,我们必须运用抽象和具体化的各种层次上的经验,只有这样做,我们甚至才能部分地把握其密集的、相互关联的、多层次的复杂性。即使在物理科学中,许多关于有机体生命的核心特征都被从中消除了,有一种摩尔的和分子的方面,一种天文的和原子的领域,在这些极端之间有许多层次的经验和一致的解释。当我们从个人开始时,它甚至包括了最基本的物质现象,我们在每个层次上渗入生命,接受人类经验中被给予的所有东西,即便它们只出现过一次。

随着这种新的导向,人类现在恢复了三个世纪以前主动放弃的位置,那时西方人忽视其自身的创造能力,而是过多重视物质、运动和数量变化。人类在自然中为自己找到了秩序和延续,是为了进一步推动其自己的发展。他在自身发现的多样性和冒险性、创造性和表现性也是如此,他重新阅读本性,用新的视角观察事件,这些事件被从它们的最终命运中割除,当被个别进行观察时则毫无意义。通过对有机体和个人的新的感觉,动态平衡和创造性出现的辅助性观念也出现了。所有阶段的知识或实际行为都会受到这种对个人优先性的重新确立的影响。

这样一种极化的想法当在一个社会中占据上风时,对分子的生长起到"组织者"的作用,它提供空间模式和时间秩序,通过这些每种活动都会在一种新的设计中被整合。对于人格的更高级的作用从一种物质世界的想法中被排除出来,正好构成了过去的科学的、工业的文明的基础,它也是这样一种极化,人类在其对世界的征服和对力量的运用中不断毁灭人类和大大灭绝,这部分是这种有限的观念的影响。至于人类更公正地对待自然秩序和人类环境的想法,可能在未来会弥补过去的错误,并为思想和生活在全世界范围内的整合提供一个基础。我们的机器已经变得庞大、有力、自动,对真正人类的标准和目标而言是不利的,我们的人类被这种过程所削弱,现在则变得矮小、瘫痪、无能。只有通过恢复个人的优先性,以及对个人形成起作用的经验和准则的优先性,那种致命的不平衡才能够被克服。

有机体、社群和个人人格的新的构成现在在生活的许多方面都起到越来越重要的作用,如在医学的和心理学的指导和教育中,在社群发展和地区规划中,同时也在技术中,对有机体的理解能够使创造者从纯粹机器的有限的世界发展到有机条件的机械主义,如电子计算机。在人类当中,一种动态的平衡就是健康、自信、卫生的条件;对创造性过程、突发事件的动力、超越过去成就和过去形式的价值和目标的信念,正是所有进一步发展的条件。

243

第九章 方法和生活

1. 发展的准备

　　德尔菲神庙(Temple at Delphi)镌刻的格言"认识你自己"是曾经对人类最诱人的告诫之一。因为世界上没有任何一个地方能够像达到人自身一样可以到达,然而那种亲密性使得任何形式的知识如果没有最费力和最严格的准则都是无法获取的。因为在这样的知识宝库的入口处,人们发现存在着同样亲密的障碍,那就是对自己的爱,这是一种保护性的骄傲,它不仅保持了人们适当的自尊,还顺利地囊括了人类所有的弱点。为了纠正这种盲点,人们必须首先认识到世界史被它所隐藏的部分有多大。为了形成新的自我,人们必须首先了解要装扮的原材料的特性。

　　在过去,有许多掌握了有关自我知识的大师,他们都努力忍受自己,对于后来者而言仍然是异常宝贵的经验。这些伟大的先驱最早的有苏格拉底,即柏拉图给我们展现的苏格拉底。他最初关注的是使个人去掉对其拥有的知识未被证实的确定感,开始于他用来表达知识的口头术语。如果正如苏格拉底所教的那样,人类根据其知识行动,或者由于无知或者由于错误的知识展开糟糕的行动,正确的生活方法似乎很平常,因为我们性格中的缺陷、我们陷入的罪恶和犯罪的很大一部分都能够被追溯到华而不实的未经检验的前提,基于这个前提我们展开了自己的行动。

　　从苏格拉底的角度来看,我们所犯的罪恶从根本上说是我们错误的思考的结果,或者至少是我们在对我们行动的检查中没能充分使用逻辑和辩证过程,我们没能识别或严格地定义我们使用的术语,诸如正义、爱、权力乃至于知识本身,而且我们所有的选择 因此都是堕落的和模糊的。这种批评中有一部分是事实,即将自己专门展现给一个社会的事实超过了习惯的阶段,并且需要一些行动指导,要比"它总是如此"之类的保证要更明智、更清楚。

　　然而虽然有苏格拉底所有的耐心考察和自我审视,我不能回忆起《对话录》

(Dialogues)中任何一点有他检查涉及到自己与妻子赞西佩(Xantippe)关系的行为,从而发现究竟为何她变成了这样一种泼妇一般的坏脾气的女人。答案所提供的涉及到苏格拉底的跟涉及到赞西佩的可能一样多。加入苏格拉底检查其自己的行为,他可能会发现对知识本身的爱并不会自动产生美德,即所有人包括苏格拉底都有一种倾向,将那些损毁其自尊的关于自己的知识当做不存在和不相关的加以拒斥。实际上,经典的哲学流派中没有一个做这样的发现,它们都梦想着一种能够引导人们达到完美生活的原理,通常产生一种幻觉,认为这个或那个哲学家实际上引领了这种生活。那种潜在的自尊首先被破坏,甚至在最明智的灵魂能够靠近它之前。

苏格拉底失败的原因被另一位伟大的探索者保罗(Paul of Tarsus)所发现。在其调查中更加严格的是,保罗发现自我不管有多么被智力所引导,都不会在纯粹理性的假设下行动,也不会根据坚定不移地寻求被作为善建立起来的知识而行动,保罗认为他所寻求的善被其行动所否定,而他有意识拒斥的恶却被他做了。简言之,人类的行为充满了模棱两可,因为人类在其脱离了低级动物之后的阶段所发展起来的秩序、目的和知识一定不能仅仅满足于动物般的冲动,这在现在是比以前的低级动物时期相比远远更加不确定的和破坏性的,但是也要满足于知识所带来的刚愎任性,这是一种傲慢无礼,不能面对人的创造性,在智力本身上面过度自信。知识还不够,为了达到自我的知识,人们必须再次变得像一个小孩一样,打破阶级、种姓、角色之间的藩篱,包括哲学家构建的藩篱,将掩藏精神上的伤口和缺陷的骄傲的外衣抛掉。认为更具理性的教育能够治愈社会的所有疾病,如果我们足够早地开始,那么这种观念就不能应对这个事实,因此从罗伯特·欧文(Robert Owen)到约翰·杜威(John Dewey)的所有计划都有薄弱之处,它们只过度重视运用智力。

实际上,对自我的理性的分析在所有方面都失败了,如果它克制住不落入更低的层次,经过被大量隔离以应对理性和实证的知识的过程,仍然不能测量可能的高度,它通过推动能量从无意识中也吸取了大量理智,达到冷血程度的理智;通过牺牲行为或创造性的洞察,这些能量产生了一种超越其常规限制的自我。尽管艰难的智力可能将最终通过缓慢的方式达到同样的高度,但从同样模糊的自我休整中,由魔鬼的、贬低的因素潜伏着,也出现了天使和慈悲的牧师,这使解放的战斗成为可能,远远超过有意的知识的一般水平。简言之,自我既有一个地狱,也有一个天堂,这是理性主义通过理性过于自信的力量本身绝对无法渗透的。

从中世纪的社会习俗的分离阶段中,当传统的团体本身被教会和行会所推动时,不再竞争着以其新的定义面对生活,两位研究自我的知识的大师出现了,这就是莎士比亚和伊纳爵·罗耀拉(Ignatius Loyola),他们又都是无与伦比的心理学家。罗耀拉比大多数圣人都更了解刚愎任性的自我,这是由一种对美德过于全面的承诺所带来的,他比圣保罗更深刻地认识到,对于身体法则的蔑视可能带来灵魂上的不安,这就像让身体占上风所产生的后果一样严重。

早在罗耀拉以前,柏拉图事实上就已经认识到,只有当一个人为社会秩序带来体制性的变化,并且为自身提供引导人类发展所需的教育和政治体制时,对自我的批判才能维持有道德的行为。柏拉图在希波克拉底(Hippocratic)的医学院中学习过,他也认识到,精神可以通过食物、体育和药物被改造,换言之,即使是在追求其最高的目标时,自我也不能够脱离控制人类生存的基本有机条件,它是一种更大整体的一部分。

罗耀拉接受了这种关于自我的观念,并且又将其向前推进了一步,他知道,时间、地点和环境都同样地改造着自我,因此人们若要充分地了解自我,就只能通过参与到它的戏剧中,并且每时每刻都将一种警觉的准则应用于它。罗耀拉或许是第一位完全公正地对待自我的所有维度的心理学家,他将苏格拉底、希波克拉底以及保罗(Pauline)的关于人类本性的评述统一到某一个标准中。世俗的教育不能理解他的灵操(Spiritual Exercises)的本质和价值,也不能使其适应我们这个时代的科学和文化,它证明了过去三个世纪中心理学和教育学的肤浅。①重新进行这些修行或许就是我们超越古代传统和当前文明的无意识行为的标志之一。

幸运的是,已经出现推动自我认识的更加强有力的帮助,这使得新的准则和新的方向成为可能。简单考虑一下两种形式的分析,一种朝向内在,另外一种朝向外在,如西格蒙德·弗洛伊德博士(Dr Sigmund Freud)对梦的解析和马西亚斯·亚历山大(Matthias Alexander)对姿势的分析。我将这两种截然相对的考察和判断方法并列地提出来,并不是因为亚历山大的成就在意义上可以同弗洛伊德相提并论,而是因为他们由此强调了关于自我的有机知识的一个重点,即既可以从外部也可以从内部、既可以通过身体也可以通过思想对自我的知识进行考察,假如人们能够向前推进得足够远,就会发现在充分的描述中反复出现的未被提出的部分。

亚历山大认识自我的方法开始于人类的身体,将其当作每种向内的倾向的外在表达。他本人由于长期出现刺耳的声音,其作为演说家的职业从而被终结。通过对其演讲方式的仔细的镜像分析,他发现自己有种控制头部、抑制横膈膜、挤压咽喉的习惯导

---

① 1944年,在斯坦福大学进行的关于人格的本质的课程中,我尝试着解决这个问题;但是我从大学退休以后,就没能再继续进行下去。

致了他的声带最终出现的症状。通过有意识地改变头部和脊柱的关系,他扭转了自己的不良症状;他在自己情况上的成功也使得他用类似的方法去诊断和纠正其他人。由于我们有足够多的事例表明,在许多情形下,心理上的解释除去了身体上的病症,因此没有理由怀疑相反的治疗方法,即通过对身体的再调整的研究来纠正心理会同样有效。

为了了解人如何站立,如何行走、弯腰或坐下,可以展示内在的紧张和收缩:这是朝向他们有意识的放松的第一步。这样的发现可能很难被接受,就像精神分析师所展示的充满扭曲的冲动最残酷的画面,因为人们最终一定要面对的,不只是外部的症状,还有内在的根源。

弗洛伊德通过更加迂回的内在理论对自我进行分析。通过他对梦的解析,弗洛伊德和他的追随者们达到了自我的领域,这在更加理性的分析方法中是被忽视的,即最初的推动、童年时期的记忆和行为、最深的被隐藏了的伤痕,这些都以梦的符号形式进行自我展现,并且有助于理解日常生活中展现的人格的大量积极的领域。这种自我的初级层次的存在,即本我(id)、未受改变的、没有经历社会化的“它”(it),部分地决定了一个人的非理性的和理性出现之前的特征:就像过去那样,它曾经是一个地牢,种族的被丢弃了的自我在其中存在着,并且还要求大量的食物和饮料,这本可以用来供应给居住在上面的城堡里的人的。

19世纪那些习惯于卫生行为的人,确信人们会被高兴和伤心,或者被启蒙了的自我利益所感动,发现很难接受这些存在了很久的无意识的囚徒的存在,后者有时会对地面上进行突然袭击,劫掠或屠杀居民,然后再爬回来,在自我(ego)的权威面前被恐吓和瑟瑟发抖,被结紧了锁链,或者在黑夜中充满了可憎的诅咒。

惠特曼将自己描绘成用野兽和爬行动物粉饰,在其《自我之歌》(Song of Myself)中预见了这种发现;但是弗洛伊德通过一个又一个的梦将其拼写出来。幻想和梦从此被理解自我的更理性的方式所排斥,不仅可以理解个人的醒着的时刻,还可以理解对该种族的整体的共同发展。如果公正对待超我(super-ego)的理想,人们就不得不考虑本我的力量,就像黑暗中的囚徒自身所需要的,并不是锁链和紧身衣,而是同情的理解和指引,这是关于原始人的广阔领域,为了改变形象,一旦人们控制了这个未知的过度,就能够被挽回,正如热带丛林被改造成可耕地,正如弗洛伊德本人所说:“本我所在的地方就是自我将要到达的地方”,人们也可以增加一句,即自我所在的地方也是超我将要达到的地方,以此改正弗洛伊德对超我的敌视。

现在人们将生理的、心理的和社会的数据放到一起,可以得到关于自我的有机图像,在到目前为止仍然缺失的深度和广度上有所发展。如果本我将人与其动物祖先结

249 合起来,超我就会将人与其历史的社会遗产,即他在与其他人的合作中拥有的超越有机体的和理想的世界结合起来。尽管弗洛伊德排斥有组织的宗教,他在其关于俄狄浦斯情结(Oedipus complex)的理论中重新发现了原罪的准则,他还用现代的术语重新陈述了基督徒忏悔的治疗行为。

不幸的是,弗洛伊德犯了一个错误,允许忏悔本身可以无条件地获得赦免,并且拒绝采取僧侣般的指引角色。这意味着他和他的追随者们在科学中立的伪装下,将他们自己未经检验的一套价值和贬值投射到他们的病人身上。但是分析心理学的现实的好处显而易见地来自于弗洛伊德的天赋,超过了其思想上的舛误。

由弗洛伊德首次揭示的核心知识的基础上,已经影响到了对自我的检查出现的各种问题。这些问题当中最显眼的是心理诊断术的极端敏感的形式,这是由罗夏(Rorschach)发明的,由其追随者们完善的,这种方法甚至正如精致的弗洛伊德分析法那样,显示了自我的身体构成,也显示了自我的智力和情感构成。这种分析方法几乎可以与尺度地图的发明相媲美,后者用于对地球上的陆地部分进行描述和进一步的勘探,它不只是使观察者更加准确地绘制出熟悉的陆地,还使相关区域的未被发现的陆地浮现出来。

罗夏的墨水斑点诠释法的成功要归因于在他生命中的每个时刻,人都将自身进行投射,并将他看到和感受到的世界的每个部分进行改造,将其人格的一些痕迹留在他所做的事情上,将其失败、控制和表达都记录下来。毫无疑问将会有对罗夏的方法的更进一步的完善:默里-摩根的主题统觉测验(Murray-Morgan Thematic Apperception Tests)带来了人格的其他部分,通常更完整地指出即时的压力和紧张。此外,投射技术可以被进一步应用到一种动态互动中,而不是静止的记录中,正如莫雷诺(J. L. Moreno)在心理剧中所展示的那样,应用于将洞察与指引以及积极治疗结合起来的努力中,也应用于一系列根据主题确立的戏剧场景。

这些方法每个都是一种镜子;我坚信最好的方法就是将许多镜子结合起来,这将从各个方面展现自我,既展现部分可见的自我,就像谢尔顿这样的结构心理学家拍摄和诊
250 断的,也展现部分不可见的自我,就像罗夏的墨渍或心理剧展现的那样。人们甚至可以向前展望一个时刻,会很普遍地用其内在细节的所有财富,就像按下快门一样,拥有这样一种客观的对自我的心理图像。这将是自我指引和自我教育的一种重要工具,尽管它将需要指导和对一种尚未出现的更高秩序的诠释者。

我们可以从任何水平上的自我知识的过程开始,用对罪的区别评价(罗耀拉),用对演讲习惯和含义的分析(科尔兹比斯基,Korzybski),用对梦(弗洛伊德)、墨渍(罗夏)或

图像(默里-摩根)的解析,用对姿势的考察(亚历山大)或参与到一种心理剧当中(莫莱诺),用一种文明比较的方法(汤因比、克虏伯,Kroeber;索罗金,Sorokin)或对原始文化的比较研究(马林诺夫斯基,Malinowski;米德,Mead)。

这些方法中的任何一个如果被有组织性地对待,并且被足够地使用,一定会及时地在所有其他的部分预测和包括这些发现,因为甚至是自我的面具也是它所从事的个体的部分和集体的行为,是一种文化的更大规模的戏剧中一部分。只有那些已经达到自我认知,并且不断既寻求扩大它也试图将其应用到他们日常生活的人,才能够克服它们的自动反应,从而达到它们的最理想的界限。因此,这种更广阔的知识的成就是伦理发展的核心基础,的确也是任何优秀的教育的基础。在未来,没能在这些领域提供教育和指引的学校将会被认为比那些忽视教授读写的学校甚至更加有着深刻的缺陷。

但是记住:人类的人格中有一些特定的部分,当前没有哪个诊断体系彻底地拥有,也没有哪个未来的体系很可能会拥有。因为自我不是一个固定的实体,它的核心部分只是通过时间在行为中被展现,除了在人格的那些已经确定被削弱的部分,不可能在时机成熟之前将所有人类的局限或潜力都展示出来。在身体的疾病中,著名的医生诊断为不可救的或致命的疾病,却有不少病人会得到康复,类似的错误毫无疑问会在阅读人类的性格时看到,甚至在心理学家制作了足够的"正常的"人格的样本之后,为了发现有多少这样的人在案例中几乎与那些受到严重的思想错乱的人一模一样。那些希望具备如引导者一样资格的人,一定要不断在谦逊的原则下这样做,是为了针对科学知识由于其成功而导致的骄傲自大。

自我调查的影响应当促使人们去理解自我,并且公正地对待自我,这就是要改正人们盲目的动机,要克服人们的片面和无意识的扭曲,要建立一种动态的平衡,要释放潜在的可能性,这被外在的压力和失败的洞察都保持在内心当中。对自我的了解有助于培养这种类型的谦逊,从而从中产生有效的合作和互助,正是为了纠正自以为是、过度的自尊、傲慢的自我肯定。

所有这些对于个人和对于集体的自我而言都是真实的。因此美国人理解历史的错误,这是由我们的先辈在驱逐印第安人和奴役黑人时做出的,他们再不具备一种严格的自我纠正的话,就也不能谴责俄罗斯的主人对资产阶级进行清算、无情地奴役其政权的反对者;但是通过同样的标志,一个俄罗斯人理解他的政府有意地对经济上的阶级和思想上的敌对体系施以罪行,其规模相当于其他民族针对种族进行的那样,他会认识到关键的人性和他采取一种新的社会体系的方法所拥有的正义有多么缺失。

没有足够的自我认知,没有彻底的暴露,没有在个人和群体中对自我的转型随即进

251

行一种积极的努力,现在威胁要将人类变得野蛮或灭绝的力量就几乎不能够被克服。单凭这样的知识就能够将我们从志得意满的常规瘫痪中解救出来,并且提供足够的动力,将生活中隐匿的或未曾实现的潜力发掘出来,因为我们当中每个人都只是自我的一个胚芽,有朝一日可能会成长起来。因此有苏格拉底的命令:认识你自己;亚里士多德的命令:实现你自己;基督教的命令:忏悔和使自我得到再生;佛教的命令:弃绝你自己;以及人文主义者的命令:完善你自己。所有这些都是片面的,但是都是对一个事实的关键性承认,即人类努力的最终目标是人类的自我改造。我们每日不停地努力将文明向前推进,却遭到失败,除非我们重新恢复这个人类的目标;因为它朝向人类的形成,而这也是所有这些预先的行为所要达到的。

2. 内在的眼睛和声音

252   我们当中每个人都像向大马士革出发的塔苏斯的扫罗(Saul of Tarsus),在任何时候我们可能都被黯淡的光线所打击,并且听到一种声音,这个声音会告诉我们我们已经知道的东西,即我们当前生命中的许多实际上都是对我们有害的,我们为了遵循我们时代的僵硬了的或衰退了的体制已经抑制和痛斥的许多动机,正是那些应当被分别留心和服从的动力。我们知道这个社会的宿命就是死亡,除非它改变其思想,这种死亡是没有目标的唯物主义和复杂的野蛮主义,或者是一种更加潜在的"后历史的人",即模仿生命的机器人的死亡,它以一种集体的程序运行,超过了人类的控制。正如对于早期的基督徒而言,古典文明的神成为开始出现的魔鬼,因此对于我们而言,占主导地位的伪进步的因素在我们当前社会中构成了我们的危险,而被抑制了的动力,尽管它们现在看上去是虚弱的和肤浅的,但凭借爱和兄弟之情的梦想、创建普天之下皆朋友的社会的愿望,就能确定实现拯救。

当那道光辉照到我们时,我们可能仍然会谦逊地踟蹰不前,承认一个新的事实,比找到一种实现它的方法更简单。因此,对于我们每个人而言,问题在于人们如何控制住自己,不仅是他将要思考的,而是他将如何行动以及将要做什么,从而使其自身至少部分地产生变化,最终将改造社会,并且使新的生命形式成为可能。在一个新的结构能够被建造起来以前,我们必须首先清除它的基础,这意味着我们必须扔掉我们当前生命的诸多冗繁的机构,我们必须打破当前流行的形象,抛弃肤浅的习惯和空洞的仪式,对当前既有的思想原型进行挑战,并且尽可能近地重返个人最初的状态,在其上只有宇宙。

在这个领域,我们每个人都是一个学习者和一个新手,因此让我停顿一下,与阅读者形成一种个人关系,从而强调这样一个事实,即我给他提出的每个建议对于他和对于我本人而言都非常重要。

那么,第一步就是退缩和拒斥,这个过程可能会带来贫困、艰难、牺牲,当然它要求准备好接受不确定性,尽管确定性自然已经成为对我们的处在解体中的文化的痴迷。那些寻求加入这种转型的人即使他们的拒斥不像梭罗或佩吉(Peguy)、梵高(Van Gogh)或施维茨(Schweitzer)或甘地那样的英雄形式,仍会不得不想出一些准则和方式,将确定他们与流行的习惯脱离开来并且再次将主动性复原到人类的灵魂。从我自己的经验来看,我能够证明这是一种艰难的建议,世事纷繁,我们会过于轻易地浪费我们的力量。

不要不适当地产生畏惧,退缩不要产生公众的要求。广而言之,它将包括小的非戏剧性的行动,不管如何观察几乎都不能被看到,或许被你的妻子、丈夫、密友所掩藏,的确,一开始将会很难说你自己认为所有事都是如此安静、中庸、隐秘,从而能够产生一种深刻的变化。然而这种极度的严格和无意义或许就是被指示为主要的裂变,完全脱离于我们既有的社会的风格。伊壁鸠鲁(Epicurus)的要求是隐藏你自己,这是朝向拥有内在生活的第一步,这在最终将很值得显示。

当将需要看作是一种社会变化时,许多人的第一个冲动就是签订一个保证,填补一个空白,加入一个俱乐部,加入一个团体,因此他们成为一个群体的成员,通过这种方式去做个人不想去做或根本就不想做的事情。在一个大都会中起作用的数以百计的组织和协会都可以证明这种冲动,由于人数众多,他们就仅仅是为了未完成的行为代理赎罪的机器。作为朝向整合的第一步,我这里要建议的正是这种情况的反面,即从外部行为退缩作为朝向有意识的、被引导的、消极的承诺和参与的第一步。这种初步行动的孤独性是其准则的一部分。

退缩的首要目标是找到你自己,建立一个全新的起点。你必须要回答这些问题:我是谁? 我在哪里? 我为什么要做我正在做的事情? 尽管我有许多坚定的信念,为何我不去做我应该做的事情? 没有这种脱离的行为,人们就只能是一种附属物,依附于家庭、办公室、学校、工厂、党派、行会、国家。

一旦你开始为了自我检验这个第二步而脱离,你将会惊奇地发现,你的生命中有多少部分已经被传统的方式所覆盖,从被感觉到的需要、清晰的承诺、明智的和可交流的目标中能出现多少,你已经失去了野生动物的反应的确定性,只是为了屈服于一系列的社会反应,对于自我的发展而言是盲目的也是致命的。但是如果你对自己完全率直,就像麦尔维尔(Melville)的皮埃尔(Pierre)努力做的那样毫不留情,你就会发现有些事情比你想当然的要更差,也更好。更好是因为即使你超过了你的青年期,你仍然会发现许多可能的增长节点的轨迹,它们尚未发芽;例如,最好的男性和女性最近为自己找到的潜力即使是在生命的中后期,只是从总体战争中进行的奇怪的新提取,这是肩负起责任、打破阶级和习惯的藩篱的能力,从而能够面对危险、折磨、死亡。

但是,即使在生命最幸福的时刻,也会有让人焦虑的发现,或许是最差的。你会在你的工作中实现成功,一份令人满意的收入和不错的家庭,所有的幸福在它们还不能被实现时似乎提供了大量的回报,而一旦实现了以后,就变成了尘埃,或者至少变成了进一步发展的障碍。如果你进一步深挖,你会发现更差的,在你自身你会发现在其他人那里引起分裂的烦恼,在你内心是令人烦躁的欲望和不信任,它会让你扰乱到你的配偶;几乎没有一种罪行你没有在你的头脑中犯下过,或者附属于你的想象。托尔斯泰(Tolstoy)这样评论:"每个人都会在其自身发展出每种人类的品质。"如果你是诚实的,你会把邪恶的人想得更好,因为你是他们的兄弟,这比你的善良更差,它被沾染上了大量的潜在的或被抑制的邪恶。这种内在的观察结束了所有的自满和所有的自以为是。

大多数人都过着安静的绝望的生活,梭罗在西方文化中比这更有利的时刻观察到了这一点。在他们30岁以前,他们有一种被抓住的感觉,他们失去了能量和工具,没法使自己脱离残骸,他们已经允许阻止这些残骸重返生命。生命的缺陷在我们的文明中到处皆是,由于这种缺陷,出现了一种几乎难以忍受的厌倦,就像机器发出枯燥的声音;但是被眷顾的群体和阶级的生活是非常空虚的,就像一个钟表。沉默的大众关注的是为了生存的斗争,并不缺乏一种直接的目标,但是他们的存在被同样的最终的无效感所感到苦恼。

当我们的个人行为通常产生意义时,我们所参与的整体的生活计划就变得没有感觉和没有回报了,人们梦想着飞往月球,将其典型的当前行为变成陈规和进行拓展,因为他们错误地为行动或地位的变化赋予了意义,或者因为他们终究希望逃离。但是事实上,他们移动得越多,他们就站得越牢固,确实滑到了非人类的地步。广播和赌博,鸡尾酒和混乱的性行为,催眠药和春药,电视和摩托旅行和运动,可能会导致残疾的运动,都是生命的暂时的有缺陷的形式,这证明了家庭的破裂,父母子女关系的结束,市民身份的失去,造就整体的人的教育的失败。我们接受我们的机械器官,将其作为人类的更具活力和人性的行为的替代品,这达到了一定的程度,我们已经接受了这种消耗、腐败和空虚,因此即使是为了我们的娱乐,我们采取一种机械的重复的仪式,正是这种状态威胁了自由、自发和成长。

当我们内在的自我减少时,我们的自信自然也消失了。我们对周围的机制和制度询问了一千个小问题,而我们不敢问的那个问题是:什么是我们真实的本性? 我们自己的欲望是什么? 一个更加人性的生活计划提出的要求是什么? 我们的能量没有一部分达到拼凑的修补和零碎的改革,因为我们已经在我们的文明中采取了所有的占主导性的趋势,将其作为固定的部分。对于生命和健康中缺失的任何积极的态度,我们能够梦想的最好的方式就是安全,不再有需求、疾病、恐惧、战争,就像将这些否定都增加到一起,我们会创造一个有效的生命替代品。

这是为何朝向更好的生活的第一步涉及到内在自觉的恢复。为了这个目的,我们必须承认梦想和理想的实际重要性,它们必须得到我们现在只给予摩托车和飞机的关注。这个概念在美国差不多消失了,在到处都已不再流行,更多的人屈从于外在化的力量,使其空虚客体化……一旦我有了好运,为一组教育者开办一个工作坊,男性和女性得到完全的培训,学习使用工具,他们中大部分都是哲学博士,都是在他们的职业中已经达到成就的人,或者是正在获得成就的人。我问他们一天当中有多少个半小时被用于完全的独处而没有任何的外在干扰。他们大多数坦言他们甚至从未考虑过有这样一个时间的必要,如果很偶尔地他们有这样一个空虚的时候,他们感觉被迫要将其用于“做一些事情”;作为大忙人他们早上一起来就开始忙碌,一直到要再次睡觉的时候。自我引导的思考? 不。是白日梦? 不。是梦想和幻想? 一千个不! 那么,我问他们一天中有哪个时间段用于更加主观的艺术,如阅读诗歌、弹奏音乐、绘画或积极地看一幅画,或者用于祈祷。只有一个参与者坦承绝没有做最草率和消极的活动,他也是被普遍认为是这个小组中最卓越的人,他羞怯地承认他把这段时间用于祈祷了。

这个小组专门致力于在其他人的生活中引导最关键的活动,即他们的教育,却丝毫没有洞察他们自己的极度的缺陷;他们过于孜孜关注外部的和非个人的事务,这些几乎构成了现实世界的一半。自发的,向内引导的,自我推动的,自然的,改变生命全部轨迹的形象、梦想和理想,这些如果有的话,只是以枯萎的形式和隐蔽的方式存在的,没有内部生命需要的警惕的引导和规则。结果,这些有明确目标的男人和女人总是对一些外在于他们的事物反应和回应,如调整和适应,却没有任何能力采取主动与他们自己的做彻底的分离。大卫·雷斯曼(David Riesman)极好地对这些不足作了记录。

无怪乎这些教育者受困于一种教育哲学,后者基于对既有的制度的温顺服从和对主导性社会群体的单方面的调整。除非通过一种可悲的偶然,墨守成规者、创新者、创造者都不能从这个他们要组织起来的学校中出来。记住这一点:由于缺乏对内心生活的一种有准则的兴趣,他们对于外在生活的控制同样也变得脆弱,在教育方面就像在政治和国际事务一样,“事物有自己的运行轨迹”,就像事物本身被赋予了生命的特性。当生命遵循其自发的模式时,事物就没有它们自己的方式,机械化也不会发出命令。

如今这样繁忙的人,诸如这些教育者一样的外在化了的人,从一种关于人的哲学的视角来看,都只是部分地生活着。他们与努力的管理者构成一种伤心的对比,后者就像歌德,当他都不能凝视着一幅美丽的图画时就数着逝去的日子,或者像甘地,作为最强大的务实的人,不是每天保证一个小时,而是每周保证一整天用于悄无声息的退出,不受外界的干扰或者自我激励的行动。这些想要推动他们崇敬的科学的教育者不管有多少,如果他们没有意识到像法拉第(Faraday)那样的伟大的科学家,自己承认有一种想象,容易相信天方夜谭(Arabian Nights)的奇迹那样的化学反应。

格雷茨的逻辑(Gratry's Logic)是一部充满智慧和启发的书,远在我看到这本书以前,我就通过实验达到了他所达到的相同的结论,即每天留出半个小时用于独处,不受任何的干扰,也不进行任何有意识的反思或有引导的思考,这对于恢复自发性和自动性是有关键作用的,因为人们思想深度的开启,同样也会被任何形式的活动所关闭,哪怕只是一种思维的秩序。在那些时刻,正如格雷茨所说,上帝可能会对一个人言语,或者用自然主义的方式来说,就是被隐藏了的潜力可能被看到。即使没有任何事发生,一个人只是偶尔地能够希望使神苏醒,通过脱离的行为,为了履行人们习惯了的义务而变得强大起来。在我们的精神力量处在低潮的时候,我们中太多人在等待着一种疾病,从而能够享受这一时刻;尽管一个漫长的安静的恢复期当中,有时会产生一种剧烈地改变生命轨迹的幻想,我们也不应该依靠这样一种偶然性去做一种可能的适时的调整。半个小时的独处、脱离和"空虚",这是一个新的开始的关键。

5. 用于生活的时间

在上个世纪,生活的节奏已经由于我们新发明的机器工具而广泛地被增速,我们的日子变得过于繁忙,给所有那些想要全部加入我们文明中的人一种喘不过气的活动的感觉,不幸的是,打卡钟和签契约不只是测量时间,还限制了它们的内容。为了行走得更快,为了在更短的时间做更多的事,绝不要改变人们的速度,除非是使其增速,这些是我们时代的内在要求,主要出自于机器的功绩或者一些人的雄心,如穷查理(Poor Richard)那样认为时间就是金钱,而金钱则通向一种有价值的生活。

由于这种不断增加的压力,为了恢复内在的均衡的第一步要做的就是从这种时间的牢笼中逃脱出来,有意地减少人们的活动,放慢人们的反应,把事情放下,仔细地考虑它们,慢慢地思考它们的重要性,然后再进行下一个任务。儿童或许自然地倾向于按照这种方式行动,而学校强加给他们的机器般的速度和准则通常积极地决定了他们的不适和悲苦,因为一个人如果听力还不足以听到会迫使他放弃的信号,就不能使自己全身心地去做某一件事。

在过去的半个世纪中,工厂工人通过一种纯粹的否定的、防御性的方式,共同学会了在工作中缓慢地进行,有时是对那些关注效率的人的报复,并且甚至通过假装不充分施展其才能而获利。最初的人和东方文化中的大部分,尤其是印度人,就从未屈服于现代守时的要求,我们也从他们那里学到了一些。如果他们有可能需要一种更强烈的愿望接受外在的要求和秩序的话,我们西方人就需要一种更加简单的方式服从于生活的需要。

在关键的压力出现时,简短地停下来一会儿可能会变成一种较大维度的行为。有经验的管理者已经学会走出他们的办公室,在进行一个重要的决策时使自己独处五分钟,但是在我们将要对我们要求的时间做出判断之前,有时候就会有比这更加弥散和分化的出现。我们一定不能只给我们的强迫性的固定方式引进更多的分裂,我们必须放慢所有的活动节奏,给予我们生活中的各个部分给予更加均匀的关注,改变我们生命中机器的影响,将事物转移到一天的其他时间,而不是不适宜的被指定的时刻。婚姻生活中的单调带来的威胁,可能部分地归因于性生活过多地只是发生在一天末尾最筋疲力尽的时候,而婚姻以外的性冒险所产生的不适当的吸引力可能归因于这打破了惯例,在巴黎,传统而言,傍晚时分是用于非法的情人最佳的约会时间。人们经常通过变换配偶才能获得加快的影响,通过时间和地点的变化本身也可以获得。

对于创造性停顿的第一次公开的承认,当然是犹太人关于安息日(Sabbath)的规定,这是第一次具有重要意义的社会性创造。但是在我们的西方文化中,休息日现在已经变成了另一个繁忙的工作日,充满休闲和不停的娱乐,与工作日的日常工作并无二致,尤其是在美国,从星期天的早晨抢夺大都市的报纸,到用摩托车游览作为消遣的方式,我们不断地使用休闲时间,而不是让所有的工作和日常事务安静地停止下来。即使是在华兹华斯(Wordsworth)的日子,起床做事的压力也变得非常沉重,否则,为何他的诗句会有:“试想,你在所有这些你曾说起的神奇事情中,没有一样变成现实,但是我们却必须还要继续寻找?”在这种明智的消极中,灵魂受到来自所有方向的力量的影响,是对过于狭窄的和过于受到引导的活动形式的必要的平衡,尤其是被机器所控制的活动形式。

但是记住:对常规的有意识的打破一定不能只是一种偶尔的行为,它在所有组织良好的行为中都有一个持久的位置。甚至工厂管理者也意识到,在工作日有一段时间的休息和休闲对于保证机器生产的速度是必要的,尽管很少有工厂有足够的规划区域用于自发的休闲活动。在对第二次世界大战的记述中,丘吉尔告诉我们,下午小睡对他重获精力有多么必要,必要时他会一直工作到深夜。反思、白日梦、安静、睡眠,所有这些对于节奏的改变,受到对可见的行为和可见的成就的务实需求的推动,对于保持引导对于理性的真正的回应有着关键意义。如果我们敢于停下足够长的时间去观察它们,许多可笑的习惯和常规就不会再有了。

我们不会努力控制时间,除非我们认识到我们的工作常规中有多少不只是强迫性的而是着迷的:焦虑地想要在外部的规则中建造一个庇护所,从而避免内在的无序,用一种有力的成功的样子从生活中不能解决的问题中退缩出来。强迫性的工作和整体的加速的确使人们"不受危害",通过使他们不再好色,每日沉湎于工作可以减轻忧伤,减少生活中的痛苦,如果人们用工作"充填人们的时间",那么所有其个人的和家庭的不幸都似乎不再那么严重,而且最终的空虚的吞噬感也会被消除。那么,西方人暂时在工作中找到避免不能解决的问题(即困厄)的干扰,这给予生活一种更广阔的维度。

但是在不断的系统性的工作中,或者在机器已经引进的休闲中是没有目标的,除非我们区别地使用我们已经掌握的时间。行使一种外在的加速,而不产生内部的减速,会需要更加冗余的个人的无用和休闲时间,这是对我们的时间和能量的浪费。从人类的视角而言,节约时间的主要目标是减少花费在没有回报的工具性和准备性任务上的时间,并且增加花费在完成和完整阶段上的时间。过程本身是一种创造性的和享受性的事物,就像艺术家、科学家、熟练的手工业者、教师的工作,时间的减少实际上就是对生命的损害。

即使是在回报最大的职业中,有时候也需要一些节约时间的方式,从而使我们可能更大程度地理解一个世界,这个世界在时间和空间的界限上现在都远远超越了有限的个人的狭窄环境。我们现在必须节约时间,换言之,是为了在现在和将来更积极地花费时间;因为现代人与其他文化的代表最具有决定性的差异,在于他对历史和个人经历(即个人的和世界的)的批判式理解,以及他的有选择性的预示和对未来的预测。

专业化的思考是通过一条单行道进行的,并且避免所有的边缘小道,如今是一种主要的节约时间的方法。我们需要创造一种均衡的人,必须依靠对位的思考,这种思考将一系列相关的主题合在一起,因此在这个过程中它们会同时相互产生作用,并且相互改变。根据这种特征,对位的思考是一种节省时间的方法,对于任何加速的形式都是不利的,比起将一首交响曲达到完美状态,排练一个独奏部分会更快。

以一个用对心脏进行功能性干扰的方式为病人检查的心脏专家为例。当这个器官被视作一个单独的事实时,被决定的主要要点是那些只与身体检查相关的。但是一名真正的内科医生,受到一种有机体哲学的引导,一定要对这个问题采取一种更加敏感和复杂的解决方式。他并不考虑抽象的结构的心脏,而是一个特殊的心脏,是与病人的经历这种生物的和社会的事实相联系的,是与摄入营养这种生理的和社会的事实相联系的,是与居住这种经济的事实相联系的,是与家庭环境这种地理的和个人的事实相联系的,是与心理的和性方面的问题相联系的,所有这些都构成了整体一幅画面。内科医生以错误的方式永久性地影响了一种变化,可能不得不采取一种不同的方式或一种心理分析的疗法。

这样的诊断和疗法通常会缺乏按照老式专家的方式所有的那种迅速和丰富,即达到一种与众不同的诊断,产生一种永久性的治疗,这通常将花费更多的时间。即使人们允许有直观的缺陷,他们也几乎不能被安全地医治,除非对许多医生在诊室里看不到的情况进行一种谨慎全面的检查。不放缓节奏的话,我们实际上就不能公正对待当前的知识的所有层次和方面。对位的思考本身如果被广泛地运用的话,将有助于降低生活的节奏,它甚至会减少有可能导致知识来源断绝的过度性生产。一旦我们开始系统性地思考,即同时在所有层次上进行思考,这时当它们被完成时,结果就会更加完整和持久;但是它们在数量上会更加匮乏。将来人们很可能会很高兴地在整个一生中实现他们现在在十年的时间中所作的,作为一种充分整合了的努力的一部分,这要使用到他们过于激励和过于劳累的一部分功能,他们的能力的其余部分处于一种虚乏或衰落的状态。在这个基础上,知识和生活都会有所得。

那么,这个转型时代的大问题之一就是调和外在的、机器的、公共的时间表,这些现在用有组织的、个人的、自我控制的时间主宰着我们的大部分活动,这也与新陈代谢、记忆、累积的人类经验联系在一起,依靠增长率、强度和活动的程度、消化能力。第一个有可能将大量的空余时间、享受它所需的自由能量,其他文明从未提供过的休闲和能量用于其大量的成员,也会受到匮乏和饥饿的不断威胁。但是第二个迄今在我们的社会中没有发现足够的形式,现在一定要被有意识地发展,从而充分利用这个机会。主观的时间,即伯格森所谓的时长(duree),保持了与行星和钟表不同的节奏。

尽管我们对于外部时间压力的第一反应必然采取降速的方式,解放的最终影响将会是为所有的人类活动找到正确的途径和速度,并且按照意愿引入适当的多样性:简言之,就是要向我们进行音乐演奏那样在生活中控制时间,并不是通过遵循节拍器的机械节拍,这只是让初学者使用的,而是通过找到每段之间的合适的节奏,根据人类的需要和目标调节节奏。我们不会完全控制我们的文明,或者能够表达更高质量的生活,除非能够相应地降低节奏或增快节奏,不是为了满足机器生产的需要,而是为了人类对一个充实、和谐的生活的需要。当我们达到这个阶段时,甚至我们的渐速音(accelerandos)也会变得更有意义。我们不是要在"我们要到哪里去"这样空洞的信念下加快我们所有的活动,而是要节约我们的时间,认识到即使是以沉默作为间隔,也是音乐的一部分。

4. 宏伟的宫殿

最后,如果后退的实践成为普遍的,我们将不得不为其创造一种特殊的社会结构:让我们将这种修道院的新形式称作"宏伟的宫殿",以纪念一个传说,其中亨利·詹姆士不仅对我们的时代的巨大压力进行诊断,还以一种想象的方式指出环境的类型和克服它们所需的方式。未来没有房子会被设计成没有密室或小房子的样式,用于替代今天的浴室这种唯一的类似物;没有城市会被设计成不设置私密地方的形式,如独行道、隔绝的隐匿处、很难攀爬的孤立塔楼、曲折的小道,就像中央公园里的老式漫步道路,这些与公共场所一样多,其中人们能够成群地进行社会的交往或共同的休闲。在上个世纪机械式的城市扩张时期,我们的思想的总体趋势与这个退隐的需要完全对立,这是几乎所有城市规划者的理想,迄今使所有的地方都同样可以接近、同样开放、同样地具有公共性。

到目前为止,修道院在个人和群体的重建中只起到一个无意识的作用。尽管修道士的退隐被19世纪的理性主义者们当做一种中世纪的迷信,事实却是,它仍然在起着作用:因为修道院会改造伟大的革命领导者的视角和个性方面,对其被迫流放到外国的反复的时期中起作用,尤其是对节制适中的、定期的囚禁起作用。从卡尔·马克思到列宁和斯大林,从赫尔岑和克鲁泡特金到陀思妥耶夫斯基和希特勒,从马志尼和加里波第到甘地和尼赫鲁,不断有领导者不管有多不情愿,都会致力于囚禁生活给他带来的内心的集中。对于这一时期的年轻人而言,海上的漫长航行也起到类似的作用:正是在海上,亨利·乔治(Henry George)获得了他的知识上的使命的第一个直觉;赫尔曼·梅尔维尔(Herman Melville)非常肯定地将他在哈佛学院的航行称作捕鲸船,的确人们会很好地追寻他在主桅上长期进行的冥想,以及他给这个世界带来的大量的原创性的视角。

一般而言,一种非常宝贵的生活习惯一定不能被归结为机遇,它也不需要被局限为天主教会中展现出来的古代形式,尽管在修道院沉默和集中于内心将会长久地作为宏伟的宫殿的原型。在我们使用修道院的有效功能之前,我们不需要追求政治上的压抑或社会的动乱:在我们对整体和平衡的追寻中,我们将更想要使这种体制民主化,并且使其一般而言更容易实现。这同样也包括了对我们的时间安排的重新安排。新的学校和新的大学的标志之一将会是提供退隐的时间,并不是花费在课堂学习或体育运动中,而是花在常规的工作日中:这是个集中和反思的时期,其中可以继续进行积极选择和精神同化。

在身体上附属于这种集中,就是缺乏可见的娱乐:正如亨利·詹姆士(Henry James)所说,是一个"用忽略美化的"建筑。这确保了伦理的秩序和清除的积极表现。广阔的地景或海景、有墙的房屋或封闭的花园的可替换的节奏至多将内心生活带到了最高点:假设在这个集中的时期没有外部世界的侵入者。阿诺德·汤因比先生非常强调在用新的方案和大胆的计划创造领导者时地"退隐和回归"的过程。或许阿道夫·希特勒对于这个世界而言,在他的腐败的直觉中,与频繁退隐到他的在贝希特斯加登(Berchtesgaden)的住房相比,并未那么危险;同样,当他完全致力于战争的细节中时,也从未如此愚蠢、粗鲁、平庸,他在或多或少孤独的退隐生活中获得的超脱和广阔的视角也丢失了。

那些忽略了这种恢复和再创造的行为的人,由于对现实事务的压力过于服从,失去了对这些事务的控制:他们机械地沿着路线迈着沉重的步伐行走,他们的双脚由于外在的事件而不是积极地选择而固定在这条路线上。解脱、沉默、内在,这些都是我们的生活中被过低估价的部分,只有通过在我们的个人习惯中和我们的集体的路线中他们有意地修复,我们才能够建立一个平衡的生活规则。

首先,退隐的原则将会是痛苦的,因为我们的日常生活中的单调工作引导着我们经过许多温和的无意识的动机。纯粹的节制包括一种巨大的努力。我们保留在意识中的感觉将会是痛苦的,行动也会是困难的:因为我们必须对我们时代占主导地位的要求说不,然后我们才能够接受那些我们将要创造而取代它们的。或许我们的出境的主要祸害首先是认识到,在我们再次变成自我行动的、自我引导的、自信的人以前,有多少路要走;损害了过去两代人的事件、一系列的战争、革命、经济动荡,以及更多的战争,最终是任意屠杀的无意义的形式的前景,这些有多少是我们自己的持续的自我放弃的结果。这个社会的善我们已经纳为己有;但是对于恶我们却没有拒绝,因为我们不敢在我们自身中寻找它们,但是却将它们完全归结为外部的阴谋或环境。

这些真理即使很小也是容易显示出来的。我在斯坦福大学开设的课程《人格的本性》(the Nature of Personality)上,我曾要求我的学生们制定一个计划,作为一周活动的部分,将一整天要做的事列下来;然后,当这一天快结束时,记下他们实际上每个小时做了哪些事情,并且与最初的计划进行比较。这证明是一个很有用的方式:因为每个学生都惊讶地发现他的最好的意图是如何轻易地被一系列外部的压力和冲动扭转,对于这些他是没法控制的。这并不是拿破仑设定的战争计划的失败,托尔斯泰对此讽刺地描述了理智与算计之间的对立,以及生活本身的不可预料,因为战争太容易受到人为控制以外的力量的影响而不可收拾。不,在学生的例子中,这是我们整个文化的典型,表现了我们内部的信念和意图的脆弱性,的确,我们完全缺乏自尊,使我们很容易屈服于机会的刺激,仅仅因为它们来自外部,从而产生不合时宜的权威。

265 今天外部的引人关注的感觉取代了理性的方式,正如在广告中,外部的刺激取代了内部的目标;因此,我们不时地从一生的一端漂流到另一端,却不曾重新获得主动性,或者主动地争取自由。因为我们并没有准则和引导我们的梦想,从而屈服于噩梦;由于缺乏一种内在的生活,我们也缺少值得过的外部生活;因为只是通过我们的同时代的发展和它们的不断的相互渗透,生命本身能够变得活跃。

这个伦理应该很简单:如果像大格里高利(Gregory the Great)所说的那样,坚持以冥思作为防御的人一定会首先在行动的阵营中集训,对于我们的时代而言,相反的甚至更加关键;从一个新的行动计划开始的人一定首先退缩到最内在的冥想中去,在防御的城墙后面,当他习惯于独处和黑暗的时候,一种新的生活景观就会出现了;并不是他所离开的世界的客观后象(after-image),而是他将回归和重新塑造的世界的主观前象(fore-image)。

5. 两种生活的需要

对于退隐的实践和精神的集中有个更进一步的原因:或许是最重要的原因。为了明智地生活,我们每个人都必须要过一种双重的生活。我们必须一度生活在实际的世界中,还要再生活在我们的头脑中;尽管我们不能给予后一种生活像前一种生活一样多的时间,我们能够使用符号和图像的秩序,正如我们在夜间的梦中所做的一样,在几分钟之内包括尽可能多的生活,如果我们在第一阶段确保自由的时间,就像我们根据活着时的积极时光所做的那样。

杜威非常正确地强调了这个事实,即没有最终引导行动的思想是不完整的。但是杜威的格言的反面同样也是真实的。反过来,不能引导进行反思的行动可能是更加不完整的。对于一个完全迷失于冥想或抽象的思考的人而言,他放弃了行动的能力,现在有一百个人非常密切地致力于行动或路线,为此他们失去了理性的洞察和沉思的重建的能力;因此,他们失去了重构和自我引导的可能性。但是,只有通过持续的反思和评估,我们的生活在实际中才会变得充分的有意义和有目标。此外,当我们延长善的时刻时,通过在味觉上保持它们的味道,我们达到了一种完善和充实的感觉,这是其他的方法不能获得的。这或许是伟大的画家拥有深刻的内在喜悦和永恒的自我更新的生活的诸多原因之一。在已经达到反思能力的最谦逊的生活中,以及在普通人当中仍然不了解这种天赋的乡村文化中,第二种生活使第一种生活变得更加甜蜜和深入。

现在生活是我们被要求不准备就行动的唯一的艺术,并且不被允许进行预先的排练,这些失败和补缀对于一名初学者的训练来说是非常关键的。在生活中,我们必须在要求拥有一种初学者的技巧之前就一定要开始进行公开表演;而且通常我们的看似主导性的时刻被新的要求所打乱,我们为此不能获得准备性的能力。生活是一种我们一看到就进行比赛的分数,不仅是在我们将设计者的意图神圣化以前,而且甚至在我们已经控制我们的手段以前;更差的是,很大部分地分数只是被粗略地标识,而且我们必须为了我们的实际的乐器而进行临场发挥,演奏很长的乐章。在这些条件下,整个演出似乎是不断的困难和挫折的一种;的确,如果不是这样一个事实,即一些乐章已经经常被我们的前辈演奏过,那么当我们做到这一点时,我们似乎回忆起一些分数,并且能够预测这些音符的自然顺序,我们可能经常在完全的绝望中放弃。惊奇的并不是大量的不和谐音出现在我们实际的个人生活中,而是任意会出现和谐和进步。

在一些方面,教育给予我们一种生活的预示和很少的预见的行为:它或许以幼稚的形式最好地起到作用,正如在小女孩的过家家的游戏或者小男孩自己发明出来的游戏和比赛。但是预测生活的细节的时间和再次展现它的细节的时间是一样多的。在事物的本质中,我们中每一个人,不管他的目的多有意识,都会在活着时犯许多错;但是幸运的是,并不是通过避免或否定这些否面时刻,而是通过对它们的吸收和它们的最终的转变,人成长起来。

在我们获得任何高水平的生活技巧之前,我们已经做了重大的决定,或者已经让它们为我们做了重大决定;我们已经使自己致力于一些过程,它们可能会变得对于我们最好的冲动而言是致命的。而且,按照顺风航行的行为,通过专注于行动本身,以及为了实现它而没有费力的感觉,都会使我们可能偏离我们有意选择的路线。所有这些选择、决定、承诺,如果允许累积的话,就不断变得更加不可补救。在我们想要更加迅速地达

266

267

到我们的目标的渴望中,我们可能忽视了查看地图或进行探测,直到我们突然感觉到我们的船只报废了,除非我们实际上并没有更加悲惨地撞到岩石上。如果我们大多数人足够早地认识到这个事实,即我们只有一次生命,并且其中的每一个逃避反思的时刻都是不可挽救的,我们应当按照不同的方式度过它。经常在生命的过程的中间,我们突然觉醒,认识到一个事实,即我们在这个世界上将不会有第二次机会改正我们的错误:这是一个决定性的,通常也是一个悲惨的时刻。

这个估测的日期非常关键,达到了未曾预料的程度。考虑埋头于其专业职业的女性,过于推迟养育孩子;有朝一日她发现其抚育孩子的时期所剩无多;如果她在任何生理困难的情况下工作,尽管竭尽全力挽回,但可能会错过部分的命运:太晚了! 或者以没能致力于其家庭生活的男性为例;他完全致力于自己的商业或事业的进展,或者甚至为了给其家庭在经济方面"提供优越的条件"而尽义务努力,他可能没法陪伴他的妻子或正在成长中的孩子,或者不能够表达内在的爱意。太晚了,他可能会觉醒地发现他的最好的机会已经悄然离他而去;他的儿子和女儿已经长大,即使他们不会因他的忽视而憎恨他,也会让他找不到;如果他能够以作祖父而替代当父亲的愉悦,也算是幸运了。因此有一百个其他的承诺。一个人不可能在他生命结束时还补救他早些时候的错误,因为人们需要的不是赎罪,而是重新引导人们努力的机会。

那么,我们如何能够克制这些命中注定的承诺,在我们被它们重置以前改正我们的错误? 我相信,只有一个答案,那就是我们必须通过过两次生命扩展令人失望的缺陷,正如我们每天都会遇到它;这就是说,我们所有人都必须放慢他的步伐,足以用持续不断的冥想和反思跟随他的日常表现;这是一种每日的重新生活,我们在其中检查我们的目标,评估我们的射击术,重新调整我们的视野。在积极的方面,我们将因此通过进一步的反思延长和扩大任何给予我们支撑或愉悦的;这在暴力和困难的时期,对于被扰乱的生活和未成熟的死亡是一个大的恩惠,就像现在这个时代一样。生活的很大一部分,尤其是确定发展阶段的一系列功能和行动,除非在头脑中,否则都是不可重复的;人们更正年轻时的错误,必须通过年轻时的合适的行为,而不是到成年时再补救;而且在每个其他的时期也要这样。或许心理分析疗法的最好的部分就是这样的二次生活;但是它需要被每日自我检查的加尔文主义(Calvinist)的习惯进行补充。

所有这些都只是换了一种方式重复《卡拉马佐夫兄弟》中的佐西马神父(Father Zossima)的建议:"每一天,每一个小时,每一分钟,都要绕着圈走,观察你自己,并且检查你的形象是得体的。"只有通过有计划的退隐的行为,这种第二生命的生活才能够成为可能:这就是为何退隐要求一种形式:一个时间和一个地点,即使一种致力于人们第二生命的结构有可能存在,不是作为对人们的积极的存在的逃离,而是作为完成它而需要的方式,而且反过来给予未来新的推动和新的价值。缺乏这种第二生命,我们既不能有意识地将过去有价值的继续向前发展,也不能成功地控制未来;我们不能给它带来能量和洞察,这是我们通过生活的行动已经潜在地获得的;进一步而言,我们让自己被波浪向前推着,毫无希望地上下漂浮,就像一个带着瓶塞的瓶子,里面有一张纸条,可能永远也不会到达岸边。

6. 为了行动而清除

瑞士历史学家布克哈特预言,到 19 世纪中叶在西方文明中已经可以看得到的腐败和脆弱将会导致可怕的简化者(Terrible Simplifiers)的到来,即有着坚定的决心和强大力量的人,甚至会推翻实际上清除人类精神生长的好的体制。他写道,"人们还不会喜欢想象一个世界,其统治者完全漠视法律、繁荣、有利可图的劳动以及生产、信贷,等等",一个由军事组织和单个政党统治的世界;但是这样的世界成为可能,是当大多数人不再通过有秩序的方式行使主动,从而为了服务人类的目标而重新形成和重新引导体制。美好的愿望不会以一种合理的建设性的方式做的事情,罪犯和野蛮人会去做,否定和非理性地做,仅仅是为了毁坏的乐趣。当个人作为人回避责任时,他们的地位就被一个暴君在政治上占有了,这个暴君通过犯罪恢复了主动权的自由。

即使在布克哈特之前,陀思妥耶夫斯基已经以惊人的准确性预测到了将要发生的事情。在其神秘的叙述中,来自地下世界的信件中,陀思妥耶夫斯基利用他的啜泣着的、令人厌恶的主角之口,说出了很多具有挑战性的真理,这个主角就是希特勒的真实原型,他描绘了 19 世纪的功利主义者的天堂:这个天堂仍然是当代流行的科学的,其中所有在此以前困扰着人们的所有问题都会被准确地回答,所有的人类的活动都会根据自然的规律而进行数学计算,因此这个世界将会不再有任何错误的做法。因此他评价道:"如果在未来的所有这些秩序和规则中,从某个角落中突然出现一些出身低微的绅士,或者是有着颠倒次序、愤世嫉俗的行为的两手叉腰的人,对着你们所有人说:'现在如何,绅士们? 如果根据一次协议,我们将所有的庄重的智慧都踢开,让这些对数见鬼去,并且开始再次根据我们自己愚蠢的异想天开而生活的话,不会是一件好事吗?'对此我会毫不惊讶。"

　　这是对严重的环境的虚无的回答，即每种文明最终都会发现自己身处其中：过度组织的结果，增加多余的需要，在引导日常生活时过度的规则和规矩，甚至幸福的仪式也都过时：这些都导致了人类失去主动性，愚蠢地屈服于看似傲慢的非个人的决定。人类在这样的生存中，是为了维持肉食者的组织和养乳牛者联盟而饮食的，他们细心地维护他们的健康，是为了他们的生命安全而创造股息的，他们是为了支付应缴款、税收、按揭、分期付款购买他们的汽车或他们的电视机设备，或者实现他们的五年计划的份额而赚取每日的生活所需：简言之，他们是为了外在的原因而满足内在的需求。正如在商业组织中，根据这样的条件，领导倾向于吞食利润，因此有整体的生命，准备活动耗尽了适当的极致。

　　这样一个作为我们自己的社会，最终通过其不能优先处理最需要的事情，而给自己带来了麻烦。当一个社群达到了一个程度，即没有人能不运转一种复杂的研究技术，不列出无数专家帮助其仅为了过程的很小一部分而采取责任就做出决定时，生活的所有正常行为都必须要放慢下来，达到一种程度，即最初通过劳动分工和大规模的组织而达到的节约变得无效。因此这种诊断的技术对于病人而言就像是他的病一样是个负担；的确，它成为一种附属的病。这时，一个社群的生活将会停止或被打乱：它将不能够预测或者避免最简单的危机。

　　但是没有社群能够允许自身停止太久；因为如果我们不找到一种简化的好方法，如果不是通过被一种过度发展的文明允许的文雅方式，那么"可怕的简化者"将会出现在这里，通过野蛮和庸医术重新获取自由。当我们的寻找事实和证明真理的机构变得过于复杂时，"可怕的简化者"将会依赖无耻的谎言和幼稚的迷信。如果我们的真实的历史学家们排斥布克哈特们和亨利·亚当斯们，为了在他们的知识和智慧的基础上敢于展望未来的话，追求指引的人们就会将占星的星相图作为一种替代。

　　为了逃脱"可怕的简化者"，人们必须承认这种状况的实际危险，它们通过这个得以对失败的大多数产生优越性：因为这些骗子宣称要改正的这种状况实际上是一系列中的一个。我们不能对这些存在的东西视而不见，而是一定要使用艺术和理智进行一种有利的简化，这将使人重获权威。生命属于自由的生活和流动的人，而不是属于那些被装饰的；为了保持生命的主动性，并且使其日新月异，我们必须用估值、拒绝、选择的更加严格的习惯，平衡每种新的复杂性、每种机器的改进、每种在产品或知识的数量上的增加、每种可控制的技术的进步、每种过度繁盛或过度饮食导致的危险。为了达到那种能力，我们必须有意识地抵制每种自动化的形式：不能仅仅因为什么东西被建议就去购买，不能仅仅因为某种创新被推向市场就去使用，不能因为某种行为很流行就趋从。我们必须像梭罗(Thoreau)在《瓦尔登湖》(Walden Pond)中维修房屋的精神处理我们生活中的各个方面:像他一样,如果一块简单的石头非常难以擦去尘埃的话,就干脆扔掉。否则,科学知识的数据中纯粹量的增加就会导致愚昧无知,而且物品的不断增加也将导致生活的贫瘠。

今天,简化的方法使得没有那个领域不能必须被引进。由于无限制的书籍生产和学术回顾,几乎没有一种单独的思想领域使得人类的思想能够充分地俯瞰任何主题的文献,只要不是最细微的部分,都能得到明智的结论,或者自信地从反思进入到实践。我们解决这个问题的灵巧、机械的方法,就像微电影的创造一样,增加了总体负担的重量:在这个或所有其他的领域,唯一的真正的拯救都是非自愿地将生产限制在其开始处,以增加我们的选择:都是真正的简化,尽管只有被启蒙的和有勇气的才能使用它们。这适用于生活的所有过程:当人类的肌肉能够舒适地工作时,千万不要使用机械力,在人们能够轻易地行走的时候,绝不要使用汽车,如果不是为了满足一些即时地或未来的需要,绝不要获取信息或知识,这些简化的方式尽管对于个人而言微不足道,但是会累积达到一种获得解放的可观的程度。一个受欢迎的导师,他自己不反对获益的动机,曾经指出人们绝不应当浪费时间在打开二流的信件;而且如果这个建议被普遍接受的话,至少在美国会有大量的时间和能源会被节省下来;甚至整个森林会被保存下来。许多其他的制度也终将遵循纽约的进步学校的例子,这个学校曾经给予它所有的学生智力测验,堆积起大量的不被使用的和不必要的数据。如今它已经摧毁了这些文件,只是给予那些极其需要这样的额外的检测的学生这些特殊的测验。

在西方国家中,我们的文化中一种有机变化的主要标志很可能是剧烈地减少抽烟和饮酒这种现在还是强迫性的习惯,这是一种新的兄弟姐妹之情的特点,与这个一同发展的会是在女性方面回归到一种洗发的方式,会放弃复杂的机械或化学程序,不再弄出流行的统一样式,像好莱坞的模特那样烫发。数以百万英亩的田地会被空出,仅仅通过削减种植烟草,用于种植粮食,这将有助于轻微地直接促进健康,并且如果这种举动是自愿的话,会减少神经困扰。二战以后,即使是在全世界范围饥馑的时期,没人甚至敢提出将部分烟草种植地改成粮食种植地,这显示了我们的文明变得有多僵化,几乎僵化到僵尸(rigor mortis)的程度,即没有足够的力量适应现实。虽然有饥饿的人对烟草的需求甚至大于食物,但这种表现并不能因此而被削弱:这仅仅显示了我们对生命需要的扭曲的程度。

许多有效的简化种类或许会被率先抵制,理由是它意味着一种"标准的降低"。但是这忽视了一个事实,即我们的许多标准本身都是外部强加的和无目的的。从机械复杂性或社会声望的立场降低的,可能会被一种关键功能的立场提升,当友情关系本身取代时,当爱默生在他的散文中宣扬家庭经济时,起到精心地准备食物和服务、餐布和白银的作用。

想想卢梭最初提倡的朴素的农民生活方式,当他选择生活在一个简单的小屋中,而不是住在他的赞助人的大房子里,享受着"舒适":所有这些都去掉了浪费时间的仪式和不好消化的代价甚高的诱惑。或者想想现代女性在身体的自由方面的进步,当维多利亚时代的紧身胸衣和衬裙、胸部矫正、骨盆限制、背骨曲线让位给20世纪20年代早期的装束,没有了腰带、胸罩甚至长袜,这在服装上达到了很高的自由程度,女性由此温顺地又退回到工厂主的巧妙的威逼之下。

这种有需要的简化自然要使自己遵循生活标准。譬如,梭罗对其饮食的过度简化很可能就破坏了他的体质,导致产生了肺结核病,他最终因此而死。现在我们了解到包括某种单一食物的饮食并不是自然经济的一部分:氨基酸似乎对身体有好处,只是在不同的种类出现在不同种类的食物中时才行,因此生活的教训并不是将简单与单调混淆起来。因此,自来水的阀门,受到远处的泉水的重力影响,根据生产和服务中使用到的总人力判断,与每日在水桶中接水相比,从长远看是一个更加简单的装置:因为反过来说,比起走很远的路到泉水边直接解渴,水桶要更简单。简单并不避免机械协助,它追求的只是不成为它们的牺牲品。这个形象应当使我们避免低能的简化者,将简单不是看成它在生活上的总结果,而是看成即时的首要代价或缺乏可见的仪器。

273　在过去三个世纪中,偶尔有许多有利的简化实际上已经进入到西方文明中;就像在刚才提到的女性服装的例子中,尽管它们有时导致一些反应,使我们像过去那样停止下来。卢梭在贵格派(Quakers)之后,通过饮食、儿童的抚育、教育进行了方式的简化;当海因曼(Hahnemann)开始在医药方面进行类似的改变时,奥斯勒(Dr William Osler)也开始进行这种改变,经过他的改变,数以百计的假药和复杂的处方被丢弃,转向希波克拉底式的对饮食、休息和自然调养的关注。在手工艺、艺术、建筑中,也出现了大体类似的变化,先是威廉·莫里斯(William Morris),他的规定是:"对你不知道是否有用或不相信是否美丽的东西不要进行任何处理。"现代建筑尽管经常被技术上过度雕饰变得混乱和堕落,能够证明它的核心革新是努力简化生活的背景,因此我们社会中最贫穷的人将会像最富裕的人那样拥有有序的和和谐的环境:它已经丢弃了复杂的形式,将其作为阶级的象征和明显的浪费。不管机器在哪个方面明智地适应了人类的需要,它都会产生简化生活方式的作用,将人类从过度的机械任务中解放出来。只有在产生威胁的机械化的地方,人们才会放弃。

但是为了恢复个人的主动性,我们必须像外科医生的手术刀一样,将我们的所有生活施行一遍手术,去除没有目标的唯物主义的所有因素,切掉所有过于干净的红色带子缠绕起来的东西,移去增加我们器官的额外负担和降低我们的关键处理速度的油腻的组织。简单化本身并不是这种努力的目标:不,目标是使用简单化推动自发性和自由,因此我们可以公正地对待生活的新机会和个别时刻。对于罗斯金所说的像丁托列托(Tintoretto)这样的大画家和德尼埃(Teniers)这样的小画家之间的差异,也适用于生活的所有表现:低级的画家并不承认高和低的差别,也看不出快速移动和情感内向之间的差异,用相同的笔触完成画面的所有部分,没有细节上的变化。而伟大的画家则了解生命太短,不能用相同的笔触描绘所有部分,因此他集中在最大程度的变化上,甚至蔑视地匆匆对待细小的过渡,他进行简单的处理,是为了把重要的更好地描绘出来。对关键部分的减少正是生活的主要艺术。

7. 与群体重新会合

退隐、分离、简化、反思、摆脱自动化,这些都只是重建自我和更新我们所属的社会的最初几个步骤。这些最初的行动可以被我们每个人所进行,事实上也必须由个人进行;但是我们退隐,我们的禁欲和净化的目标是为了复苏我们对生活的渴望,为了使我们敏锐地区分食物和毒药,从而有利于选择。一旦我们做好了准备步骤,我们就必须回归到群体,让我们与那些已经进行类似的更新的人们联合起来,从而能够担负起责任和采取行动。这种友情可能会以相对简短的秩序将每个国家的、各种宗教信仰的、所有文化模式的男性和女性都紧紧包围在一起, *274*

这里的法则就是以手边最近的开始。谁是我们的邻居? 就是那些不管是住在隔壁还是在地球另一边,都需要我们的人。我们最好的邻居是那些为了我们共同的友谊准备好同我们一道克服空间、时间和文化的藩篱的人。如今我们的第一要务就是确保人类种族的延续,并且将所有更加本地化的需要置于这种最重要的条件下:在我们能够拥有一个完美的村庄政府之前,我们必须有一个世界政府。家庭不能永远地与任何对美好生活的期待结合起来,除非人类被联合起来。如果大部分的活动不能被积极地用于拓展人类的友谊和一种共同的世界法律和政府的制度化,得以将奋斗、努力、矛盾、争论转变成冲突和积极的协作的和平形式,就没有家庭、村庄或城市、贸易联盟或商业部门、教会或神庙肩负其最起码的责任确保它的延续。普世的服务是和平的代价;如果我们不能在我们的日常行为中主动担负起它,我们就会使它强制给自己一种战争的负面形式,有着更加畏惧的牺牲。我们不能逃避这些责任并再次隐退到纯粹个人的以自我为中心的生活,个人的或国家的:我们的唯一选择就是,我们是主动以生活的名义履行它们,还是以毁灭和死亡的名义处于严格的强制之下。

我们在群体中的部分不再能够作为一种消极的部分:它不足以属于,人们必须行动和领导,我们达到平衡将会没有意义,除非它在需要的时候使我们准备好担任群体中的任何一个角色或所有角色:命令和思考、使人激动和有活力,同化和顺从。群体在它们的行为中变得慵懒和自动,不能够像人一样做出新的决定,所达到的程度使其成员接受劳动和功能,就像接受定势的分工那样永恒。民主和有效的代表都不能成为可能,直到每个人都加入到群体当中(对于家庭或国家来说同样如此),将其生命的很大一部分致力于推进其生存。我们现在对时间的划分,即一周四十几个小时用于工作,五十几个小时用于睡觉,剩下的时间主要用于个人关注或家庭事务和休闲,很可能不能产生一种均衡的生活。

群体生活中被影响的变化不是将要被处理的,就像被早期的革命形式通过政党的媒介设想的变化;它正是每种集权的绝对主义形式和单个的政党统治的反面。因为就像时间和空间对于现代人而言是多维度的,政治活动同样也是如此,群体生活和群体主动地新形式将会在每个水平上变得有效,家庭和邻里位于一个极点,包括了人性的世界政府位于另一个极点。

每个群体都像每个人一样,必须变得越来越自我管理和自我发展,破除许多既有的无意识的政治和经济控制。但是即使是最小的群体,在恢复其主动性和扩展其行动时,也会不断关注其存在,努力建造起一种更加普世的协作。没有哪个群体是与世隔绝的。为了创造一个具有真正的人类的维度的人,需要一种全社会的协作;为了创造一种普世的社会,必须以寻找完整生命的人作为开始和结束,他不愿成为无关紧要的部分,而是想要成为整体。这些是相同的行为的两个方面,根据这样的行为,一个新世界就会诞生了。

对于觉醒了的男性和女性而言,生活本身主要就是一个教育的过程,经历成熟、危机和重生,在这个过程中,社群和个人的最充分的潜力得以实现。这样一种哲学并不是要将学习与生活隔离开来,或者将知识与行动隔离开来。作为成年人,他绝不是要将学校抛弃掉,因为他任何时候都绝不会相信他的教育已经完成了。当他的日常工作不再是塑造的和教育的,他将做出特别的努力恢复这些质量,或者寻找其他的职业;因为他会将这样的利益损失视作对生命的直接推动。平衡的人格的标志在工业体系中不会是更高级的生产率或更高的工资,尽管二者都是可能的而且是必须的,而是工作、休闲、社会生活和教育的统一:这样一种转型在过去十年中出现在法国,受博埃芒杜的试验(Boimondau experiment。注释:参见书目中的 All Things Common, by Claire Huchet Bishop)的影响。

为了达到个人的统一性,平衡的人需要一个既充实又完整的社群;而且,首先要在组织的各种形式中恢复人类的水平,以及与之相关的获取个人知识和自我引导行动的能力。人类的水平的恢复是一个具有关键意义的事件,在这个变化发生以前,不会出现有影响的重生。我们的时代中,通过国家的和世界的组织进行的社群范围的扩展只是增加了建造社会生活的基本组织和个人空间的需要,这是前所未有的,譬如家族和家庭、邻里和城市、工作群体和工厂。我们现在的文明缺乏自我引导的能力,因为它致力于进行大规模的组织,根据独裁和专制的原则从上到下地建造其结构,而不是从下至上,这在给予命令、强迫服从、给予单向的交流时是有效的,但在涉及互惠、互助、双向交流、给予与汲取的所有事情时却通常是迟钝的。

不管任何组织或制度的范围有多宽广和包容,不管它是一个贸易联盟、教会还是银行,其核心处必然是一种有机的组织形式:小得足以私密和个人提升的小组,因此其成员能够作为部分频繁地会面,很好地相互了解,不是作为单位,而是作为个人;这个小组也应小得足以轮流工作,通过直接地、面对面地会谈进行讨论和决定,以密切的理解作为基础;这种友情的忠诚是冲破所有矛盾和内部敌对所需的。具有更高声望的所有有机的社群从理想的角度而言,应当由更小的单位的联合构成:所有其他的方法都只是一种暂时的和机械的解决办法,会摧毁联合的目标。

认为所有联合的初级单元都对生长有一种自然的限制,可以被称作埃比尼泽·霍华德(Ebenezer Howard)定律。尽管他提出这个只是与城市有关,还适用于所有种类的群体组织。到现在为止,一系列的社会学研究,从勒普雷(Le Play)、库雷(Cooley)到霍曼斯(Homans),都被现实的试验和日益增多的成员所再次强化,显示了规模的限制是对所有有机的群体形成的主要贡献,对于大的、牢固的组织真实的替代物受到它们的自我强化方式的束缚,是为了将人的数量限制在当地的群体中,也是为了使这些群体增加和联合。

简言之,即使是大的组织和社群中的平衡也要求回归到人类的水平和个人的你我关系中。只有通过在学校、工厂、办公室、城市中创造这样的有机的、自我限制的社群,而不是自我为中心的或自满的社群,平衡的人才能拥有一种环境,他的全新的力量在其中才可以被更加有效地使用。一旦这些用于避免过度中心化和密集,用于推动自我教育和自我管理的条件被遵循,有效的联合就没有上限。

在平衡的时期,生活的教育和政治方面将会超过经济方面,这是 19 世纪的情况的倒转。正如在法国的博埃芒杜的试验中,工人作为个人的发展将会改变联合和技术生产的体系;尽管后者经常会获得纯粹物质的条件,作为去除长期以来阻碍充分的生产的心理上的阻滞的结果。大企业的管理者如切斯特·巴尔纳(Chester Barnard)先生在分析工人自我的管理的过程时所做的,在他们接管自我治理和自我管理的任务的时候会越来越这样做。

可能给予了博埃芒杜的计划以未来的重大意义的正是它所源于的事实,并不是来自于任何有教条主义的领导,而是来自于工人方面的内在强迫性,从而将其生活统一起来,是为了使工作过程提供重新整合城镇与乡村、教育与家庭生活、休闲与系统的努力的方式。这些工人保持了他们最初的意识的身份,如作为天主教徒、唯物主义者、人文主义者、新教徒、社会主义者、保守主义者、共产主义者,他们绝没有朝向一个共同的目标发展,也没有为一种平衡的生活奠定框架。如果这个方法被证明是切实可行的,将会为我们的整个工业体系创造一种新的发展模式,这个模式将会首次创造出一种平衡的工作社群,比傅里叶(Fourier)设想的更好,甚至在最好的时刻还敢于梦想。

从这个视角来看,工作和市民身份不能分开,它们是某个单一的生命过程的相互协作的阶段,目标是为了创造聪明的、有动力的、情感上成熟的男人和女人。结合这些被隔开了的生命部分的最初的几个步骤在一个世纪以前被傅里叶和福禄贝尔所采取,后者提出的是幼儿园的构想,在它对目标仍然进行遵循的方式上开始教育,前者构想了为了和平的工作军队,这个提议后来被詹姆士(William James)在其《为了战争的伦理对等物》(Moral Equivalent for War)中进行了改造。

一旦战争军队被解散,和平的军队在更大的规模上一定要形成。每个年轻的男性和女性在 18 岁左右的时候,应当在公共事务部门进行 6 个月的服务。在他所在的区域,他将获得训练和积极的服务,要做需要去做的一千件事,从植树和路边清理,在幼儿园和广场上照看上学的儿童,到积极地陪伴老年人、盲人、残疾人,从收割的辅助性工作一直到灭火。

不像军队服役,这些形式的公共工作将会带有教育所需的最高要求,如果没有任何艰难的意识被证明,如柔软敏感的纤维提前地变粗糙了。没有哪个市民应当被排除在这些共同的工作经验和服务之外。但是为了教育,应当竭尽全力将学生从其家庭环境中带出来一段时间,介绍给他其他的地区和其他的生活方式。那些显示了特别兴趣和资质的应当被给予机会在一个国际的团体中进行类似的服务,从而成为其他国家的工作生活和文化的积极参与者。

最后,这些飘忽不定的学生迁移将会让我们希望发生在一个更广阔的层次上,与20世纪初从欧洲到美国的不熟练劳动力的往来相似,但是现在是全世界范围内的,并且还有老师,而不是老板带领着他们。这样的流动的结果将会是使每个家乡都充满成熟的年轻男性和女性,他们了解与其他人打交道的方式,会从后者那里获得回报,如歌曲和舞蹈、技术处理和礼貌习惯,还有伦理准则和宗教洞察,这些是书本上获得不了的,但是通过直接的交流和生活经验可以获得,因此,年轻人应当将他们积极参与的普世性社会的认识带回到所有的乡村和城市。

这样的人会准备好了为了更多的任务和冒险,做更进一步的学习,更多的旅行,更深入的研究,而今日不断受到困扰的年轻人,受到战争的压迫的威胁,每日沉浸在学校、办公室、工厂的按部就班的学习中,则不会这样。他们不会再生活在他们的当前的狭隘的世界中,这个世界的狭窄的边界实际上并没有被信息和提示通过书本或收音机而得到拓展,因为受到了许多政治的和意识形态的滤网的过滤。

当前已经有学生在欧洲和美国的特定部分之间往来,受到富布莱特计划的支持,他们仍然接受传统教育。但是最终他们的学习,他们的公民责任感,他们的职业兴趣将会被一种新形式的教育统一起来;这些学生的强大洪流沿着大海和天空往来流动,将会最终灌溉许多土地的炎热焦干的文化土壤。

尽管有一些担心,我已经使用了一个对于新标准和行动的具体但又乌托邦式的例证,一旦我们接受现在的危机的挑战,就会用积极的计划和程序从内在的更新中发展起来,带来展现在我们面前的丰富的潜力。但是如果将这个只看作是一种幻想的话,就会是一个错误。大旅行是17、18世纪曾经为欧洲的有钱阶级给予他们的子弟的教育,我所提示的一种对于大旅行的民主形式是一种教育体系,作为纯粹的课程的课堂形式,为推动真实的欧洲协作贡献了很多,甚至带来了战争行为和和平定居中的一种特定的人为的忍耐,与我们当前的不合时宜的行为相对立,这归结于我们的隔离、我们的语言藩篱、我们的有瑕疵的文化同情以及我们的自以为是的粗糙。

这样的世界性的年轻人的伙伴关系带来的共同志向和相互理解,基于共同的经验和目标,新的兴趣的驱动会随着在外国的服务产生,会将世界性的协作转变成一种起作用的现实;最终会创造出一种真正的世界性社群。这样一种教育世界公民的课程会创造出成熟的青年男性和女性,受到其他文化的无限多样性而觉醒,通过相互改变的服务,比以往更加意识到他们的共同的人性。有这样的年轻人,一种世界宪法就会有保障了,这部宪法是伯吉斯(G. A. Borgese)和他的在芝加哥小组的同事们一道完成的,提供了世界性的政府,还有一些与之类似的确切的内容。

为了忍受当前这种更加不大度的和隔离的生活,为了从民主承诺到普世教育中比履行这些服务的机会要求得更少,参与这样的协作,享受这样的接触和冒险,是我们的有问题的生活价值的标志,的确也是我们的野蛮化的和退化的文化的标志,这个文化堕落了,因为其在健康、技术和经济保障上的所有进步都低于1914年流行于全世界的水平。即使是第二次世界大战的不利条件下,军队征兵也给予了许多年轻人这种亲密接触和协作的机会。大多数的美国人还没准备好在教育和地方性的生活习惯中进行这样的互动,没有从这些机会中有任何收获,他们没有顾及这些机会,或者可能美式管道和冰镇饮料带来的自尊在回来时受到了打击。但是在每个国家中少数人深刻地被这些经验所改变,不仅仅是年轻的男性和女性,甚至在还没有结婚时,就远到一些使其兴趣或信仰被觉醒了的地方,如缅甸、中国、印度、日本、意大利或巴勒斯坦,甚或德国,作为东西方文化之间的桥梁起到作用。

通过这样的渠道,而不只是通过书本、宪法、法律、技术工具,我们将创造一个一体的世界。我们的终身教育的最终目标之一就是使我们分享和创造这种普世的文化:从这种发展中将会出现平衡的地区,平衡的社群,平衡的人。一旦我们所描绘的这种更新开始对个人起作用,对全世界范围内的个人的集合和小组起作用,现在看似遥远如国际工作组织(International Work Corps)的许多计划也会变得越来越近了:有许多计划是为了按照人类的标准重建城市,为了重新整合城市和乡村,为了工业的人性化,为了发展家庭生活,为了用积极的创造机会对工人的新式休闲进行整体的捐赠,正如艺术家所了解的,这些都会成为可能。

8. 日常生活的准则

281　　我们每个人都必须为自己找到和实现一些方式改造自己的生活,从而实现平衡和自我引导,最充分地使用他的潜力,并且对生活的总体更新做出贡献。没有哪个单一的形式实现这种转型;对于知识分子来说,远不是需要"一百种最好的书"的一种均衡食谱,通常更需要一种向手工劳动的僵硬转变,或者在他的社群中承担起积极的政治责任,或者在一些被忽视的领域对自己进行集中的学习。

同样,手工劳动者需要使其思想比他已经学到的更坚强,像维多利亚时代中叶的英国工人那样坚定地投身于思想,不是要能够购买罗斯金的书,而是在手头复印一本,从而使自己拥有它们。英国的一个老矿工评价对矿山的了解："我们下到矿山里,口袋里装着一本卡莱尔或米勒的书,在吃饭时阅读;但是今天的孩子们却带着报纸下去,夜晚时他们不会读书,而是听着广播睡觉。"没人能够怀疑矿工们的工作条件在近年有很大改进;但是他们的精神态度或许已经堕落了;因为他们缺乏老一代人的目标和自律。朗特里(Seebohm Rowntree)的第二本《约克调查》(Survey of York)肯定了这个推测。

朝着所有教育都朝向的目标进行的自动发展的第一准则是能够以正常的健康状态提供给某人自己的需要,调节某人自己的生活,而不过度地依赖其他。不管一个家庭中的协作习惯有多根深蒂固,理想的人应当在学校里学会依靠自己。使人养成收拾自己的床铺、清理自己的房间、为自己或他人做饭、为了维持一个家庭做任何需要做的事情,包括照顾病人和照看儿童的这些习惯,对于男性和女性的发展都是至关重要的:如果仅仅因为这是为了使人们自己从服务的要求中解放出来的主要方式,这就是从普适性的奴隶制的时代延续了下来。

在这个方面,在许多现代的社群中都有了很大的进展:不只是在美国,在这里,依靠自己和自给自足这些边疆的传统已经给予男性特别的不同寻常的意愿照顾自己,担负起家庭的一些不体面的负担。一个在法西斯政权下被流放的意大利人有一次告诉我,他不知道自由的真实意义,直到他在纽约的一个小屋里住了下来,发现由于没有仆人照顾他,他必须要自己做早餐,并且实际上也学到了这个手艺。这既是一个象征性的,也是一个实际的获得自由的行为。这些自动的行为,收拾床、做饭、洗盘子、清理,都提供了大量的手工劳动和托尔斯泰所称的面包劳动力,是一个平衡的生活的关键。这样的日常劳动很大程度上摆脱了对特别的运动训练的需要。如果一个人额外需要一座花园,为了使成年人的身体保持健康不需要做更多的常规运动,一个人可以通过行走、游泳、登山、游戏所做的也会为休息和愉悦所做。

282

日常生活的准则的部分是要组织起人们的活动,从而能够将人们的时间和能量的一大部分用于社群的公共服务中。这个服务不能过早开始,或者过于持续地进行;因为一个民主的社群的市民对于政府的理解就只是防御那些官僚主义的干涉,这些往往由于其市民的忽视、不负责和漠然而出现在所有的国家。许多现在还没有足够地被实现的服务,或者由于预算没有提供给他们,或者由于他们受到遥远的官员的控制,应当主要由一个当地的社群的人员在一种自愿的基础上进行。这包括的不仅是经常躲避在民主中的行政服务,就像学校董事会、图书馆董事会以及诸如此类机构的服务,它应当也包括其他类型的积极的公共事务,譬如路边树木的栽种,照顾公共花园和公园,甚至一些警察的功能。通过这样的工作,每个公民不仅仅会在他的城市和地区的任何部分都像在家里一样;他还会履行个人的责任使其社群过上有组织的生活。

在日常生活的这个新准则中,公共事务一定要接收其适当份额的能量、利益、关怀,与人们的职业和人们的家庭生活一道。战争倾向于过于强调这样的要求,使一个士兵与他的家庭分离,迫使他彻底放弃其职责,使社群的要求超越所有个人的希望和偏好。但是没有哪种将这种持续的需要留给公共服务的整合形式能够纠正这种存在于今日社会中的极度不平衡。现在在发达社会对于所有层次的工人而言都已经实现了的休闲一定要被广泛地应用于市民的任务中;因为协作的范围变得越广,当地政府、管理和工业组织的单位就越关键,通过广泛地参与到批判和通过民主的主动性的行使,被警惕地管理;这是个从下到上的给予建议和命令的事情,不仅仅是一个从上到下建立秩序的事情。正如格雷汉姆(Michael Graham)明智地提出的那样,应当在密切的、面对面的群体政治的层次上进行每周的而不是每四年一次的磋商。

最终,家庭的重建,将某个人的角色扮演成情人和父母,以及儿子或女儿,这对于平衡的生活非常关键。在过去十年中,即使在那些微不足道的思想也被应用于这个主题的国家中,都自发地恢复了父母的和家庭的价值,在孩子的角度上,父母对性和其家庭责任感采取了一种更加狭隘的以自我为中心的态度:在这个领域中,有着更加自发的更新行为,或许,比任何其他的领域都更有自发性。我们时代的暴力和罪恶当被共同看待时,就已经是缺乏爱的人们的工作了:无能的人们渴求虐待狂的力量,以掩饰他们的作为爱人的失败;受到挫败而失意的人们,被不知道爱的父母伤害,想要采取报复,他们躲避在一种爱不能侵入的思想体系或生活模式中;最好的是人们的性冲动已经被从平常的生活节奏中被剔除,利用性欲的自我封闭的原子在生命所有的阶段中都没法采取情人和父母的多样的责任,也不愿意接受怀孕导致的间断和节制,使得性的结合本身成为家庭生活以外的其他形式的社会结合的障碍。

在这里,生长的方式是双重性的;一方面,它包括回馈给婚姻性的深度和光辉,以及过于温顺笨拙地作为勤勉辛苦的父母而曾经产生的结果。为了这个目标,相对安全的避孕方式的出现,尽管在伦理上仍然是不令人满意的,但是起到了一个很好的作用。但是,除此之外,婚姻中作为父母的方面需要比已经接受的还要更大的推动力。国家收入的增长,使得家庭必须有更多的空间,从而使家庭生活可以充分地进行;必须采取社会措施帮助有四个或五个孩子的家庭,使其免除不适当的经济压力;一旦房屋和邻里的家庭环境被有意地设计成用于父母监督下的儿童的游戏和教育,那么已经进入学校范围的功能需要更多地返回到家庭。对孩子成长的充满爱意的观察,家庭中书籍、报纸、照片的收集,即使对这些转变进行观察和记录的成体系的习惯也会给人带来生活的最宝贵的回报:然而在我们的贫瘠的城市环境中,人们也致力于沟通或电视,忙于看肥皂剧或其他形式的呆板的戏剧,他们的时间大量都花费在与他们的孩子进行的带有更高回报的互动和游戏中。(参见书目中 Kenneth S. Beam 的 The Family Log)

这里对爱的否定在生活的所有其他方面都对爱的发展有所抑制;而爱的表达通过亲近和分离的各个阶段,从儿童一直到成年,都推动了人的成熟,甚至更进一步,因为父母之爱的最后一步包括放开被爱的人:要么剪断脐带,要么让孩子始终保持着感情上的依赖。在父母成长的这一点上,他们的爱必须充分地扩大到除了他们自己的,还要将其子女的都包括在内;否则,他们就面临着凄凉和痛苦。同时那些没能在婚姻和为人父母中获得爱的人一定会非常警惕地在所有其他的关系中弥补这种缺憾,通过尽可能地将其置于家庭的模式中。

简言之,在再次致力于这些价值的家庭和社群中分享工作经验、市民责任以及家庭生活的所有方面,这是为那些试图改变我们的文明人在日常生活中长期准则的一部分。我们的日常活动中没有这种平衡的话,我们将不会给我们的更艰巨的任务带来情感上的能量和未被扭曲的爱,它需要的是不被隐蔽的恨和弥补性的狂热所破坏。

9. 爱与整合

至少在词语上,每个人都意识到,只有通过一种广泛增加的有效的爱,现在正摧毁我们文明的有害的敌对才能被克服。这个途径非常简单,但是却缺乏应用的方法。尽管爱能够带来恢复,我们还要发现如何产生爱:就像和平一样,那些呼吁声音最大的人往往是做得最少的。使我们具备爱的能力,并且准备好接受爱,这是整合的首要问题:的确,也是获得救赎的关键。

在个人的人格中,以及在整体的文化中,解体的特征就是释放进攻的驱动和表达对立,这在发展的阶段中抑制到足以无害,并且在某种程度上确实有助于这种人格。将有益的人格转变成好战的人格,是频繁出现的衰老和衰败方面之一:这在过去一直被幽默的提示所掩盖。尽管社会现象有非常不同的秩序,对于类似的社会原因而言,似乎要进行一种类似的恶化。

将恨和进攻转化成善意,将毁灭转变成促进生命的活动,这有赖于我们发现增长和发展的阶段盛行的成型的准则。或许我们能够通过更加细致地观察伴随衰老的断裂的条件而获得启示。在那个不幸的状态中,有能量的缩减,有机功能的恶化,由于不充分的合作而带来的有可能的失败,不确定性和焦虑的增加,对未来的稳步的简化;与此同时的还有在现在可视的部分之外活动中的利益的萎缩:这样一种退缩也最终用食物和疏散将生活简化到身体的需要。因此,爱的退缩和进攻性的增加是齐头并进的;因为爱是一种囊括他者、扩大利益范围的能力,其中自我可以为了获得新的生命形式而起到作用。

整合通过相反的方式进行;有意地提高每种有机的功能;将冲动从非理性地阻挠它们的环境中解放出来;是更丰富和更复杂的活动模式;对预期的认识进行审美的抬高;准备延长未来;对宇宙的视角充满信念。正是从生活的丰富和充实的这种感觉中,出现了准备包括神性。不是从它不能掌控的状况中解脱出来,从而仅仅保持圣体的平衡,爱却是承担所有的风险,甚至是生命本身,从而更加彻底地与那些在它之外和超越于它的部分建立联系。在这种解释中,爱的退缩是针对生命的最大的罪恶;爱的无限制的给予和对爱的服从是疗伤、解救挫败和失败的唯一有效途径。那些没法去爱的人,从希特勒开始,一定会在恨意和解体中寻求一种负面的对等物。

查理·皮尔斯(Charles Peirce)赞许地引用了老詹姆斯(Henry James, the elder)的关于爱的本质的话:"像爱自己一样爱其他人,像爱自己的东西一样爱其他人的东西,毫无疑问这是非常容忍的、细致的、有创新性的爱;但是没有什么能比创造性的爱更能产生明显的对立了,在有限的程度上(ex vi termini)所有的温顺都必须只用于内在的对本身的最残酷的敌视和否定。"皮尔斯继续说道:"每个人都可以发现圣约翰(St John)的状态,这是一种演进的哲学的程序,它教会我们增长只来源于爱,来源于我所不愿说的自我牺牲,但是也来源于实现其他人的最大冲动的激烈冲动。"

为了扩大爱的范围,我们必须毫无疑问地采取新的心理的和个人的视角,推动冒险行为、实现性欲、婚姻和谐、父母养育、邻里互助。但是当所有这些爱的阶段的更新会在整个社会中对于仁慈和爱的更加普遍的推广非常关键时,即使这些也是不够的。爱从根本上而言涉及到所有方面对生命的养育:正是将生命赋予其他生物,并且从它们身上获得生命。爱是以自我为中心的,也是片面的,直到它能够也包括所有不能发声的生物,无意识地参与到更加广阔的生命范围中,直到它能帮助那些从不知感谢的人,因为他们意识不到我们的赠与,或者因为他们还没有出生,直到它包括那些会给人带来伤害的人,推动我们用荣誉和宽容对待他们,就像战士在据说更加野蛮的时代通常对待敌人的那种方式。

因此,我们的爱的那个部分一定要通过我们与所有活着的有机体和有机的结构的关系表达出来:我们的一些爱一定要进入大海、江河、土壤,避免任意的开垦和污染;森林中的树木和野生动物、江河中的鱼对于我们的有意识的关注而言就像极其依赖于我们而生活的狗和猫一样。可以考虑到自然景观的有系统地被抹除,从农村定居点的撤离,以及发生在上个世纪的农村生活:大都市沙漠的扩展在所有程度上摧毁了爱,因为它移除了人们的积极合作的感觉和一般的生长过程中的友谊,这使其看不到其他的有机物。当这样的习惯盛行时,爱就被减少到一种单薄的语言上的规诫,而不是日常的实践,这种规诫也会在更加亲密的情况下被冷漠地对待。

对于社会的和个人的整合而言,我们必须发展小的推动生命的情况,既为了爱也为了宏大的事务。那么,就没有一天不是在养育或推动生命发展,在我们的家庭、村庄、城市中修补一些爱的缺失,照顾孩子、看望病人、维护花园,或者按照这种普遍的方式至少进行一些好的行为方式的弥补。但是同样,每一天也都会更加愉悦地表达爱的喜悦,正是威廉·布莱克(William Blake)所称作的"被满足的欲望的面貌"。不仅是救助和服务是爱的表达,美丽也是其最古老的智慧。

正如柏拉图所教诲的那样,现在美丽是触手可及的爱的证据,既有其鼓动性,也有其完美性。行动和姿势的美丽,身体形状、举止行为的美丽,在跳舞歌唱中表现出来的美丽,普通人在日常生活中所了解的美丽,如夏威夷(Hawaii)、巴厘(Bali)、墨西哥、巴西或者那些小岛上的农民和渔民,在囊括了他们的单调乏味的复杂社会当中,保持了他们的传统的舞蹈和他们的传统的歌唱,充满了有原则的激情。但是左右这些方式,在当生活没有被缩减到一种机械的制度时,我们在我们的不被人所见的灵魂中进行着爱,获得他人的赞许和他们的协助,通过艺术的方式将他们转移到一种更密切的联盟中。

当伊拉斯谟来到英格兰时,他非常兴奋地发现,那时的英国人习惯性地用吻来跟陌生人打招呼,这是出自亲密的礼仪;那么什么能够证明他们的完美的性生活呢? 这种生活现在会突然变成一首田园诗,正如只有交配的鸟所在的林地上才会出现。"来与我一起生活,成为我的爱人!"尽管人们可能不会或不能经常接受这种邀请,它应当在所有人们的会面的场合上盘旋;当社会关系健康时,爱本身没有因为否定而变得虚弱,艺术可能会忠实地起到爱的替代品的作用,社会的祝福会赠予给被抑制住的个人的祝福。

当爱在一千条小溪中缓慢出现时,会改变所有部分的景观,甚至是性欲也会开辟一种更深的渠道,而不是像它现在过于经常所作的那样产生,就像一个将毁灭带给爱人的洪水,或在短时间内将它刚刚推翻的相同的废物留下的洪水。爱不能被简单地看作是潜在的毒药,崔思坦和伊瑟找到的致命的毒药;有意的和无意的而言,爱都是所有活着的生物的日常食物;生活的途径、它们的生活能力的证据、对它们的生命的最终的祝福。

对西方文明的最终批判,就像在过去四个世纪中已经发展的那样,是它产生出机器的贫瘠的、无爱的世界;它对生命是敌视的,由于现代人的强迫性的非理性在增加,它现在也能够使生命终结。通过一些日常行为打开爱的大门,是朝向这种整合的第一步;不是通过有机物而仅仅进行拯救,而且是有可能创造性地通过与生命的不断扩大的合作关系而进行的充实完善。

11. 生命的更新

文明的一个阶段并不是将其他的文明作为一个单位而取代,就像是一个卫兵派一个哨兵去接替他站岗。有时候他们是复杂地混合在一起的,直到当人们认识到整个场景都变化了,而且所有的演员都不同了。因此,有这样一种内在的变化,会产生新式的人。在一个转型的时期之后,将会出现一个关键的时刻,它将会是很平淡的,新的人格最终将会成熟起来,那些畏惧不同的掩饰的人看上去会显得过时,并且"与图画格格不入"。尽管这个变化的目标是要使一种新的文化的戏剧成为可能,没有哪个理解这种社会过程的人会假装写下这些,或者细致地描述这种行为和场景;因为它是尚存的戏剧的特征的一部分,这些事务必须要被留给演员。如果我在这里或那里已经试图预见下面的步骤的话,这只是由于最初几个步骤已经被采取了。

人们应当怎样描述平衡的男性和女性,将其视作一种理想的类型?让我开始用一种负面的描述。他不再绝对属于一种单一的文化,将其本身视作地球上的一个单独的地方,或者将其本身看作是通过其宗教和科学,拥有一种排外的真理的钥匙;他也不会以其种族或其民族而自豪,正如出生的事件在某种程度上非常值得赞扬,这是对于古代封建主的骄傲的民主的滑稽模仿。他的宗教、家庭、邻里的根基非常深,那种深度本身将会是与其他人的纽带:但是他的本质的一部分持续地停留在通过其宗教和政治与更

289 广阔的世界的接触上,并且对其影响和其需要保持开放。

平衡的人像19世纪的迁徙工人那样有流动性,又不是没有根基性,他对于其他文化的人非常友好,我们在夏威夷土著那里可以明显地看到这一点;有这样培养出来的习惯,他对于绝对本土的幻想也会减少。他对于自己所在的地区有尊重,遵循的是两条原则:首先,他将其所有部分都达到极致,不仅仅是因为它是近的且宝贵的,而是因为它能够因此而有助于将其专业性和个人性应用到其他的地方和人群;其次,当他发现他所在的地区缺乏对于完整的人类发展而言是必需的东西时,他会跑遍全世界去找到缺乏的

东西,寻找最好的,并且做出属于他自己的,像爱默生和梭罗一样,在小的和谐(little Concord)中达到印度和波斯的经典。

达到新人类的平衡时,相应地也会有与其种族、文化、地区有差异的因素,即使是他视自己为像欧洲一样大和多样性的地方。通过这种囊括性,他自己的习性和个性的特质将会被增加,而不是被减少。因此在他身上,在基督徒和异教徒之间、本地人和外来者之间、西方文明和东方文明之间的旧有的划分将会被削弱,最终会被抹去。与过去的那种尖锐、粗糙的对立不同,将会有丰富的融合和混合,像好的混合经常显示出来的力量和个体性那样:这种一个世界的混合将会推动一种进程,在大多数更早的文明兴起时可以看到。

将会产生这种平衡的人的变化或许会首先出现在老一代人的头脑中,但是正是年轻人才会有胆量和勇气将其付诸实施。在任何情况下,新型的人首先是那些诚实地面对他自己的生活的人,他检查自己的失败,由对自己的罪恶的认识而重新开始,并且重新调整他的目标。如果需要的话,他公开地承认这样的错误,将其作为涉及他的社群的任何重大的部分。在他本身以外错误的事情,他会接受作为他本身已经做错的事情的一部分,但是同样地,他自己的生活中所看到的好的东西,或者从真理和美丽中形成的东西,他都急切地想要与他的同胞们分享。

新型的人的首要行为是承担责任:他并不为自己个人做错的事而将指责转移到他的父母和前辈、同事和环境上,他拒绝通过将自己看成是自己不能掌控的过程的牺牲品,从而使自己的负担变轻,即使是无辜的时候也是如此,因为他知道在伦理生活中,未来的意图比过去的原因更重要。在科学和客观的调查提供给他的地图上,他强化了自己的生活计划。因此,平衡的人在对待他自己的处境时,不管后者有多强大或威胁性,都会将其当做他必须要控制和塑造的原料。但是他的谦逊源自自我的意识,有另一面,即对他自身的创造能力的自信。

对创造的自信:这种对于生活的丰富潜力和无限的转变的感觉,超过了那些即时的时刻和文化所能提供的。对创造的自信,与确定性、固定性、既有的经济体系和文化计划的较小的替代性而言是相对的。是的,这里正是新型的人和老式的人之间的差异,给予外部的环境和内在的动力一种推动力,这是活着的有机体,尤其是活着的人必须确保属于自己的。那些有这种自信的人不畏惧与既有的模式决裂,不管它们可能表现出的有多强制性和权威性;而且,他们不畏惧脱离极度不同的路线,仅仅是因为他们可能会遇到挫折或失败。这样的自信曾经存在于大工业家之间的一个较高的等级上,这些工业家用铁路路线、蒸汽机船、大洋缆线、工厂围绕整个世界;那些任务是在我们解体了的

290

文明的废墟之上建立一个新世界的人们，一定会对甚至更完整的措施抱有信念。新型的人由于不畏惧改造自己，能够以与冒险的改善相类似的方式来面对这个世界。

只有那些在所有方面都面临当前的危机的人才会有力量忏悔他们自己的罪，以及他们的社群的罪，从而面对和克服威胁我们的邪恶，并且重新确认过去的善，这将为我们仍然在创造的未来的善提供一个基础。对于那些已经经历这些变化的人而言，生活是善的，生活的扩展和加强也是善的。通过所有器官而积极地活着，并且仍然保持整体，这是为了忠实地将自己与社群保持一致，并且以自由的选择和新的目标从中浮现出来，在当前充实地生活和在那个时刻拥有所有永恒可能产生的：在一个人的意识中重新创造整体，人类在其中生活、移动、存在，这些是对生活的新的肯定的核心部分。其余的则交由上帝。

没有完整的经验，完整的日子没有任何意义。当生命的充实达到时，日子的短暂也没有什么。这或许是为何年轻人在受到挫败和残疾以前，通常对死亡不屑一顾，他们靠着老年人已经忘却了的强度生活。

这种通过完整性而获得的经验的充实是人类的日子短暂的真正答案。觉醒了的人试图活下去，因此任何一天都可以足够好，可以成为他的最后一天。通过精算，他或许知道他对生活的期待从生下来就几乎是一辈子的；但是他知道有比这更宝贵的东西，那就是有些时刻，有这样的记忆犹新的强度和完整，有些时刻，人格的所有部分都被转移到了某一个行为或某一个直觉中，他们在内容上超过了整个温驯的一生。那些时刻包括了永恒；如果他们是转瞬即逝的，这是因为人们仍然是脆弱的动物，日子屈指可数。

当这些觉醒了的人格开始增加时，我们当前文化的人身上的焦虑的负担或许就要开始被移走了。不是痛苦地害怕，将会有一种健康的期待感，和没有自我欺骗的希望感，这是基于塑造新计划和目标的能力之上，由于这些目标源于个人的调整和更新，将会最终导致生活的总体补充。这样的目标将不会在变化中失去价值，其他人的时间、机会、意愿将会在实现的过程中作用于它们；许多延迟和失望的前景也不会使那些举行了的人不将自己置于最早的机会的行动中。没有什么是不能思考的，没有什么对于平衡的人是不可能的，只要它兴起于生命的需要，并且致力于生活的进一步发展。

即使在其最理性的过程中，平衡的人也为非理性和不可预测性提供了一席之地，他了解灾难和奇迹都是可能的。他没有感觉到被这些不可控制的因素所挫败，而是依靠他们通过其不可预见性而加速生活的冒险：他们只是宇宙天气的一部分，其每日的挑战激活了所有的行为。

生活本身永远都是不确定的和不稳定的，它也绝不会允许出现一首驯服的田园诗或一首固定的乌托邦:新型的人和老式的人一样,将会了解阻碍、悲剧、牺牲、失败,以及实现,但是即使在极端的环境中,他仍然会通过分享惠特曼的意识而被从绝望中拯救出来,惠特曼认为战斗失败的精神跟胜利的精神是一样的,而且一种勇敢的努力会使一个不开心的结局变得神圣。当他面临的条件非常强大时,一旦他接受自己的责任并将其作为生命的保卫者,人们会仍然有动力。人们现在已经拥有的只是,可以使他控制威胁使其窒息的知识;他用现在掌控的力量,可以控制会将其消除的力量,他用自己创造的价值,可以取代基于否定价值的基础之上的生命惯例。只有通过背叛他自己的关于神圣的感觉,才能够将新型的人的创造力夺走。

残酷的白天和痛苦的黑夜可能仍然将我们每个人自己的人格摆在自己面前,并且摆在作为整体的人类的面前,之后我们克服了现在的解体的力量。但是在整个世界,都在最上面的细枝有微弱的彩色光亮,即使有霜雹雷雨要到来,还有微弱的膨胀起来的花蕾宣布春天的临近:这些是生命的信号,是整合的信号,是对活下去的更加坚定的信仰的信号,也是临近的人性的总体更新的信号。当我们的个人目标和理想被我们的邻居再次强行执行时,日子和小时会被结合在一部新的关于生活的戏剧中,将会对其他人起到作用,就像它对我们起到作用一样。

我们必须遵循的方式还没有被尝试,也由于困难而艰难;它将会最大限度地检测我们的信念和我们的权力。但是只有朝向生活的方式和那些过着这种生活方式的人才会获得成功。

书 目

293　　就像《人的条件》一样,这部书中包括的基础几乎跟生活一样宽广;一个合理的充分的书目可能会跟这部书本身一样重要。因此,为了与我自己的论题相一致,我将这个书目限制在一个合理的范围,旨在达到平衡,而不是穷尽。尽管我偶尔会重复《人的条件》一书中的重要书目,许多书还都只是在这里被引用到,因为这两部书于 1940 年就被视作一个整体。

Adams, Henry: *The Education of Henry Adams*. Privately printed: 1907. New York: 1918. *The Degradation of the Democratic Dogma*. New York: 1919.

方法是错误的,但是达到年龄的直觉是准确而深刻的。

Aldrich, Charles Roberts: *The Primitive Mind and Modern Civilization*; with an Introduction by Bronislaw Malinowski and a foreword by C. G. Jung. New York: 1931.
由马林诺夫斯基撰写引言,荣格作前言。
尽管作者重视一种非常可疑的种族无意识和一种合群的天性,这是对原始人在现代生存的富有成果的讨论。

Alexander, F. Matthias: *The Use of the Self*; with an Introduction by Professor John Dewey. London: 1932.
The Universal Constant in Living. London: 1942.
Alexander, F. Matthias;由 John Dewey 教授撰写引言。

Alexander, S.：*Space ,Time ,and Deity*. 2 vols. London：1920.

Ali, A. Yusuf：*The Message of Islam*；*Being a Résumé of the teachings of the Qur-an*；*with special reference to the spiritual and moral struggles of the human soul*. London：1940.

不错的摘要。

Allport, Gordon Willard：*Attitudes*. In *Handbook of Social Psychology*, edited by Carl Murchison. Worcester：1935.

Personality. New York：1937.

重要。

Angyal, Andras：*Foundations for a Science of Personality*. New York：1941.

开头非常棒,作者在其中试图对身体—思想的进程做一种非二元性的描述,并与复杂的环境联系起来,尽管在他对自治和一致性的定义中,我们的语言中包含的二元性的主要发展趋势限制了他的分析。

Anshen, Ruth Nanda（editor）：*Science and Man*：*Twenty-four Original Essays*. New York：1942.

包括马林诺夫斯基、Cannon, Niebuhr 的关键立场的很好的总结。

Arendt, Hannah：*The Origins of Totalitarianism*. New York：1951.

Arnold, Matthew：*Saint Paul and Protest antism*. London：1883.

极好的。

Babbage, Charles：*The Ninth Bridgewater Treatise*；*a Fragment*. London：1838.

对于"奇迹"和设计的数学论证,通过令人敬畏的数学家为方便复杂的数学运算而制作出第一个实用的"计算器":这是控制论在维多利亚时代的开端。

Babbitt, Irving：*Rousseau and Romanticism*. New York：1919.

294

Democracy and Leadership. New York：1924.

Babbitt 思想中反动的因素不应当遮蔽他的许多有益的洞察。

Bailey, J. O.：*Pilgrims Through Space and Time*；*Trends and Patterns in Scientific and Utopian Fiction*. New York：1947.

Bardet, Gaston：*Polyphonic Organization*. In *News-sheet of the International Federation for Housing and Town Planning*. Amsterdam：Nov. 1950.

大体描述了对工作有机的重组，也被应用于城市设计。见 Bishop。

Barlow, Kenneth E.：*The Discipline of Peace*. London：1942.

The State of Public Knowledge. London：1946.

是一个医生对我们社会思考过程的最初的反思。

Barnett, L. D.：*The Path of Light*；*a Manual of Maha-Yana Buddhism*. Wisdom of the East Series. New York：1909.

Barr, Stringfellow：*The Pilgrimage of Western Man*. New York：1949.

1500 年以来的西方历史集中在世界政府的出现。很奇怪的是没有提到传教士活动、贸易、政治上帝国主义的整体影响，没有这些的话世界政府的条件就基本不会出现。

Barrows, John Henry（editor）：*The World's Parlia ment of Religions*. 2 vols. Chicago：1893.

是一个划时代的事件，记载了 19 世纪普世主义的巅峰。

Beam, Kenneth S.（Editor）：*The Family Log*. With foreword by Lewis Mumford. San Diego, Cal.：1948.

是一个小册子，提出进行家庭记载的方法和目标，在我的《为生活的信仰》中《家庭的文化》一章中提到过。

Bergson, Henri：*Creative Elolution*. New York：1913.
新颖的阐释。但是参见 Lloyd Morgan。

Bews, John William：*Human Ecology*. New York：1935.

Bishop, Claire Huchet：*All Things Common*. New York：1950.
描述了欧洲新一波的生产者的协作,尤其是 Boimondau scheme。

Bloch, Oscar：*Vom Tode*：*Eine Gemeinsverstandliche Darstellung*. 2 vols. Stuttgart：1909.

Boole, Mary Everest：*Collected Worlcs*. 4 vols. Edited by E. M. Cobham. London：1931.
Boole 夫人作为一名教育者和一名伦理学家,是可以比肩那些其他的古怪天才,如 James Hinton 和 Charles Peirce；这些都是具有高度原创性的大脑。特别要参考 Logic Taught by Love, Vol. II, 和 The Forging of Passion into Power, Vol. IV。

Borgese, G. A.：*Common Cause*. New York：1943.
Goliath：*the March of Fascism*. New York：1937.
参见 Committee to Frame a World Constitution。

Borsodi, Ralph：*Education and Living*. 2 vols. *The School of Living*：Suvolsffern, New York：1948.
试图对 This Ugly Civilization 中作为批判首次提出的哲学规诫(即去中心化、家庭经济、自助、土壤更新)进行的系统性详细描述。

Bradley, F. H.：*Appearance and Reality*. London：1893.
经典。

Branford, Victor：*Science and Sanctity*. London：1923.
Living Religions：*a Plea for the Larger Modernism*. London：1924.
试图找到对宗教的东方解释和西方解释的统一性有效基础。亦参见 Northrop。

Breasted, James H.：*The Dawn of Conscience*．New York：1939.
埃及的伦理的起源：高度相关。

Brinton, Crane：*The Anatomy of Revolution*．New York：1938.

Brochmann, Georg：*Humanity and Happiness*．New York：1950.
是对幸福定义的矛盾本性的认为记录，也是一种哲学的探究。推荐。

Brownell, Baker：*The Philosopher in Chaos*．New York：1941.
The Human Community．New York：1950.
Buber, Martin：*I and Thou*．First ed. 1923．Edinburgh：1937.
已经是经典：需要承认亲密的和个人的社会关系。
Between Man and Man．London：1947.
进一步应用了"我和你"的准则，尤其在关于教育的两篇论文和关于哲学的"人类学"的论文中，什么是人？

Bucke, Richard：*Cosmic Consciousness*；*a Study in the Evolution of the Human Mind*．New York：1901.

Burckhardt, Jacob：*Force and Freedom*；*Reflections on History*．New York：1943.
是对 Weltgeschichtliche Betrachtungen 的解释，由 James Nichols 进行了很好的编辑。关于他的直觉的深度，以及他的思想的范围，布克哈特首先站在现代历史哲学家当中。甚至他的错误也很多：在激起这个领域中学术界的努力时，证明了他对文艺复兴的主要的错误概念的影响。但是他的真理太过于深刻，从而不能被档案学家和史学史家所认同，他们在他的一生中都忽视了他，为了不打断他的最初判断。亦参见 Henry Adams 和 Spengler。

Burrow, Trigant：*The Social Basis of Consciousness*；*a Study in Organic Psychology Based upon a Synthetic and Societal Concept of the Neuroses*．New York：1927.
The Neurosis of Man；*an Introduction to the Science of Human Behavior*．New

York：1949.

试图解释文明的极端缺点，作为从有机体对集中在自我个人部分回应的自然的整体回应中分离出来的结果。这个论点在一种个人的、自我个人的词汇中被提出，包括了大约 69 种个人的新术语。尝试找到无序的一种基本线索，这必须要在更高级的水平上寻找。但是在被敦促接受 The Conduct of Life 的观点时，没有人应当避免验证 Dr Burrow 的反论点的弱点。

Bury, J. B.：*The Idea of Progress*. London：1920.

Butler, Samuel：*Life and Habit*. First ed. London：1877.

是对习惯、直觉、生物遗传可能关系的较早论述。在传统的科学圈中早已被怀疑，因为它用关于情结的概念解释"简单"，这在还会出现的有机体科学中很可能会被当做一种初级的经典。参见 Schrodinger。

Unconscious Memory：First ed. London：1880. Re-issued London：1922.

继续 Life and Habit 中开启的讨论，参考了 Hartmann 关于 Unconscious 的著作；预见了后来由 Semon 提出的 mneme 的概念。参见 Marcus Hartog 对于 Butler 关于生物科学著作重要性的介绍，如今已经被许多杰出的生物学家所承认。

Campbell, Lewis and Garnett, W.：*Life of James Clerk Maxwell*. London：1882.

Cantril, Hadley：*The "Why" of Man's Experience*. New York：1950.

大量依靠 Adelbert Ames 关于感觉和知觉本质的试验和解释。参见 Lawrence。

Cassirer, Ernst：*An Essay on Man*；*An Introduction to a Philosophy of Human Culture*. New Haven：1944.

Casson, Stanley：*Progress and Catastrophe*；*an Anatomy of Human Adventure*. New York：1937.

适度而敏锐。

Channing, William Ellery：*Channing Day by Day*. Boston：1948.

从一个伟大的基督教普世主义者的著作中节选,提防国家主义和民族主义的危险。

Chesterton, Gilbert Keith: *What's Wrong with the World*. London: 1904.

Child, Charles M.: *The Physiological Foundations of Behavior*. New York: 1924.

Chrow, Lawrence B. and Loos, A. William (Editors): *The Nature of Man*; *His World*; *His Spiritual Resources*; *His Destiny*. New York (The Church Peace Union): 1950.

是对许多领域中学者演讲的摘要,旨在展示一种统一的人的视角。

Chuang Tzu: *Musings of a Chinese Mystic*; *Selections from the Philosophy of Chuang Tzu*. In Wisdom of the East Series. London: 1906.

主要是道教的文本,其中许多在起着作用。参见 Hughes, E. R. 。

297　　Coates, J. B.: *The Crisis of the Human Person*; *Some Personalist Interpretations*. London: 1949.

对一组致力于个人主义的作家的研究,或者像 James Burnham 一样,是其宗旨的反对者。

Coghill, G. E. *Anatomy and the Problems of Behavior*. Cambridge: 1929.

重要。对 Watson 式的"行为主义者"简单性的纠正。

Collingwood, Robin George: *Speculum Mentis*; *or*, *The Map of Knowledge*. Oxford: 1924.

An Autobiography. New York: 1939.

对于中立的、不利于自己的学院派的英美哲学阐释清晰。

Religion and Philosophy. London: 1916.

有洞察力:比同样主题的许多后来的书都更重要。

Committee to Frame a World Constitution, The: *Preliminary Draft of a World Constitution*. Chicago: 1949.

是许多战后的努力之一,很可能在很多方面都是最卓越的,试图解决一些最困难的问题时,通过著作中思想的质量、现实的把握和想象的洞察表现出来:首先是需要权力的平衡和分散,由这个委员会提出一个惊人的解决办法。两年努力的结果,继续应用于当前的评论,共同的事业。非常推荐。

Confucius: *The Analects of Confucius*. Translated and annotated by Arthur Waley. London: 1938.

Conklin, Edwin Grant: *The Direction of Human Evolution*. New York: 1921. *Man, Real and Ideal*; *Observations and Reflections on Man's Nature, Devel-opment and Destiny*. New York: 1943.

Cooley, Charles Horton: *Life and the Student*; *Roadside Notes on Human Nature, Society, and Letters*. New York: 1927.

一个伟大的美国社会学家的生活智慧。

Coster, Geraldine: *Yoga and Western Psychology*. London: 1934.

Cranston, Ruth: *World Faith*; *the Story of the Religions of the United Nations*. New York: 1949.

Croce, Benedetto: *History as the Story of Liberty*. London: 1921.
The Conduct of Life. New York: 1924.

作者的二元论在实际的和审美的之间变化。伦理的和政治的在组织上并不为他的黑格尔主义所调停。

Politics and Morals. New York: 1945.

Curtis, Lionel: *Civitas Dei*. 3 vols. London: 1934 – 1937.

是对共同体发展中可见历史的摘要。已经出现通过一种说英语的联合体发展世界政府的终极希望。

D'Arcy, M. C., S. J.: *The Mind and Heart of Love*; *Lion and Unicorn*; *a Study in Eros and Agape*. New York: 1947.
极好,有从分析心理学和基督教神学的双重阐释。

Das, Bhagavan: *The Essential Unity of All Religions*. Second ed. enlarged. Benares: 1939.
重要的,有用的。

298　　Davies, Blodwen, and Reiser, Oliver L.: *Planetary, Democracy*: an Introduction to *Scientific Humanism and Applied Semantics*. New York: 1944.
有点简单,但是方向是对的。

Dewey, John: *Moral Principles in Education*. New York: 1909.
反对关于伦理的教诲,以利于某种环境中的道德决定。因此这部书想当然地认为被应用的既有的传统和宗旨的有效性。在这部较早出版的小书中,杜威哲学的利弊都被清晰地展现出来。
Reconstruction in Philosophy. New York: 1920.
Human Nature and Conduct; *an Introduction to Philosophy*. New York: 1922.
卓越的。
Experience and Nature. Chicago: 1925.
The Quest for Certainty; *a Study of the Relation of Knowledge and Action*. (Gifford Lectures.) New York: 1929.
A Common Faith. (The Terry Lectures.) New Haven: 1934.
The Problems of Men. New York: 1946.
是与杜威思想的关键主题相关的论文集:民主、教育、逻辑、价值。

Dilthey, Wilhelm: *Gesammelte Schriften*. 11 vols. Leipzig: 1921 - 1936.
尤其参见 Bde. 2 和 5—6. Cf. Hodges。尽管杜威对我自己的思想和 Ortega y

Gasset 的思想没有正式影响,我们后来对他的发现产生了肯定的喜悦。

Doman, Nicholas:*The Coming Age of World Control*. New York:1942.

Driesch, Hans:*Man and the Universe*. New York:1929.
Mind and Body. New York:1927.
Drummond, Henry:*Natural Law in the Spiritual World*. New York:1887.

Ellis, Havelock:*The Dance of Lile*. New York:1923.

Emerson, Ralph Waldo:*Essays:First Series*. Boston:1841.
Essays:Second Series. Boston:1844.
The Conduct of Life. Boston:1860.
Society and Solitude. Boston:1870.
这个关于家庭生活的论文很经典。
Journals:10 vols. Boston:1908.
在已经影响了西方文化并且可能继续产生影响的一些伦理学家当中,我会举出爱默生,怀着对马修·阿诺德的敬意,这比 Epictetus 或 Marcus Aurelius 更高级。这是因为他的清澈的视角和他对于生命自我进行更新的能力的感知。但是不可能在他的著作中进行选择,他的最好的语句随处可见。在尼采的思想中有益的很少有在爱默生的思想中不被首次提出来的,尼采也承认后者对他的影响。他的思想中还有一些重要的体现在他的日记中。

Farquhar, J. N.:*Modern Religious Movements in India*. New York:1924.

Fitzpatrick, Edward A.(Editor):*St. Ignatius and the Ratio Studiorum*. New York:1933.

Flewelling, Ralph Tyler:*The Survival of Western Culture*. New York:1943.
推荐。Flewelling 使用了"个人性"的概念,将其用于归纳他的远远早于 Mounier 的哲学的特征。

299   Flügel, J. C. : *Man*, *Morals and Society*. London：1945.

Forman, Henry James：*The Story of Prophecy in the Life of Mankind from Early Times to the Present Day*. New York：1936.

Fouillée, Alfred J. E. ：*Morale des ldées Forces*. Paris：1908.

Frank, Waldo：*The Re-Discovery of America*. New York：1929.

敏锐的阐释和预言：这个挑战从它所面向的那一代人当中没有得到任何回应。在美国他的一代人当中,仅有他本人从一开始就理解宗教的使命：并不是作为从荒原保证拯救的文雅词语,而是一种活着的经验。

Chart for Rough Waters. New York：1940.

South American Journey. New York：1944.

Frank 对于具有更加"原始的"文化的有机贡献的解释是认为它是唯一的善,这通常比我们自己的价值要发展得更高级。

Freud, Sigmund：*The Interpretation of Dreams*. London：1913.

很可能是 Freud 的最具原创性和重要的著作。

The Future of an Illusion. London：1928.

是对弗洛伊德通过宗教所指的的讨论：非常独断,以至于甚至像 Dr. Gregory Zilboorg 那样严格的戒律也反对它。参见 Jung。

Civilization and Its Discontents. New York：1930.

表现了弗洛伊德关于导致毁灭和死亡的直觉的理论,用于解释人的进攻性,以及这种进攻性向伦理行为的转变。有启发性,但是肤浅。

New Introductory Lectures on Psychoanalysis. New York：1933.

是对其整体的心理学立场的再次论述。

An Outline of Psychoanalysis. New York：1949.

是从 1940 年的德语版本翻译过来的：作为最后一个证明,并没有改变弗洛伊德的最初立场。

Fromm, Erich. *Escape from Freedom*. New York：1942.

Man for Himself; *an Inquiry into the Psychology of Ethics*. New York: 1947.

Psychoanalysis and Religion. New Haven: 1950.

Gandhi, Mohandas Karamchand: *Gandhi's Autobiography*. Washington: 1948.

Gardiner, H. M.: *Feeling and Emotion*; *a History of Theories*. New York: 1937.

Geddes, Patrick: *The Anatomy of Life*. In Sociological Review. Jan. 1927.

Geddes, Patrick, and Thomson, J. Arthur: *Life*; *Outlines of Biology*. New York: 1931.

是对生物科学和作者对生命的全方位的基本哲学的丰富汇编。

Geisser, Franz: *Mo Ti*: *Der Kiinder der Allgemeinen Menschenliebe*. Berne: 1947.

是对墨翟的出色研究,并将思想家放在对人性的普遍伦理的研究发展当中。

Ghose, Aurobindo (Sri Aurobindo): *The Life Divine*. 2 vols. in 3. Calcutta: 1939–1940.

Giedion, Sigfried: *Mechanization Takes Command*. New York: 1948.

是对显著的学术敏锐性的最初研究,表现了大量的具体细节,过去从未被系统地提出过,但是有一定的潜在的评价含糊性。参见 Mumford: Technics and Civilization。

Gillin, John: *The Ways of Men*; *an Introduction to Anthropology*. New York: 1948.

在生物的和心理的方面尤其不错。参见 Kroeber, Linton, Malinowski。

Goldstein, Kurt: *Human Nature in the Light of Psychopathology*. Cambridge, Mass.: 1940.

是由一名卓越的脑科学专家所做的整体性研究,强调了抽象、自由、自我限制,将其作为人类在更高水平上进行活动的核心特征。

The Organism. New York：1939.

Graham, Michael：*Human Needs*. London：1951.

是对那些早已存在的习惯模式的生物学的分析，这些习惯模式制约了人类的进一步发展。充满了人性的洞察和感受。

Gratry, A.：*La Morale et la Loi d'histoire*. 2 vols. Paris：1874.

Logic. Chicago：1946.

被 Boole 视作这个主题的经典贡献；尤其是因为将人性的洞察置入思想的实际准则中。非常推荐。

Gray, Alexander：*The Socialist Tradition*；*Moses to Lenin*. New York：1946.

Guérard, Albert Leon：*A Short History of the International Language Movement*. London：1922.

是这个主题的最好介绍。

Haldane, J. S.：*Mechanism, Life, and Personality*：*an Examination of the Mechanistic Theory of Life and Mind*. New York：1921.

展示了机械假设的不充分性，在 Mounier 的个人主义学派被听说之前很久，就出色地论述了个人性的哲学基础。但是 Haldane 的主观的理想主义削弱了他的论述。不能将作者与其卓越的但又不够深入的马克思主义混淆起来。

The Sciences and Philosophy. New York：1930.

Gifford 讲座探讨了机械主义、生命、个人性中提出来的哲学。不幸的是，在应对错位的传统科学的唯物主义时，Haldane 赞成一种同样的不可防卫的理想主义，认为"真实的宇宙是精神的宇宙，其中精神的价值可以说明一切问题。"如果真实的意味着"实际的"，这就是胡说。

Halliday, James L.：*Psychosocial Medicine*. New York：1948.

分析了当代文明中受心理影响的失序，展示了上升的身体健康和下降的心理—社会健康之间的冲突性。需要更多的细节。

Harrison, Jane Ellen：*Ancient Art and Ritual*. New York：1922.

简短但是重要。

Haskell, Edward H. , Wade, Burton, and Pergament, Jerome：*Co-Action Compass*；*A General Conceptual Scheme Based Upon the Independent Sys-tematization of Co-actions Among Plants by Gause*，*Animals by Haskell*，*and Men by Moreno*，*Lundberg*，*Honing and Others*. New York：1948.

与 Geddes 的 diagrams in Life 进行比较；Outlines of Biology. Vol. II.

Heard, Gerald：*Is God Evident*? New York：1948.

是对自然神学的论文。由于作者试图公正对待印度教和基督教的洞察力，反而更好。可能是 Heard 的著作中最好的。

Heard, Gerald：*Is God in History*? *An Inquiry into Human and Prehuman History*，*in Terms of the Doctrine of Creation*，*Fall*，*and Redemption*. New York：1950.

不够有说服力。关于更加经典的、基督教的视角，参见 Reinhold Niebuhr 的著作，尤其是 The Nature and Destiny of Man。

Heidegger, Martin：*Existence and Being*. London：1949.

关于文字游戏的四篇论文，有 Werner Brock 所作的一篇长序。

Henderson, Lawrence J. ：*The Order of Nature*. Cambridge：1925.

包括 Clerk-Maxwell 的关于奇点的一篇论文。

The Fitness of the Environment. New York：1924.

经典。

Herrick, C. Judson：*Neurological Foundations of Animal Behavior*. New York：1924.

Brains of Rats and Men；*a Survey of the Origin and Biological Significance of the Cerebral Cortex*. Chicago：1926.

Hindu Scriptures：*Hymns from the Rigveda*，*Five Upanishads*，*the Bhagavadgita*. Edited by Nicol Macnicol. London：1938.

是关于印度教经典的最有用的版本；尽管我更喜欢薄伽梵歌的其他翻译。

Hinton, James：*Man and His Dwelling Place*；*an Essay Towards the Interpretation of Nature*. London：1861.

Life in Nature. First ed. 1862. London：1932.

The Mystery of Pain；*a Book for the Sorrowful*. New York：1872.

由一名思想家所作的关于伟大的直觉洞察的瞬间的著作，中心思想相对比他自己的时代而言，更贴近我们的时代。

Hobhouse, Leonard T.：*Development and Purpose*；*an Essay Towards a Philosophy of Evolution*. London：1913.

重要的。尽管论点并没有总是被充分地阐述和论证，其主线还是很极好的，日期也值得注意。参见 Urban and Janet。

The Rational Good. London：1921.

Hocking, William Ernest：*Human Nature and Its Remaking*. First ed. 1918. New Haven：1923.

在文本上不够均衡，或许受到当时流行的关于本能的心理学的过度影响；但是其关键部分也非常的好。与马克思主义标准进行比较，人的本性被自我决定的经济制度所塑造和再塑造。

The Self；*Its Body and Freedom*. New Haven：1928.

关于这个主题的最具哲学色彩的讨论。

Living Religions and a World Faith. New York：1940.

关于宗教中当地的和普世的倾向的精彩探讨，不同寻常地把握了非基督教信仰的重要性。参见 SÖderblom。

Hodges, H. A.：*Wilhelm Dilthey*；*an Introduction*. London：1944.

很好。

Höffding, Harald：*The Philosophy of Religion*，London：1914.

Homans, George C.：*The Human Group*. New York：1950.
使用个案历史和当代的研究推进了 Charles Horton Cooley 所作的最初的研究。清晰易懂地形成理论,进一步地证实了直接数据。

Hopkins, E. Washburn：*Origin and Evolution of Religion*. New Haven：1923. *302*
比 Salomon Reinach 的 Orpheus 更好。

Hoyle, Fred：*The Nature of the Universe*. Oxford：1950.
由一名数学物理学家所作的 BBC 访谈,对宇宙给予了最新的天文学的图景。在他对宇宙的解释中,并不认为是在走下坡路,而是处在一个从无到有的不断创造的过程。

Hughes, E. C.：*Personality Types and The Division of Labor. In American Journal of Sociology*. Vol. 33：1928.

Hughes, E. R. (editor and translator)：*Chinese Philosophy in Classical Times*. New York：1942.
一部精彩的选集,开始于《诗经》(Book of Odes),在一系列的摘选中展现了儒家和道家的核心。必备的。

Huizinga, Jan：*Homo Ludens*；*a Study of the Play Element in Culture*. London：1949.
对戏剧功能的哲学探讨,将其视作人类的关键特征。

Hutchins, Robert M. See Committee to Frame a World Constitution。

Huxley, Aldous：*The Perennial Philosophy*. New York：1945.
对生命的宗教解释的选集和评论,主要是有关神秘主义的方面。

Huxley, Julian S.：*Evolutionary Ethics*. Oxford：1943.

Man Stands Alone. New York：1941.

Jaeger, Werner：*Paideia*：*the Ideals of Greek Culture*. 3 vols. New York：1939 - 1944.

在最全面的意义上对教育的深入研究,产生于历史上最有教养的人的经验和思想。有一定价值,因为它展示了更古老的思想家和诗人,如赫西俄德(Hesiod)和提尔泰奥斯(Tyrtaeus)。必备的。

James, William：*Essays in Radical Empiricism*. New York：1912.

詹姆士作为哲学家的最好著作。

Pragmatism. New York：1909.

最差的著作。

The Will to Believe. New York：1897.

尤其参见最后一篇论文的最后几页。

Janet, Paul (Alexandre René)：*Final Causes*. Edinburgh：1878.

19 世纪最好的探讨之一,赢得了 Robert Flint 教授这样一个敏锐的思想家的赞许,后者为这本翻译撰写了序言。

The Theory of Morals. New York：1892.

用于治疗脑部受伤的各种对立的技艺的一个学术性的、多面的概论。

Janet, Pierre：*Psychological Healing*；*a Historical and Clinical Study*. 2 vols. New York：1925.

一位伟大的生物学家的哲学证明。参见 J. S. Haldane, Lloyd Morgan, Patrick Geddes 等。

Jennings, Herbert Spencer：*The Universe and Life*. New Haven：1933.

有很深的学术性,以及人性的洞察。

Jespersen, Otto：*Language*；*Its Nature*, *Development and Origin*. New York：1921.

Johnson, Martin：*Art and Scientific Thought*；*Historical Studies Towards a Modern Revision of Their Antagonism*. London：1944.

Johnson, Wendell：*People in Quandaries*；*the Semantics of Personal Adjustment*. New York：1946.

将 Korzybski 的语义学的教育应用于心理学。

Jung, Carl Gustav：*Psychological Types*；*or The Psychology of Individuation*. New York：1923.

根据态度和功能所作的现在最著名的类别划分。

Kafka, Franz：*The Trial*. New York：1937.

对处于一种非个人的和强迫性的文明中的单个人对失败所作的幻想。对今天人类困境的经典表达。

Kahler, Erich：*Man the Measure*. New York：1945.

一部卓越的诠释性著作。Dr Kahler 现在进行的研究应当被证明有极大的重要性：关于自然和历史中单个的和不可复制的事件。

Kallen, Horace M. ：*Why Religion?* New York：1927.

反对教诲,然而对宗教的积极意义有真正的洞察。

Kant, Immanuel：*Perpetual Peace*；*a Philosophical Essay* (1793). London：1903.

Fundamental Principles of the Metaphysics of Ethics. (Selections from *The Critique of Practical Reason*.) New York：1932.

Kidd, Benjamin：*Social Evolution*. New York：1894.

评估社会中的宗教的重要性和持续性意义的第一批社会学研究之一。

Kierkegaard, Spren：*The Works of Love*. First ed. 1848. Princeton：1949.

Fear and Trembling. First ed. 1921. Princeton：1941.

Kluckhohn, Clyde：*Mirror of Man*. New York：1950.

Kluckhohn, Clyde, and Murray, Henry A. (eds.): *Personality in Nature*, *Society*, *and Culture*. New York: 1948.

是近期论文的一部优秀的合集,有一篇重要的梗概文章,由作者对个人性的概念进行了论述。参见 Murphy, Gardner 和 Allport, Gordon。

Koehler, Wolfgang: *Place of Value in a World of Facts*. New York: 1938.

在意图上很优秀,但是题目显示了对于一个在科学传统中成长起来的人要重新探讨这个问题有多难。

Koestler, Arthur: *Insight and Outlook*; *an Inquiry into the Common Foundations of Science*, *Art*, *and Social Ethics*. New York: 1949.

一部即兴创作,通常是很不错的,有时还是非常优秀的;但是仍然只是一部即兴创作。

Kolnai, Aurel: *The War Against the West*. New York: 1938.

对国家社会主义思想的最好的批判性摘要,到目前为止都是相对的理性和完全的非理性。关于德国将纳粹带到末路的物质的失败的假设不应当被忽略。

Korzybski, Alfred: *Manhood of Humanity*; *the Science and Art of Human Engineering*. New York: 1921.

曾经极其流行,但是既幼稚又陈旧。将人作为一种与时间关联的动物的概念将已经熟悉的社会学概念带到了一个惊人的阶段。但是参见 Science and Sanity。

Science and Sanity: *an Introduction to Non-Aristotelian Systems and General Semantics*. Science Press, Lancaster: 1941.

具有原创性和重要的著作。我所知的第一部充分地公正对待多重意义的层次的书,包括不可言说的层次,这些意义有关于每种符号和象征的多重序数,也有关于客观性的内在和外在层面。不幸的是,Korzybski 脱离了亚里士多德的逻辑学,并没有将他的体系发展到一种程度,从而使其能够将其囊括在一种更充分的统一体中。

Kroeber, A. L.: *Configurations of Culture Growth*. Berkeley: 1944.

对文化发展本质的重要分析。更加具有价值,是因为独立于 Sorokin 和 Toynbee 的发现。

Anthropology-Race；*Language*；*Culture*；*Psychology*；*Prehistory*. New York：1948.

最初写于 1923 年,当前的著作被彻底重写,并被极度地改进。在学术中,在关键的判断中,在哲学的范围内,至今最好的关于人的单个研究,他的著作的问世,有关于描述和总结的一系列更新的原创性。是一个伟大的学者对生命的总结,充满了智慧和科学。

Kropotkin, Peter：*Memoirs of a Revolutionist*. New York：1899.

应与 Herzen 和 Gandhui 的著作放在一起。

Mutual Aid；*a Factor of Evolution* First ed. London：1902.

是为了应对 T. H. Huxley 的 Nineteenth Century article on The Struggle for Existence(1888)而写的。展示了协作因素的证明,可悲地消失于维多利亚时代的商业,但是在人类的历史和动物的发展中都是清晰可见的。通过这部经典的论述和他的同样原创性的 Fields, Factories and Workshops,Kropotkin 奠定了他自己作为他那个时代的一名伟大的影响深远的思想家的地位:或许能够抵消马克思关于权威、机器、暴力的消极强调。

Ethics；*Origin and Development*. New York：1924.

Kropotkin 在他死前一直进行创作的一部历史研究。不幸的是,它缺少他自己对于这个主题的特殊贡献,除了对经典的伦理理论的批判方法。

Krutch, Joseph Wood：*The Modern Temper*；*a Study and a Confession*. New York：1929.

对于我们时代的绝望和空虚的一部厚重的理性化著作,本身是对荒原时期的一个经典表达。对于平衡那些可能片面地采纳这本书中的哲学的人而言是有用的。

Langer, Suzanne K.：*Philosophy in a New Key*；*A Study in the Symbolism of Reason*, *Rite*, *and Art*. New York：1942.

卓越的、敏锐的、通常具有原创的,总是能激发思考和讨论的。现在能获得 Mentor 版本。

Lao-Tse：*Tao Teh Ching*：*The Way of Life*. Translated by Witter Bynner. New

York：1944.

根据自然论述生活的经典著作,有大量的自发性和自由。这个译本或许是过于修饰了。参见 E. R. Hughes。

Lawrence, Merle：*Studies in Human Behavior*；*a Laboratory Manual*. Prince-ton：1949.

305   试图建立关于个人和群体行为的基本准则,对观念有所强调,是到目前为止对 Adelbert Ames 的关于"感知"影响深远的试验和解释的最令人信服的展示和发展,这部著作完全破除了从休谟以来关于一个在"纯粹的"感知的基础上建造的世界的整体概念。

Lecky, William E. H. ：*The Map of Life*；*Conduct and Character*. London：1899.
尽管意愿很好,但是很平庸。MacDougall 依靠它创作了一部关于性格的更好的著作。

Lee, Vernon (Viola Paget)：*Gospels of Anarchy*. London：1908.
对 19 和 20 世纪从爱默生到威尔士这些预言家有清晰易懂的分析。
Althea：*Dialogues on Aspirations and Duties*. London：1910.

Lenin, Nicolai：*Selected Works*. New York：1938. Vol. V：*Imperialism and Imperialist War*.

基于 1914 年以前的解释;尽管它在共产主义者和甚至更加自由的群体中非常流行,在历史上是不恰当的,原因在于它不能将从帝国主义的退却解释成孤立主义,这是这一时期占主导地位的资本主义国家的标志。对列宁的理论像鹦鹉学舌一般地广泛接受,在非马克思主义的圈子中早就很常见,只是强调了当前对于帝国主义事业的事实和理论的重新评价。参见 Hannah Arendt。
Vol. XI：*Materialism and Empirio-Criticism*.

在解释当前科学的事实时坚持了正统的马克思主义,反对机械的和新感知主义者。尽管列宁的形而上学具有肥皂盒一样的多样性,导致他任意地拒绝马克思主义以外的任何观点,他对机器主义者(Machians)的一些打击是非常有目标性的。

Lepley, Ray (Editor)：*Value*；*A Cooperative Inquiry*. New York：1949.

Lewin, Kurt：*A Dynamic Theory of Personality. Selected Papers*. New York：1935.

Lewis, C. S.：*The Problem of Pain*. London：1940.

Linton, Ralph：*The Study of Man*；*an Introduction*. New York：1936.
一部卓越的总结；有美国的社会学分析中经常缺失的关于未来的天气视角。亦参见 Kroeber, Gillin 和 Malinowski。（顺便也清晰地奉献给"下一个文明"）

Loewenthal, Max：*Life and Soul*：*Outlines of a Future Theoretical Physiology and of a Critical Philosophy*. London：1934.

MacDougall, William：*Character and the Conduct of Life*. New York：1927.
一个优秀的心理学家所做的现实的建议，但是在医学方面需要大量的修正。

Mackail, J. M.：*Life of William Morris*. 2 vols. New York：1899.

MacMurray, John：*Reason and Emotion*. London：1935.
重要的。
The Structure of Religious Experience. New Haven：1936.

Maitra, Sushil Kumar：*The Ethics of the Hindus*. Calcutta：1925.

Major, H. D. A.：*Basic Christianity*；*the World Religion*. London：1945.
为了达到一种简单得足以统一其他宗教的信条，Mr Major 去掉了基督教中的历史意义。

Malinowski, Bronislaw：*Freedom and Civilization*. New York：1944.
Magic，*Science and Religion*. Boston：1948.

极好的。

Mann，Thomas：*Past Masters and Other Papers*．New York：1933．

Mannheim，Karl：*Man and Society in an Age of Reconstruction*；*Studies in Modern Social Structure*．New York：1940．

Maritain
Diagnosis of Our Time．New York：1944．
Maritain，Jacques：*True Humanism*．London：1939．
Ransoming the Time．New York：1941．
包括对伯格森的形而上学的一系列卓越的论文。
The Rights of Man and Natural Law．New York：1943．
将个人主义应用于宪法。
The Person and the Common Good．New York：1947．

Marrett，Robert R.：*Faith，Hope and Charity in Primitive Religion*．New York：1932．
Head，Heart and Hands in Human Evolution．London：1935．
很好。

Marvin，F. S.（Editor）：*The Evolution of World Peace*．Oxford：1921．
构思很好的关于统一系列的一卷,提出了 20 世纪一些最好的洞察和希望,没有充分地预见到野蛮的力量,斯宾格勒已经预示了其存在。正如在大多数其他关于统一的主题的讨论中一样,技术和帝国主义都不能被充分地提出意见,或者在这里根本就不能提出意见。参见 H. G. Wells。

May，Rollo：*The Springs of Creative Living*．New York：1940．
Meaning of Anxiety．New York：1950．
Mead，George Herbert：*The Philosophy of the Act*．Edited by Charles W. Morris．Chicago：1938．

米德无疑是他那一代人中最具原创性的思想家之一;但是,作为一个口头的沟通者,他主要是通过他的学生的活动而被从遗忘中拯救出来。他的关于自我发展中的角色、符号、沟通形式的著作都成为经典。

Melville, Herman: *Moby-Dick*. New York: 1851.
Pierre; *or*, *The Ambiguities*. New York: 1852.
写得很差但是却重要的小说,充满了不安的智慧。

Montague, William Pepperell: *Belief Unbound*; *a Promethean Religion for the Modern World*. New Haven: 1930.
清晰地论述了宗教和伦理的自然主义的基础,诚实地面对调和无所不爱和无所不能的上帝的不可能性,然而也显示了信仰一种"上升的力量,一种冲劲,一种朝向集中、组织和生活的努力"的基础。William James 没有充分论述这个地位,Alexander 对于神的更加全面却又更加抽象的研究缺乏 Montague 的准确和力量。

Moore, George Edward: *Principia Ethica*. First ed. 1903. Cambridge: 1929.
将理想的善降低至审美享受、个人的喜爱以及真正的知识。在前言中 Moore 承认没有关于目标和结果的全部考虑,但是他从未更正过这个忽略。通过它的不足而有影响力,否则就是贫瘠。

More, Paul Elmer: *The Skeptical Approach to Religion*. Princeton: 1934.

Moreno, Jacob L.: *Who Shall Survive? A New Approach to the Problem of Human Interrelations*. Nervous and Mental Disease Monograph Series, No. 58. Washington: 1934.
聪明地探讨人在群体中的心理行为的准确观察;试图建立一种关于心理的生态学。
Psychodrama. Vol. I. New York: 1946.
具有原创性。

Morgan, C. Lloyd: *Habit and Instinct*. New York: 1896.
是这个哲学生物学家的最早的和最幸运的著作之一,但是缺乏原创性和他在后来的著作中表现出来的认识上和词汇上的困难。尽管没有显示证明他受到过 Samuel Butler 的影响,他却与后者有许多共同的洞察,并且都具有作为一个试验科学家的权威性。

Emergent Evolution. New York:1923.

Life, Mind, and Spirit. New York:1926.

是 Gifford Lectures 的第二个教程,以"出现的演进"(Emergent Evolution)作为大标题;而且,有 Wheeler 的简单介绍,用严格的自然史的术语最令人满意地论述了出现的总体准则。

Mind at the Crossways. New York:1930.

非常合理地展示了由作者的总体哲学提出的关于心理学和形而上学的问题。

Morris, Charles W.:*The Paths of Life*. New York:1942.

在大纲上很重要,却没有很好地发展。

The Open Self. New York:1948.

再次论述了在 Paths of Life 中以自我的术语提出的思想。参见 Hocking 的对同一个问题的更加全面的和总体上更好的解决。

Mounier, Emmanuel:*A Personalist Manifesto*. New York:1938.

核心,但是并不是完全的令人满意的展示。

The Present Tasks of Personalism. Personalist Pamphlets. No. 4. London:n. d.

Existentialist Philosophies:an Introduction. London:1948.

一个有效的入门手册,应当说服知识分子没有理由采取这个路径。对于那些不会被说服的人而言,参见 Heidegger, Sartre, Wahl。

Muller, Hermann J.:*Out of the Night:A Biologist's View of the Future*. New York:1935.

Mumford, Lewis:*The Story of Utopias*. New York:1926.

The Golden Day;a Study of American Experience and Culture. New York:1926.

What I Believe. An essay in *Living Philosophies*. New York:1930.

Faith for Living. New York:1940.

试图给予被揭穿真相和自我被贬值的一代人一种基础的理解,人为了什么而生和死;普世的事物如正义、自由、真理和基本的原初事物如家庭、宗教、家。参见 Beam。

Values for Survival; *Essays on Politics and Education*. New York: 1946.

包括 1940 年的 New Republic 中首次发表的 The Corruption of Liberalism 中的争议性论文。该书的最后三分之一包括一系列德国通信,最初是在德国被征服之后应战争信息办公室的要求而写的,并且被整理在德国出版。当军队投降后,在德国的出版搁浅了。这个单独的政策无疑是一种教化的结果,其中德国思想流派认为纳粹只是德国生活的一种经历。这种幻觉被那些经常在军队教育中产生影响的人所强化,很大程度上是由于美国政府所作的与德国有关的极端错误的影响,这种错误仍然在进行着。

Mumford, Lewis: *The Social Consequences of Atomic War*. *In Air Affairs*. Washington: March 1947.

Atomic Bomb: *Miracle or Catastrophe*. *In Air Affairs*. Washington: July 1948.

Alternatives to Catastrophe. *In Air Affairs*. Washington: Spring 1950.

关于伦理问题的这个论文系列是由于原子弹引发的,也是由对生存计划导致的大屠杀导致的,是在原子弹被用于灭绝广岛的居民之后不到一个月的时间里写成的。在这些论文中,我努力去掉了空军力量政策的浪漫主义,以及他们的由于广泛灭绝所导致的廉价胜利的不真实概念;我还给出了一系列具体的建议,以回到政治上的健康和人类的伦理性。当 1947 年所作的这个假设预测在一种令人沮丧的程度上已经实现了,他们唯一的结果就是被邀请在国家战争学院进行演讲,尽管对我们的军事决策者所产生的影响还不足以扭转毁灭性的政策,这恰是美国政府所致力的。这些论文放在一起,由此为了给这些书中提出的哲学作为务实的进一步证据。

Green Memories; *The Story of Geddes*. New York: 1947.

是对传记的背景和人类的经验的一瞥,The Conduct of Life 就是根据这个写出来的。为了使用准确的俚语,这代表了当前哲学的有关存在的方面。The Conduct of Life 中不止一页归功于我的儿子,有时是用他的话,有时是用他的例子。

Murphy, Gardner: *Personality*; *a Biosocial Approach to Origins and Structure*. New York: 1948.

是一部深入的著作,是用了人类学家的最新成果,也是用了分析心理学家和人格学家的最新成果。

308

Murray, Henry A.: *Explorations in Personality*. New York: 1938.

是对人的人格的深度和广度进行测量的最好的尝试之一,以弗洛伊德的学说作为背景,但是是一个经过深思熟虑的综合,范围也很广,并不仅限于一个学派的解决方案。参见 Murphy, Gardner。

Murray, Henry A. (editor). See Clyde Kluckhohn.

Murry, Middleton: *God*. New York: 1929.

Myers, Frederic W. H.: *Human Personality and Its Survival After Bodily Death*. 2 vols. New York: 1908.

Niebuhr, Reinhold: *The Nature and Destiny of Man*; a *Christian Interpretation*. 2 vols. New York: 1941.

在坚持正统方面是传统的:由于这种坚持而显得有原创性,给予作者一个批判的固定的点,以此开始在人类的错误中发现一种过于无引导性的自由主义、一种过于个人化的机械主义和唯物主义,或者是一种过于无批判性的马克思主义。

Faith and History; a *Comparison of Christian and Modern Views of History*. New York: 1949.

假设人类的拯救不能够在历史中发生,因为历史充满了不能够被预测的奇迹和不能够被解决的矛盾:因此,生命的意义不能够在那里被发现。结论并没有从假设中得出;但是正如 Dr Niebuhr 的其他著作,他显示出极有技巧地在他的对手的论战中发现错误。所有都在等待着他对于拯救的概念的生存能力。

Nietzsche, Friedrich: *The Genealogy of Morals*; a *Polemic*. London: 1913.

是真理的白色的清澈的部分,带有讽刺;在后者中包括一种试图,将伦理的概念从一种神奇的 Urhandlunggesetzmassigkeit 的普遍实践中得出。

Nikhilananda, Swami: *The Gospel of Sri Ramakrishna*. New York: 1942.

拉玛克里斯纳几乎在其自己的一生中被当做其追随者的神人。他在很多方面都非常像陀思妥耶夫斯基的《卡拉马佐夫兄弟》中想象的圣人。

Nordau, Max：*Degeneration*. New York：1895.

出版于 1893 年的德国,并且在知识界引发很大的丑闻:正是由于将不成熟的科学准则粗糙地应用于观察不够的和解释很差的"事实"。但是,正如斯宾格勒,该书的特点在于其直觉的预言,这也是其作为客观的观察所缺失的:Nordau 将堕落主要看作是生理的,他追随 Lombroso,认为实际上是一种文化的解体,其结果我们还能活着见到。

Northrop, F. S. C.（editor）：*Ideological Differences and World Order*. New Haven：1949.

在价值上是不均衡的。

The Meeting of East and West. An Inquiry Concerning World Understanding. New York：1946.

极好的精神和目标,呆板的方法,不平衡的结果。尽管有这些问题,仍不失为一部重要的著作。

Noüy, Lecomte du：*Human Destiny*. New York：1947.

宣扬一种"目的论"的准则,通过我们在生物世界以及最终在人类世界中发现的产生大量秩序和引导的机会,针对其带来的世界政府的不可能性。作为为科学刮来的一阵新风气的标志而具有重要性;但是在许多方面都没有说服力,因为在这样的困难的问题上有着特定的任意性和过度自信,正如极力主张的伦理的正确方法。

Nyhren, Anders：*Agape and Eros*；*a Study of the Christian Idea of Love*. 3 vols. London：1932.

是对哲学家和神学家提出的思想的深入研究,没有任何试图解决人类经验中爱的模式。

Ogden, Charles Kay：*The System of Basic English*. New York：1934.

Ogden, Charles Kay, and Richards, I. A.：*The Meaning of Meaning*：*a Study of the Influence of Language upon Thought and of the Science of Symbolism*. New York：1923.

Ortegay Gasset, José：*Toward a Philosophy of History*. New York：1941.

奥特加对于历史的研究与这个系列中的研究类似。

Otto, Rudolph：*Idea of the Holy*. London：1923.
Ouspensky, Piotr D.：*A New Model of the Universe*. New York：1943.
The Psychology of Man's Possible Evolution. New York：1950.
煞有介事且空虚。

Paget, Violet. See Lee, Vernon. 。参见 Lee, Vernon。

Paley, William：*Natural Theology*. 2 vols. London：1836.
试图从自然史中关于设计的事实证明上帝的存在。由于时间上靠前,在科学方面不足,但是总体上被自然主义者抵制,因为这个神学比他们的受欢迎的维多利亚时代的神性、自然的选择要更加完美。

Paul, Leslie：*The Annihilation of Man*；*a Study of the Crisis in the West*. New York：1945.
在其对法西斯主义的判断方面非常好;但是,按照汤因比、索罗金、米歇尔·罗伯特的相同偏好,在其对更新的提示方面不足。

The Meaning of Human Existence. New York：1950.

Pearl, Raymond：*Man the Animal*. Bloomington, Indiana：1946.

Peirce, Charles：*Chance, Love and Logic*. New York：1923.
The Philosophy of Peirce. *Selected Writings*. Edited by Justus Buchler. London：1940.
Perry, Ralph Barton：*The Moral Economy*. New York：1909.
Persoff, Albert Morton：*Sabbatical Years With pay*：*a Plan to Create and Main. tain Full Employment*. Los Angeles：1945.
在生命的错误结尾处不能使用休闲,这种威胁下的时代出现的这部坚实的论著,与被充分讨论了的问题差别很大。

310

Petrie, Maria：*Art and Regeneration*. London：1946.
是对教育中艺术具有再生和形成地角色的出色研究。参见 *Herbert Read*。

Plallt, James S.：*Personality and the Cultural Pattern*. New York：1937.
不仅仅是出色的心理学和社会学著作,还是非常罕见的智慧。

Polanyi, Karl：*The Great Transformation*. New York：1944.
　对现代市场经济的本质以及其关键的无常性的分析。很重要,不仅是因为它对 Herbert Spencer, Hayek, Lippmann 以及其他人提出的观念提供了一个令人满意的答案,即自由经济消失了,不是因为其脆弱性和罪恶,而是因为对它施行的一种完全不正当的攻击。

　Prescott, Daniel A.：*Emotion and the Educational Process*. Washington：1938.

　Rader, Melvin：*Ethics and Society*；*an Appraisal of Social Ideals*. New York：1950.
　是一部有用的著作,作者的正直和勇气赋予他特别的能力处理这个领域。

Radhakdrishnan, S.：*The Hindu View of Life*. New York：1927.
对印度宗教和哲学的出色的概论。
Indian Philosophy. 2 vols. New York：1927.
尤其有用,因为它有关于帕坦伽利(Patanjali)和商羯罗(Sankara)的概括性章节。

Read, Herbert：*Education Through Art*. New York：1949.
被作者在当前最重要的著作中正确地看待。
Education for Peace London：1950.

Reich, Wilhelm：*The Discovery of the Orgone*. Vol. 1：*The Function of the Orgasm*. First ed. 1927. Second ed. New York：1948.
　这部书中出色的地方在于迟到的但又或许是长期被怀疑的发现,即性高潮很重要,这不是 Reich 的独创,尽管他有相反的印象。(参见 Dr Marie Stopes 的 Married Love)他

的独创性在于将性高潮指定为治愈人类疾病的万应灵药：这是单维度的拯救的谬误。

Reiser, Oliver L.： *World Philosophy*；*a Search for Synthesis*. University of Pittsburgh：1948.

Reiser, Oliver L.，参见 Davies, Blodwen。

Renouvier, Charles. *Le Personnalisme*. Paris：1903.
Renouvier 对其自身的哲学假定的成熟的论述。

Rhine, J. B.： *The Reach of Mind*. New York：1947.
是对 Extra-Sensory Perception 和 New Frontiers of the Mind 的更早的阶段中就千里眼、传心术、意志力的可能性所展示的事实的总结。除非可能性的理论在其著作中不像数学家们所假设的那样绝对，Dr Rhine 的著作和他的相关的证明，即一种未知的因素看似在起源上是人类的，偶尔会改变一些事件的"物理的"本性。关于这个事实的最具说服力的部分或许是这样一个事实，即它在数量上非常少，也很难解释。

Riesman, David (assisted by Denney, N.，and Glazer,N.)： *The Lonely Crowd*；*a Study of the Changing American Character*. New Haven：1950.
对伦理来源和当前的伦理空洞的富有洞察力的研究。

Rignano, Eugenio： *The Aim of Existence*；*Being a System of Morality Based on the Harmony of Life*. Chicago：1929.
The Nature of Life. New York：1930.
很好。

Ritter, William E.： *The Natural History of Our Conduct*. New York：1927.
试图修正 Huxley 关于人类和其他物种在伦理领域的不延续性的错误解释。并不全是令人满意的，但是方向是正确的。

Roberts, Michael： *The Modern Mind*. London：1937.

The Recovery of the West. London：1941.

关于今日知识的和伦理的状态的最好探讨之一。但是参见 Leslie Paul, L. L. Whyte 和 Erich Kahler, 以及我自己的书 The Condition of Man。

Roberts, Morley：*Malignancy and Evolution*. London：1926.

Rocker, Rudolph：*Nationalism and Culture*. New York：1937.

是一位卓越的无政府主义哲学家的重要贡献。关于一幅更加有力的图景,参见 George Russell 的 The National Being,同样还有 Mazzini。

Rorschach, Hermann：*Psychodiagnostics*；*a Diagnostic Test Based on Perception*. Translated. Berne,Switzerland：1942.

对著名的测验的理论展示,其显著的效率在实践中不仅仅证明了作者的最初希望。参见 Henry A. Murray。

Rosenstock-Huessy, Eugen：*Out of Revolution*；*Autobiography of Western Man*. New York：1938.

The Christian Future；*or*, *The Modern Mind Outrun*. New York：1946.

一个高度原创性的大脑的富有挑战性的论述。

Rosenstock-Huessy, Eugen：*The Multiformity of Man*. Norwich, Vt.：1948.

关于工作中人际关系的动力的很好的论文。

Rougemont, Denis de：*The Devil's Share*. New York：1944.

Royce, Josiah：*The Philosophy of Loyalty*. New York：1908.

对按照伯格森的说法会成为一种静止的和封闭的伦理的更高级的普世含义的出色论述。

The Problem of Christianity. 2 vols. New York：1913.

重新以人类的经验论述了基督教,作为对"忠诚的哲学"的宗教表达。富有洞察力和说服力。

The Hope of the Great Community. New York：1916.

一个世界理论的最早的和最出色的构想之一。

Russell, Bertrand：*Mysticism and Logic*. New York：1921.

对科学的斯多噶主义的现代论述。

Russell, E. S.：*The Directiveness of Organic Activities*. Cambridge：1945.

重要。但是参见 Simpson。

Sachs, Curt：*The Commonwealth of Art*；*Style in the Fine Arts*，*Music and The Dance*. New York：1942.

对一致化的出色的早期探索。

Santayana, George：*Realms of Being*. New York：1942.

是对 The Realm of Essence, The Realm of Matter, The Realm of Truth 和 The Realm of Spirit 的综合单卷本。在某些方面是普鲁斯特的哲学版本，根本上而言是包括过去的独白,平静地思考人类和宇宙,不曾与当前作斗争或迈向未来。

The Idea of Christ in the Gospels or God in Man；*a Critical Essay*. New York：1946.

The Life of Reason. 5 vols. New York：1905.

孕育原创性的思想,其重要性直到今天才能够被充分意识到。

Sartre, Jean. Paul：*Existentialism*. New York：1947.

一种被掩饰为一个体系的征兆。

Sayers, Dorothy L.：*The Mind of the Maker*. New York：1941.

是对基督教的宗教和创新性的最初设想,但是被 Sayers 小姐的专业的假设所损害了,正如一个写侦探故事的作家,假设从最终的结局开始写起,在他开始之前神就已经知道了答案。

Schelling, Friedrich：*The Ages of the World*. Trans. with introductory notes by

Frederick DeWulfe Bolman, Jr. New York：1942.

Schilder, Paul：*Goals and Desires of Man*；*a Psychological Survey of Life*. New York：1942.

Schrödinger, Erwin：*Science and the Human Temperament*. New York：1935.
是对后机器时代的医学的精彩总结。
What Is Life? New York：1946.
是一个医生试图在非有机体和有机体之间建立一座桥梁,通过将可能性的理论,用他们的相对较少的分子极其有趣地应用到遗传的基因中。

Schweitzer, Albert：*The Philosophy of Civilisation*. Vol. I：*The Decay and Res-toration of Civilisation*. Vol. Ⅱ：*Civilisation and Ethics*. London：1923.
他对生命的尊重从一种自然的视角脱离出来,部分地使其失去了其自然的意义和权威。
Out of My Life and Thought；*an Autobiography*. New York：1933.
Indian Thought and Its Development. New York：1936.
通过阐明一种西方的肯定生命的宗教性,对否定生命的印度思想进行的简洁而有用的研究。

Schweitzer, Albert：*An Anthology*. Edited by Charles R. Joy. Boston：1947.

Seidenberg, Roderick：*Post-Historic Man*；*an Inquiry*. Chapel Hill, N. C. ：1950.
是对从神的形象中创造一种集体的自动性的过程的研究。从 Erewhon 到《1984》都表达的直觉被置入一种理性的形式中。作者并没有允许出现人性的调节;或者对于人类的能力而言,在其未能将他从合适的命运带走很远之前就摧毁了机器本身。推荐。

Sellars, Roy Wood：*Evolutionary Naturalism*. Chicago：1922.

Shaler, Nathaniel Southgate：*The Neighbor*；*The Natural History of Human Contacts*. Boston：1904.

313

The Individual；*a Study of Life and Death*. Boston：1901.

都是极具价值的讨论，由一个远远超越了其专业的地质学的研究者所作。

Shand, Alexander F.：*The Foundations of Character*；*Being a Study of the Tendencies of the Emotions and Sentiments*. London：1920.

Sheldon, William H.：*Psychology and the Promethean Will*；*a Constructive Study of the Acute Common Problem of Education*，*Medicine*，*and Religion*. New York：1936.

The Varieties of Temperament. New York：1942.

对于 Sheldon 的贡献的较早的预见，参见 Dr J. Lionel Taylor 的论文：The Study of Individuals（Individuology）in Sociological Papers. London：1904。

Simpson, George Gaylord. *Tempo and Mode in Evolution*. New York：1944.

The Meaning of Evolution. New Haven：1949.

重要。

Söderblom, Nathan：*The Living God*；*Basal Forms for Personal Religion*. The Gi-fford Lectures delivered in the University of Edinburgh in the year 1931. London：1933.

对普世主义的纯粹表达。参见 Hocking。

Sombart, Werner：*The Quintessence of Capitalism*：*a Study of the History and Psychology of the Modern Business Man*.（Translation of *Der Bourgeois*.）New York：1915.

尽管桑巴特将其新的意识形态和心理特点同一种完全的虚构的自然人相对立，他的特点通常是有洞察力的。不像韦伯，他并没有过度地强调资本主义对于新教的作用。比较我在 The Condition of Man 中对韦伯的主观性解释的批评。

Somerville, John：*Soviet Philosophy*；*A Study of Theory and Practice*. New York：1946.

Sorokin   *314*

Sorokin, Pitirim A.: *The Crisis of Our Age*. New York: 1941.

论题集中到由其四卷本 Social and Cultural Dynamics（1938）提出的现代文明上。主要因为他是最初承认所有社会过程中逻辑意义因素的重要性的社会学家。

Society, Culture, and Personality: a System of General Sociology. New York: 1947.

是一部简要的教科书,将大量的材料和许多参考书都以合理的秩序放到一起。

The Reconstruction of Humanity. Boston: 1948.

试图详细地描述对当前西方文明的解体实现克服。充满了自由的思考、草率的总结和伪数据性的证明,缺乏一种充分的方法论;然而其脆弱性部分地被一种广泛的学术视角和对社会和人类个性中起作用的复杂过程的大度承认所更正。

Spencer, Herbert: *Education; Intellectual, Moral, and Physical*. First ed., London: 1861.

经典的。

First Principles. London: 1862.

介绍了 Spencer 试图将物理的、生物的、社会的科学由一种演进的概念统一起来。在美国由 William James 领导的对 Spencer 的体系的反动,并不仅仅是反对他的脆弱性,它还是由一种喧嚣的专业化的时代对任何想要产生一种总体秩序或综合努力的拒绝。

Spranger, Eduard: *Types of Men; the Psychology and Ethics of Personality*. Trans. From fifth German ed. Halle: 1928.

Stapleton, Laurence: *Justice and World Society*. Chapel Hill, N. C.: 1944.

试图重建普世的正义的概念。

Steiner, Rudolph: *The Threefold Commonwealth*. New York: 1928.

Steiner 对政治的、经济的、教育的生活三方面安排的概念,其中这个状态会与经济和教育有着最少的关系。

Study of Man; General Education Course. New York: 1947.

是通过 Mrs Annie Besant 之后最具影响的神智学家对人的本性所作的神智学的解释。正是由于 Steiner 给予自己进行假设的自由,他或许有时候发现了真理,或者是真理的开端,这些并没有被其他体系尽可能地承认。为了保持一种探询和开放的思想,这样的书通常会被学者们暂时忽视,应当被放在视线以内。即使如弗洛伊德这样的一种平常的唯物主义者,对医学的诚实会使其认真地对待梦想。

Stern, William: *General Psychology*. New York: 1938.

Stevens, Henry Bailey: *The Recovery of Culture*. New York: 1949.
将历史和文明聪明地解释为一种歪曲,在新时期晚期食肉的和畜牧的人群中,生产出了屠杀和战争,取代了此前和平的畜牧业、树木崇拜、素食的文化。有促进作用。

Strömberg, Gustaf. *The Soul of the Universe*. Philadelphia: 1940.

Taylor, Gordon Rattray: *Wht Is Personalism*? Personalist Pamphlets No. 1. London: n. d.

Thomson, J. Arthur: *The System of Animate Nature*. 2 vols. New York: 1920. *What Is Man*? London: 1924.
Thoreau, Henry David: *Walden*. Boston: 1854.
Essay on Civil Disobedience. First published in Aesthetic Papers, edited by Elizabeth Peabody. Boston: 1849.

315　Thoreau
影响了甘地,今天很有需要,尤其是在那些 Thoreau 的胆小的和盲目的默守陈规者那里。

Thorndike, Edward Lee: *Human Nature and the Social Order*. New York: 1940.
Thorndike 一生作品的总结,作为一个心理学家,将对智慧和知识的需要应用于解决问题。Thorndike 对目标和学习过程关系的解释,提供了一种对于当前心理学的修正,比他本人似乎意识到的更加极端。

Man and His Works. Cambridge, Mass.：1943.

是对人类本性和社会秩序的社会制度的一些数据的简单总结。对于阐明 Thorndike 关于刑罚学的奖赏和惩罚的测验或许是最重要的。

Tillich, Paul：*The Shaking of the Foundations*. New York：1948.

Tillyard, Aelfrida：*Spiritual Exercises and Their Results*；*an Essay in Psychology and Comparative Religion*. London：1927.

尽管部分地深入,还是很有用的。

Tolman, Edward Chace：*Purposive Behavior in Animals and Men*. New York：1932.

Drives Toward War. New York：1942.

Tolstoy, Leo. *Works*. Vol. XII：*On Life and Essays on Religion*. Vol. XIV：*What Then Must We Do?* Vol. XVIII：*What is Art?* Oxford：1928－1937.

Toynbee, Arnold：*Civilization on Trial*. New York：1948.

这些论文或许比六卷本的《历史研究》更清晰地展示了作者在神学方面的局限,以及他对人类生命和命运的洞察。

A Study of History. Abridgement of Vols. I-VI in one volume by D. C. Somervell.

这部优秀的缩略本更加明显地展示了汤因比的关键长处和弱点。他就像一个伟大的探险家和殖民者,最终回到他祖上居住的乡村,依靠一份微薄的(精神上的)养老金生活,隔壁就是教区牧师。

Trueblood, D. Elton：*The Predicament of Modern Man*. New York：1944.

Tsanoff, Radoslav A.：*The Nature of Evil*. New York：1931.

Tyrell, G. N. M.：*The Personality of Man*. London：1946.

主要是对超感的行为的证据的研究。

Underh ilI, Evelyn：*Mysticism*；*a Study in the Nature and Development of Man's Spiritual Consciousness*. London：1911.

Urban, W. M.：*Valuation*；*Its Nature and Laws*. New York：1909.
The Intelligible World. *Metaphysics and Value*. New York：1929.
Urban 的著作与 Hobhouse 的一样，都是最初的探讨，与 neo-Thomism 不同，用价值、目标和意义的术语解释了人类的经验。
Veblen, Thorstein：*An Inquiry into the Nature of Peace and the Terms of Its Perpetuation*. New York：1917.

316   Vico, Giambattista：*The Autobiography of Giambattista Vico*. Trans. by Max Harold Fisch and Thomas Goddard Bergin. Ithaca, N. Y.：1944.
极其有启发性。维科不只是一个继承了文艺复兴传统的伟大人文主义者，他还是对于更加有机的和个人性的哲学的早期探索者。

Wallas, Graham：*The Great Society*. New York：1915.
标志着 1914 年以前所达到的有希望的智力和有智力的希望的浪潮有多高。比较几乎一代人之后 Mannheim 的结论。
Our Social Heritage. New Haven：1921.
Men and Ideas. New York：1940.
是一个教育者、一个公务员、一个社会学家的智慧，他的著作应当更好地被当前一代人了解。尤其参见他对福禄贝尔教育法(Froebelian pedagogy)的批评，恰好也对杜威关于教育中兴趣和努力的有影响的小论文给予了批评。

Wallis, Wilson D.：*Messiahs*；*Their Role in Civilization*. Washington：1943.

Ward, James：*The Realm of Ends*；*or, Pluralism and Theism*. Cambridge：1911.

Watts, Alan W.：*The Spirit of Zen*：*a Way of Life, Work, and Art in the Far*

East. London：1936.

展示了佛教的最难以捉摸的形式之一。

Wells, Herbert George：*A Modern Utopia ,*. London：1905.

一系列乌托邦主义中的一种，都或多或少地在内容上相似，因为 *Wells* 强调了组织、行政和机器创新，这些都表达了自由主义社会学家 19 世纪的理想的最好方面，尽管受到一种朝向"科学的"权威主义倾向的影响。

The Shape of Things to Come；*the Ultimate Revolution*. New York：1933.

The Anatomy of Frustration. New York：1936.

Mind at the End of Its Tether. London：1945.

是 Wells 的思想本身退化和将其位置投射到这个世界时写成的，但是极度地丰富了 Chesterton 的预测，认为 Wells 的哲学一定会以绝望告终。

West, Rebecca：*Black Lamb and Grey Falcon*；*a Journey Through Jugoslavia*. 2 vols. New York：1941.

是对我们这个时代中其他文化的最丰富的个人解释，是智慧的宝库。

Weyl, Hermann：*The Open World*. New Haven：1932.

用科学的术语重新论述了神性，将其看成是由宇宙法则展示的，提供了一种最有用的方法用于阐明数学和物理学。

Wheeler, William Norton：*Emergent Evolution and the Development of Societies*. New York：1928.

是对出现的准则清晰的论述。但是参见 Lloyd Morgan。

Whitehead, Alfred North：*Science and the Modern World*. New York：1925.

用比 Process and Reality 更少私人化的语言，仍然是对怀特海的哲学的最好展示之一，尽管机器概念的一些逻辑上的脆弱性也被应用于他的关于有机体的概念，不再是终极的。

Symbolism；*Its Meaning and Efect*. New York：1927.

推荐。

The Aims of Education and Other Essays. New York：1929.

317　Whitehead, Alfred North：*The Function of Reason*. Princeton：1930.

Adventures of Ideas. New York：1933.

Whitman, Walt：*Democratic Vistas*. New York：1871.

是对惠特曼的个人主义准则的最平淡的展示,尽管在哲学上没有过多发展,在直觉上把握和预见了后来个人主义的因素。在这里和在 Leaves of Grass 中,惠特曼为个人主义代言,认为其吸收了科学并囊括了它,用内在的事件和仅仅对事物的显示处理相同的意愿:利用灵魂在内在最深处的隐蔽或者在宇宙中朝向最外部的触及,这个视角是当前系列著作中有意识地扩展的,与更加狭窄的个人主义不同,是对正统的人文主义的变化,更有欧洲式的个人主义的特征。

Whyte, Lancelot Law：*The Next Development in Man*. New York：1948.

试图发展一种统一的哲学,能够囊括所有的现象;但是通过将其建立在 Heraclitean 关于过程和变化的概念之上,作者没能公正地对待经验的静止的和"永恒的"方面;并且因此而被其逻辑迫使,不仅排除了柏拉图主义(Platonism)的所有形式,还通过相同的方式放弃被他视作必要的统一的目标。强调了 The Conduct of Life 的概念试图逃避这种脆弱性,并且公正对待经验的所有维度。参见 Spencer 的 First Principles。

Wiener, Norbert：*The Human Use of Human Beings*；*Cybernetics and Society*. Boston：1950.

是对新的思考机器的社会含义(它们的危险和许诺)的极好的展示。

Willkie, Wendell：*One World*. New York：1943.

名字让人很容易记住:是一个政治学家对我们时代的基本真理的首次构想,即人类是一个整体,而且对其统一性的承认在今天变成了一种健康的标准,也是一种政治家的目标。

Wilson, Richard A.：*The Miraculous Birth of Language*. New York：1948.

是对达尔文和行为主义者试图缩小人类与动物界其他部分地差距的尝试的有力批判。强调了语言形成中时间和空间概念的独特地位。是对康德的迟到的评判,但出于某些原因在对待卢梭的同时也忽视了维科的更重要的贡献;以及我们时代的 Cassirer 和 Langer。高度推荐。

Wolfl, Werner: *The Expression of Personality*; *Experimental Depth Psychology*. New York: 1943.

Wundt, Wilhelm: *The Facts of the Moral Life*. Trans. from second German ed. , 1892. New York: 1897.

Young, J. Z. : *Doubt and Certainty in Science*; *A Biologist's Reflections on the Human Brain*. *The Reith Lectures*. In The Listener, Nov. 2,1950 to Der 21,1950.

Younghusband, Francis Edward: *The Living Universe*. London: 1933.

索　引

鸣　谢

　　这本书是日益深入思考的一部分：因此我要感激的学者非常多。书目显示了该书的主要来源，也显示了我所受到的帮助的程度。

　　在我其他的书中，我已经对我曾经的导师帕特里克·盖迪斯(Patrick Geddes)表达了早期的致敬，以及他的朋友和合作者维克多·布兰福德(Victor Branford)。为了弥补Geddes 的同时代者对他的思想的忽视，我过去或许已经强调他影响了我的思考的成熟，尽管我经常没有能够充分利用他的最初始的贡献。而在这本书中，我相信我已经超越了 Geddes 的时代和文化的自然局限性，在发现他的斧头已经砍到了我本以为自己开创的领域时，我绝不应当感到惊讶。对于我在达特茅斯学院、哥伦比亚大学、斯坦福大学、北卡罗莱纳大学的同事和学生，我非常感激，难以详述。对于这套系列在构思和酝酿过程中所受到的个人的影响，我不能够仅仅停留在公开的感谢；需要引用惠特曼的诗句："最好的一定要不被说出来。"对此我开一个例外，因为没有我的妻子索菲亚·维滕伯格·芒福德(Sophia Wittenberg Mumford)的慷慨的理解、公正的批评和忠诚的陪伴，这整个系列是绝不可能问世的。这个感谢超过了所有其他的。

——L. M.

图书在版编目(CIP)数据

生活的准则/(美)刘易斯·芒福德著;朱明译.—上海:上海
三联书店,2021.8 重印
ISBN 978-7-5426-5529-5

Ⅰ.①生…　Ⅱ.①芒…②朱…　Ⅲ.①芒福德,L.(1895～
1990)—文集　Ⅳ.①Z471.2

中国版本图书馆 CIP 数据核字(2016)第 052725 号

生活的准则

著　　者 / 〔美〕刘易斯·芒福德
译　　者 / 朱　明

责任编辑 / 冯　征
装帧设计 / 豫　苏
监　　制 / 姚　军
责任校对 / 张大伟

出版发行 / 上海三联书店
　　　　　(200030)中国上海市漕溪北路 331 号 A 座 6 楼
邮购电话 / 021-22895540
印　　刷 / 上海展强印刷有限公司

版　　次 / 2016 年 5 月第 1 版
印　　次 / 2021 年 8 月第 2 次印刷
开　　本 / 710×1000　1/16
字　　数 / 300 千字
印　　张 / 21.75
书　　号 / ISBN 978-7-5426-5529-5/Z·115
定　　价 / 58.00 元

敬启读者,如发现本书有印装质量问题,请与印刷厂联系 021-66366565